Bernd Pelzer · Angstfrei glücklich leben

Befreit aufatmen und loslassen

Außergewöhnliche Ratgeber von Oesch

Marylin Aslani, Heilmasseurin: **Massage ganz entspannt.** Handbuch der Selbst- und Partnermassage. Durchgehend in Farbe. Jederzeit konsultierbar während der Massage, dank raffiniertem Klapp-Mechanismus.
ISBN 978-3-0350-3040-2

Dinah Bradley, Physiotherapeutin: **Unter Kontrolle!** Hyperventilation – der Ratgeber zur Selbsthilfe. 2., überarbeitete Auflage 2009.
ISBN 978-3-0350-3045-7

Emile Coué, Apotheker/Psychotherapeut: **Autosuggestion.** Wie man die Herrschaft über sich selbst gewinnt. 5., überarbeitete und erweiterte Auflage.
ISBN 978-3-0350-1507-2

Willem van der Does, Psychologe / Peter van Straaten, Zeichner: **So bin ich nun mal!** Egoisten, Exzentriker und andere Nervensägen erfolgreich ausbremsen. Neu! ISBN 978-3-0350-0046-7
ders.: **Das Licht am Ende des Tunnels.** Depressionen korrigieren und durch neue Denkweisen überwinden. Neu! ISBN 978-3-0350-0053-5

Norman Vincent Peale: **Heute fängt Dein Leben an.** Ein positives Wort für jeden Tag. ISBN 13: 978-3-0350-0035-1
Ders.: **Die Kraft positiven Denkens.** Das Original – ein Weltbestseller!
ISBN 978-3-0350-0050-4

Shirley Trickett: **Endlich wieder angstfrei leben.** Selbsthilferatgeber gegen Angst, Depressionen und Panikattacken. 11. Auflage! ISBN 978-3-0350-0020-7

In Ihrer Buchhandlung!
Aktuelle Programminfos stets unter:
www.oeschverlag.de
E-Mail: info@oeschverlag.ch
Im Buchhandel/Versandbuchhandel oder direkt vom Verlag
(Lieferung/Faktur ab Stuttgart-Kornwestheim, Wien und Affoltern a. A.)

Bernd Pelzer

Angstfrei glücklich leben

Der Lebens(hilfe)-Ratgeber für Angstbetroffene

Oesch Verlag

Die in diesem Buch vorgestellten Tipps und Übungen dienen der Selbsthilfe. Sie sind wirksam, leicht durchführbar und für jeden geeignet. Sollten Sie jedoch ernsthafte Gesundheitsprobleme haben, gleich ob physischen oder psychischen Ursprungs, begeben Sie sich bitte in fachliche Behandlung.
Die Angaben in diesem Band basieren auf dem bei Erscheinen aktuellen Wissensstand von Medizin und Naturheilkunde, soweit er Autor und Verlag zur Verfügung gestanden hat.
Alle Ratschläge wurden von Autor und dem Verlag sorgfältig erwogen und geprüft; dennoch kann eine Garantie nicht übernommen werden. Eine Haftung des Autors bzw. des Verlags und seiner Beauftragten für Personen-, Sach- und Vermögensschäden ist ausgeschlossen.

Druck- und Bindung: CPI – Ebner & Spiegel, Ulm
Printed in Germany

ISBN 978-3-0350-0055-9

Gern senden wir Ihnen unser Verlagsverzeichnis:
Oesch Verlag, Jungholzstraße 28, CH-8050 Zürich
E-Mail: info@oeschverlag.ch
Telefax 0041/44 305 70 66 (CH: 044 305 70 66)

Unser Buchprogramm finden Sie im Internet unter:
www.oeschverlag.ch

Inhalt

Einführung

Karin Richards ist eine hübsche und schlanke Enddreißigerin. »Ich stand immer mit beiden Beinen im Leben«, sagt sie mit sorgenvollem Blick. Kleine Fältchen haben sich in ihren Augenwinkeln eingegraben. Karin Richards leidet seit einem Jahr an einer Angst- und Panikerkrankung. Wenn man die rothaarige und attraktive Frau sieht, würde man nicht für möglich halten, was sie erzählt.

Oft traue sie sich gar nicht mehr aus dem Haus. Sie gehe immer ganz dicht an Häuserfassaden entlang, weil sie Angst habe umzufallen. Ständig sei es ihr schwindlig, der Boden schwanke unter ihren Füßen. Sie verspüre Atemnot, aber Herz und Lunge seien kerngesund. »Ich verlasse das Haus nur noch, wenn es nötig ist. Zum Arzt und dann zu Aldi ...«

Im Gespräch bewegt sie ihre Hände, als ob sie Geld zähle. Sie ist sehr nervös, sagt, sie spüre ihre Hände oft nicht mehr. »Ich wünsche mir schon fast, dass ich Krebs habe oder irgendetwas anderes, das man sieht. Dann halten die Ärzte mich wenigstens nicht für eine Simulantin.« Karin Richards schaut verzweifelt.

Karin Richards ist – oder war – Abteilungsleiterin in einem großen Warenhaus. Inzwischen ist sie durch Angst- und Panikattacken seit einem Jahr arbeitsunfähig.

Dreimal sei sie schon beim Vertrauensarzt gewesen. Der habe nur gesagt, sie solle sich nicht so anstellen.

Und das nach einer wahren Odyssee durch Berliner Wartezimmer. Schlichtweg ein ganzes Jahr hätten die verschiedenen Spezialisten benötigt, um ihr zu sagen, was ihr fehlt.

»Da kann man mit modernsten Kernspintomografen in den Kopf schauen, aber Angst kann man nun mal nicht sehen.« Ein wenig Verbitterung ist aus Karin Richards Worten zu hören.

Endlich wieder lachen können, endlich wieder normale Dinge tun wie zur Arbeit gehen, einkaufen, mit Freunden ins Kino gehen, Sport ausüben, fröhlich sein … Das sind die häufigsten Wünsche, die Betroffene äußern, die an Angst und Panikattacken leiden.

5 Prozent aller Hausarztpatienten leiden an krankhaften Angststörungen. Zu diesem Ergebnis kommt eine Studie der Technischen Universität Dresden.

Die betroffenen Patienten leiden oft mehrere Jahre an Angsterkrankungen, bis diese diagnostiziert werden.

Angststörungen verursachen die unterschiedlichsten, oft bedrohlich empfundenen Symptome. Das eine Mal wird über Atemnot geklagt, das andere Mal über unspezifische Herzschmerzen. Aus gutem Grund und mit aller Sorgfalt werden diese Beschwerden beim Hausarzt und in der Krankenhausambulanz immer wieder von Neuem abgeklärt, um schwerwiegende Erkrankungen wie Herzinfarkt und Co. auszuschließen.

Die betroffenen Patienten werden oft mit den Worten nach Hause geschickt: »Es fehlt Ihnen nichts.«

Nahezu alle Angstbetroffenen hetzen weiter – von Computertomografie zu EKG, vom Lungenfunktionstest zur Ultraschalldiagnostik. Am Ende gehen sie – mangels Diagnose – mit der Ungewissheit nach Hause, möglicherweise doch an einer schwerwiegenden Erkrankung zu leiden. Es ist paradox, aber gewissermaßen unterhält unser modernes Medizinsystem diese Angststörungen indirekt weiter.

Angstbetroffene verlieren nicht selten ihre Arbeitsstelle und verlassen ihr Haus, ihre Wohnung oft nur noch, wenn es nicht mehr anders geht. Selbst alltägliche Dinge wie Einkaufen oder sonstige Besorgungen stellen Angstbetroffene vor unlösbare Aufgaben.

Gefühlsfeuerwerk im Kopf

Karin Richards schildert im Gespräch ihre eigenen Empfindungen so farbig und nachvollziehbar, dass man jedes ihrer Gefühle miterleben kann:

> »Wenn ich den Einkaufswagen nehme, ist alles noch in Ordnung. Sobald ich ins Geschäft hineingehe, wird mir schlagartig heiß. Je weiter ich mich in den Laden hineinbegebe, desto unbehaglicher wird mir. Es wird mir schwindlig. Meine Hände krampfen sich am Einkaufswagen fest. Der Boden scheint unter meinen Füßen zu schwanken. Ich spüre meine Füße nicht auf dem Boden. Irgendwie gehe ich wie auf Watte. Oh Gott, ich befürchte, dass ich gleich umfallen werde, weil mein Gehirn zu wenig Blut bekommt. Ich habe große Angst, ohnmächtig zu werden und hier im Geschäft umzufallen. Wie peinlich, alle Menschen werden das sehen. Sie werden sich über mich beugen, einen Krankenwagen rufen. Bloß schnell hinaus. Ich verlasse fluchtartig das Geschäft, lasse den Einkaufswagen zurück. Draußen auf dem Parkplatz wird es etwas besser.«

Schillernde Symptome

Die Weltgesundheitsorganisation bezeichnet Panikattacken als »Perioden intensiver Angst oder intensiven Unbehagens«. Dazu gesellen sich Missempfindungen wie z. B.: ein Gefühl von Kurzatmigkeit, Benommenheit, Schwindel, Unsicherheitsgefühle beim Gehen und Angst, in Ohnmacht zu fallen. Oftmals vorhanden sind auch Empfindungen wie Herzstolpern, beschleunigter Herzschlag, Schwitzen, Hitze- oder Kälteschauer, Zittern oder Beben, Erstickungsgefühle, Brustschmerzen, Beklemmung, Magenschmerzen, Übelkeit. Die Panikattacken werden häufig von Gefühlen der Unwirklichkeit, Depersonalisation und Derealisation begleitet. Die Betroffenen haben Angst, verrückt zu werden oder die Kontrolle zu verlieren. Taubheits- oder Kribbelgefühle können die Panikattacke begleiten. Panikattacken sind unvorhersehbar und nicht abhängig von irgendeinem erkennbaren Anlass, der beim Betroffenen immer Angst hervorrufen würde.

Panik, Agoraphobie, generalisierte Angst

Im Gegensatz zur Panikattacke, die überall auftreten kann, empfinden die Betroffenen bei der so genannten Agoraphobie (»Platzangst«) Angst in Situationen, in denen sie sich außerhalb ihrer gewohnten Umgebung aufhalten. Hierzu gehört der Aufenthalt an öffentlichen Plätzen oder unter fremden Menschen, in Menschenmengen, in Kaufhäusern, in Bussen oder Eisenbahnen.

Karin Richards kann davon ein Lied singen: »Ich bin Meisterin im Vermeidungsverhalten und habe täglich neue gute Gründe und Argumente, damit ich das Haus nicht verlassen muss.« Erst lächelt sie, dann sagt sie ernst: »Leider habe ich mein Leben dadurch so eingeschränkt, dass ich keine Freunde mehr habe und meine Lebensqualität gegen null geht.«

Viele Betroffene leiden auch an der so genannten generalisierten Angst, einer ständig krankhaft übersteigerten Sorge und Befürchtung, dass einem etwas zustoßen könne, Angehörige oder man selbst krank werden könnten, ein Unglück geschehe. Angst und Sorge vor Armut und Geldmangel, Arbeitslosigkeit und anderem sozialen Unglück werden zu einer neurotischen Bedrohung.

Ursachenforschung

Die erste Panikattacke tritt meist im Rahmen einer allgemein geschwächten körperlichen Situation auf, oft nach Operationen oder Krankheiten, die zu einer Bettlägerigkeit gezwungen haben. Körperlicher Stress, tagelange Überarbeitung und Ärger mit dem Partner oder am Arbeitsplatz begünstigen das erstmalige Auftreten einer Panikattacke.

Karin Richards zermartert sich seit einem Jahr den Kopf: »Ich habe immer gesund gelebt, gelacht, Freude im Leben gehabt. Sicher, da gab es eine Menge Probleme in der Ehe, die Scheidung, auch Probleme am Arbeitsplatz. Geängstigt habe ich mich aber eher nie.« Karin Richards schaut sorgenvoll vor sich auf den Tisch.

Der Tod eines nahen Familienangehörigen, eine schwere Erkrankung des Partners oder eines Kindes, Scheidung, Trennung, Autounfälle stehen im Verdacht, Angsterkrankungen hervorzurufen. Meist sind es Ereignisse, denen der Betroffene völlig hilflos gegenübersteht und die er nicht abwenden kann.

Beispielgebend und tragisch ist das, was Heiner Scholtes widerfuhr: Der 44-jährige Realschullehrer verlor vor 2 Jahren seine einzige Tochter bei einem Motorradunfall; sie war 14, er überlebte. Seitdem leidet er an Panikattacken.

> »Ich wache nachts oft mit einem Schrei auf, bin morgens in der Schule nicht fähig den Unterricht anständig zu halten. Häufig bekomme ich so starke Panikattacken, dass ich das Klassenzimmer verlassen muss. Ich möchte nicht, dass die Schüler etwas bemerken. Oft befürchte ich, im Klassenzimmer einfach umzukippen.«

Es gibt auch organische Ursachen für Angst- und Panikerkrankungen:

Neben Funktionsstörungen anderer Organe wie z. B. der Leber oder einem Hormonungleichgewicht verursacht auch eine Überfunktion der Schilddrüse (Hyperthyreose) panikartige Symptome. Erlittene schwere Hirnverletzungen, Schlaganfälle oder Hirnoperationen sind mögliche Ursachen von Panikattacken. Herzrhythmusstörungen kommen als Auslöser von Angst und Panik ebenso in Betracht wie Asthma. In der Vorgeschichte von Betroffenen spielen vielfach auch Alkoholmissbrauch und Erfahrungen mit Drogen eine Rolle. Ebenso erleiden Patienten mit chronischen Kopfschmerzen oder Migräne in der Vorgeschichte deutlich häufiger Panikstörungen.

Medikamente als Auslöser

Einige Antibiotika können zu psychogenen Nebenwirkungen wie z. B. Ängsten führen. Auch vollkommen harmlos erscheinende Nasensprays, Kreislauftropfen und Appetitzügler werden verdächtigt, an der Auslösung von Angst und Panik schuld zu sein. Eine verdächtige Substanz ist z. B. auch das Gewürz Natriumglutamat (China-Restaurant-Syndrom). Antihypertensiva (Blutdruckmittel) können bei zu starker Senkung ebenfalls Schwindel und angstmachende Symptome bewirken. Beruhigungsmittel wie beispielsweise Diazepam (Valium), alle Schlafmittel und die meisten Antidepressiva haben psychogene Nebenwirkungen.

Oft keine Ursache erkennbar

In der überwiegenden Anzahl aller Fälle von Angst- und Panikerkrankungen lassen sich trotz umfangreichster Untersuchungen keinerlei Ursachen oder Anormalitäten bei den Betroffenen feststellen.

Karin Richards widerfuhr das ganze Spektrum möglicher Untersuchungsmethoden: »Es war eine regelrechte Qual. Weil der Hausarzt nichts feststellen konnte, schickte er mich zum Neurologen. Der konnte nichts feststellen und schickte mich zum Kardiologen, von dort zum nächsten Spezialisten, der die Schilddrüse untersuchte. Internist, Angiologe, es blieb mir keine ärztliche Fachrichtung vorenthalten. Ich fühlte mich wie durchlöchert von den vielen teils sehr unangenehmen Untersuchungen.«

Behandlung

Nachdem keiner der Behandler bei Karin Richards etwas feststellen konnte, schickte der Hausarzt sie schließlich mit den Worten nach Hause: »Es fehlt Ihnen nichts, Sie sind kerngesund!«

Karin Richards war empört, zweifelte an den Worten. Sie fühlte, dass sie sich die Krankheit nicht einbildete. In ihrer Verzweiflung suchte sie endlich einen Psychotherapeuten auf:

»Der Therapeut nahm meine Symptome ernst, machte mir aber gleichzeitig Mut, es in den Griff zu bekommen.« Karin Richards schildert die ausführlichen Gespräche, die sie mit dem Therapeuten führte. Ihre Augen glänzen hoffnungsvoll, als sie sagt: »Er ist meine letzte Rettung, nimmt mich ernst und hat gerade eine Konfrontationstherapie mit mir begonnen.«

Im Rahmen einer Psychotherapie können Konfrontationssituationen mit dem Betroffenen durchgespielt werden, sodass die Angst- und Panikattacken wesentlich seltener auftreten oder ganz ausbleiben. Der Weg dorthin ist langwierig und kann nur durch die aktive Mithilfe des Patienten selbst erreicht werden. Betroffene können einfache Konfrontationsübungen durchführen, indem sie angstbesetzte Orte und Situationen aufsuchen und so lange wie möglich mit der aufkommenden Angst ausharren. Nur die häufige Reizkonfrontation bringt eine Gewöhnung und letztlich ein Abflachen der Angst.

Der Patient muss auch lernen, wieder Vertrauen in seinen Körper und dessen Funktionsfähigkeit zu setzen. Sehr hilfreich sind Entspannungsverfahren wie z. B. die progressive Muskelrelaxation nach Jacobson oder Autosuggestion.

Sport und positive Gedanken als Hilfe

Ein nur 20-minütiges tägliches Ausdauertraining bringt bereits beeindruckende Erfolge. Die Panikerkrankungen werden geringer und treten nach einiger Zeit oft nur noch abgeschwächt auf. Wissenschaftlich bestätigt wurde dieser Erfolg durch eine placebokontrollierte Studie. Panikpatienten führten dreimal wöchentlich ein Ausdauertraining von 45 Minuten Laufen mit Pausen durch. Eine zweite Gruppe nahm lediglich das Medikament Clomipramin, ein Antidepressiva, und eine dritte Gruppe nahm ein Placebo-Medikament (ohne jeglichen Wirkstoff) ein. Nach zehn Wochen zeigte sich das überraschende Ergebnis, dass die Gruppe, die das Ausdauertraining durchgeführt hatte, den besten Erfolg hatte. Die Panikattacken in dieser Gruppe waren sehr deutlich zurückgegangen. Auch in der Medikamentengruppe gingen die Panikattacken zurück, jedoch zulasten deutlicher Nebenwirkungen. Die Erkenntnis der Mediziner aus dieser Studie: Ausdauertraining ist als Therapie bei Angst- und Panikerkrankungen bestens geeignet und vielen anderen Therapieversuchen vorzuziehen.

Auch eine Änderung persönlicher Sichtweisen stellt bereits eine Möglichkeit dar, mit der Erkrankung besser umzugehen. Betroffene stehen vielfach unter einem enormen Leistungsdruck in Beruf, Haushalt, Familie und Gesellschaft. »Es immer richtig machen wollen« führt sehr oft zu einer überzogenen Selbstkritik. Das Erleben eigener »Fehler«

und eigenen »Versagens« führt zu einem negativen Lerneffekt. Dabei wird »Nichtentsprechen« gestellter Anforderungen als »Schiefgehen« erlebt. Vielfach kommt es damit zu einer ersten Versagensangst.

Eine Möglichkeit, aus diesem Teufelskreis von Anforderung, Druck, »es allen recht machen wollen« herauszukommen, ist eine Veränderung der Sichtweise. Betroffene müssen lernen, dass man mit Kompromissen leben kann und nicht immer alles perfekt ist. Die Akzeptanz eigener Mittelmäßigkeit gehört unbedingt dazu.

Karin Richards sieht zwei Wochen nach unserem ersten Gespräch schon viel hoffnungsvoller aus. Sie habe sich vorgenommen, nicht mehr so vieles so nahe an sich heranzulassen, mache jeden Tag Sport und Konfrontationsübungen.

»Ich lasse nun auch öfter einmal fünf gerade sein«, sagt sie mit dem Anflug eines Schmunzelns im Gesicht.

Keine Wundermittel

In der Behandlung von Angststörungen erweisen sich nahezu alle derzeit von den Ärzten eingesetzten Medikamente als unbefriedigend. Lediglich Symptomverflachungen sind damit zu erreichen.

Eine Besserung der Angststörung ist damit auf Dauer nicht zu erreichen. Benzodiazepine, die am häufigsten verordneten Entspannungs-, Schlaf- und Beruhigungsmittel, werden von Ärzten gerne bei Angstpatienten eingesetzt. Neben Benzodiazepinen kommen trizyklische Antidepressiva zum Einsatz. Sie haben einen stark sedierenden (beruhigenden) Effekt, weshalb sie oft zur Behandlung bei Ängsten, Erregtheit und Unruhe eingesetzt werden. Psychiater machen hin und wieder Therapieversuche mit so genannten MAO-Hemmern. Die MAO-Hemmer steigern vereinfacht ausgedrückt die Menge an den Botenstoffen Noradrenalin, Dopamin und Serotonin im Gehirn. Es kommt zu einer Antriebssteigerung bei ängstlichen und gehemmten Patienten.

Die Gruppe der angeblich nebenwirkungsärmsten Medikamente sind die selektiven Serotonin-Wiederaufnahmehemmer (SSRI). Ursprünglich wurden diese Medikamente nur gegen Depressionen eingesetzt. Im Laufe der Zeit haben die Pharmahersteller auch Erfahrung in der Behandlung von Zwangsstörungen gemacht. Eine umfangreiche Studie mit Panikpatienten in den USA führte zum Ergebnis, dass Patienten, die ein bestimmtes Medikament mit dem Wirkstoff Fluoxetin einnahmen, deutlich weniger Panikattacken hatten. Leider konnten diese Ergebnisse in europäischen Studien nicht bestätigt werden.

Alles in allem sind die Erfolgsaussichten, eine Angst- und Panikerkrankung nur mit Medikamenten zu heilen, gering. Oft kommen die Panikattacken nach dem Absetzen der Medikamente in derselben Intensität zurück.

Nur ein Bündel von Maßnahmen, in deren Mitte der Patient selbst aktiv mitarbeitet, bietet die Chance, Angst- und Panikstörungen aufzulösen. Dazu gehört die Bereitschaft des Betroffenen, aktiv Konfrontationsübungen zu machen und sich mental mit seiner Erkrankung auseinanderzusetzen. Ausdauertraining und Körperübungen, die das Vertrauen in den Körper zurückgeben, sind die Therapie der ersten Wahl. Bereits dadurch kann der Betroffene aus seiner angstbedingten Isolierung herauskommen.

Karin Richards zumindest sieht wieder Land. Bei unserem dritten Treffen erklärt sie mir schmunzelnd: »Ich fange wieder an zu leben.« Sagt, sie habe sich ganz mutig mit einer Internetbekanntschaft zum Tanzen verabredet …

Fast mag man glauben, sie habe es schon geschafft. Doch Vorsicht, Betroffene dürfen niemals aufhören an sich zu arbeiten. Panikattacken kommen oft aus heiterem Himmel zurück, wenn man lange schon nicht mehr damit gerechnet hat …

Vorwort des Autors

Ein Vorwort nach der Einführung?

Nachdem Sie nun eine Einführung gelesen haben, die sowohl Probleme benennt als auch erste Lösungsansätze verspricht, frage ich Sie, haben Sie Lust und Mut mehr zu erfahren?

Was können Angstbetroffene tun und wie können sie ihr Leben ändern, um angstfrei und glücklich zu leben?

Ich habe in diesem Buch versucht, eine umfassende Anleitung zu mehr Lebensmut, mehr Gesundheit und mehr Lebensfreude für Angst- und Panikbetroffene zu geben. Die Erkenntnisse in diesem Buch resultieren aus der erfolgreichen Behandlung unzähliger Angstbetroffener in meiner psychotherapeutischen Praxis in Luxemburg, meiner Arbeit als klinischer Psychologe und meiner Tätigkeit als Journalist im Bereich Medizin und Lebenshilfe.

Trauen Sie sich und gehen Sie mit mir auf eine konfrontative Reise, um Ihrer Angst auf den Grund zu gehen und diese loszuwerden?

Sind Sie stark genug, in den nachfolgenden Kapiteln etwas über Ihren Körper zu erfahren und sich nach und nach auch mit den Funktionen Ihres vegetativen Nervensystems auseinanderzusetzen?

Sind Sie motiviert, einige einfache Übungen durchzuführen und sich auf meine Empfehlungen einzulassen?

Glauben Sie meiner langjährigen Erfahrung als Medizinjournalist und klinischer Psychologe mit langer Praxiserfahrung, wenn ich Ihnen sage, dass sich nach der Lektüre dieses Buches sowohl Ihr Leiden als auch Ihr ganzes Leben verändert haben wird?

Wenn Sie sich vorbehaltlos auf all das einlassen möchten, dann verspreche ich Ihnen, dass Sie mehr als reichlich belohnt werden. Sie werden neben den erfolgreichen Strategien gegen Ihre Ängste auch einen einfachen und pragmatischen Weg erlernen, glücklich zu sein, mehr beruflichen und privaten Erfolg zu haben, all Ihre Ziele zu definieren und zu erreichen.

Dieses Buch wird Ihnen mehr bieten als einfaches Selbstmanagement gegen eine chronische Krankheit, die man schnell wieder loswerden kann. Sie erhalten neben den wundervoll einfachen Tipps gegen Ihre Angst auch wirkungsvolle Strategien, um glücklich zu leben und Stress zu vermeiden. Übernehmen Sie davon nur das, was Ihnen gefällt. Viele der philosophischen Gedanken in diesem Buch haben etwas gemeinsam: Sie sind einfach und Gewinn bringend im Leben umsetzbar.

Wundern Sie sich nicht, wenn sich Kapitel über ein für Sie so ernstes Thema wie »Angst« mit Kapiteln über »Träume« abwechseln. Das ist von mir so beabsichtigt. Lassen Sie sich einfach auf diese Reise ein …

Beim Lesen dieses Buches haben Sie mit einer sinnvollen Therapie begonnen, gewissermaßen einer Bibliotherapie. Bereits im Altertum hat man die heilsame Wirkung der Sprache genutzt. Im Mittelalter gab es eine »autobiografische Lebensanalyse«, diese natürlich mit den Mitteln der Zeit.

Heute ist die Bibliotherapie eine der therapeutischen Maßnahmen, denen ein wissenschaftlich fundierter Wirksamkeitsnachweis zugesprochen wird.

In jeder Lebenssituation greifen Menschen auf Bibliotherapie zurück. Es werden medizinische Fachbücher gelesen, die dem Einzelnen Aufklärung über bei ihm notwendige Untersuchungen geben können und ihm durch die Aufklärung die Angst oder Scheu davor nehmen; es werden Ehe- und Familienratgeber geschrieben, die eine kleine Therapiestütze bei zwischenmenschlichen Konflikten sein sollen; es werden allgemeine Lebensratgeber geschrieben und von den Lesern als willkommene Therapie angenommen. Und es werden Ratgeber zu bestimmten Problemen geschrieben, wie das Buch über Angst (und Glück), das Sie gerade in Händen halten.

Zahlreiche Studien belegen, dass das Lesen von Ratgebern, die auf Themen der kognitiven Verhaltenstherapie aufbauen (kognitiv = die Erkenntnis betreffend), Erkrankungen beeinflussen kann.

Okay, lesen Sie weiter und beginnen Sie, Ihre Angsterkrankung endlich für immer loszuwerden.

1. Was ist Angst?

Alarmbereitschaft – Die Panikattacke

Nach der Klassifizierung der Weltgesundheitsorganisation besteht eine Panikstörung dann, wenn irgendwann im Verlauf der Störung eine oder mehrere Panikattacken aufgetreten sind. Dies sind abgrenzbare Perioden intensiver Angst oder intensiven Unbehagens. Diese Panikattacken waren unvorhersehbar und standen nicht in unmittelbarem Zusammenhang mit einer nahezu immer angstauslösenden Situation. Außerdem wurden sie nicht durch Situationen ausgelöst, in denen die Person im Mittelpunkt der Aufmerksamkeit anderer stand.

Darüber hinaus traten diese Panikattacken innerhalb eines Monats auf. Nach einer oder mehreren Attacken bestand eine andauernde Angst vor der möglichen nächsten Attacke.

Zudem gehören mindestens vier der nachfolgend geschilderten Symptome, gleichzeitig erlebt, zu einer definitionsgemäßen Panikattacke:

- Ein Gefühl der Atemnot oder ein Gefühl von Kurzatmigkeit
- Benommenheit, Schwindel, Unsicherheitsgefühle und die Angst, in Ohnmacht zu fallen
- Herzstolpern, beschleunigter Herzschlag
- Schwitzen
- Zittern oder Beben
- Erstickungsgefühle
- Brustschmerzen, Beklemmung

- Magenschmerzen, Übelkeit
- Gefühl der Unwirklichkeit, Depersonalisation und Derealisation
- Angst, verrückt zu werden oder die Kontrolle zu verlieren
- Taubheits- oder Kribbelgefühle
- Die Angst zu sterben
- Hitze- oder Kälteschauer

Soweit die generalisierten Symptome, wie Ärzte sie zu einem Symptomkatalog zusammengefasst haben. In der Praxis und Erfahrung des einzelnen Betroffenen sieht das Erleben der Panikattacke meist etwas anders aus. In fast allen Schilderungen der Betroffenen stehen Gefühle des Kontrollverlusts und von Unwirklichkeit sowie Schwindel im Vordergrund.

So überwiegen in der Vielzahl aller Fälle eindrucksvolle Schilderungen des Ablaufs einer Panikattacke, wie wir in der Einführung am Beispiel Karin Richards bereits lesen konnten.

Eine weitere Schilderung ist ebenso typisch:

> »Es kommt ganz plötzlich. Alles um mich herum sieht so verändert aus. Ich fahre im Auto und nehme die Gegend als unwirklich wahr. Alles ist zu hell. Ich stelle mich selbst in Frage. Bin ich hier oder wo bin ich? Ich befürchte, gleich einen Schlaganfall zu bekommen. Meine Wangen und Mundwinkel spannen. Meine Lippen kribbeln, mein Gesicht ist gefühllos. Meine Hände sind gefühllos. Ich erwarte voller Angst, gleich nicht mehr zu leben. Ich ändere sofort meine Richtung und fahre in die Nähe des Krankenhauses. Hier kann man mir helfen, wenn es schlimmer wird. Ich steige auf dem Parkplatz des Krankenhauses aus dem Auto. Nach ein paar Minuten geht es wieder besser.«

Ebenso diese Schilderung:

»Bei einem Kinobesuch mit Freunden erwischte es mich sehr stark, ich bekam von dem Film nichts mit, da ich nur damit beschäftigt war, meine Atmung zu kontrollieren und zu beten, dass der Film endlich aus ist, bevor ich umfalle. Ich durchlebte tausend Tode, weil ich am Ende der Reihe saß und meine Freunde neben mir saßen. Ich konnte nicht heraus, der Weg war während der Vorstellung für mich versperrt. Ich hatte Herzklopfen und musste immer schneller atmen. Meine Hände verkrampften sich. Ich hatte ein Beklemmungsgefühl in der Brust und erwartete, gleich einen Herzinfarkt zu bekommen. Ich spürte meine Hände nicht mehr.«

Ein anderer Betroffener:

»In einer beruflich wichtigen Situation begann es dann richtig. Herzrasen ohne Ende, weiche Knie, kurz vor der Atemnot und Schwindel. Ich verließ schlagartig den Raum. Das war dann der längste Weg zur U-Bahn meines Lebens. Diese Gedanken, dieses Gefühl, für jemanden, der es nicht kennt, ist es schier unbeschreiblich. Ich saß noch keine Minute in der U-Bahn und ich dachte, ich muss hier raus und zum nächsten Arzt. Ich stieg aus, verließ fluchtartig die Bahn und suchte ein Taxi. Ich fuhr ins Krankenhaus. In der Notaufnahme untersuchte man alles. Blutdruck, Blutwerte, EKG, neurologische Untersuchung: Es fehlt Ihnen nichts, war die Diagnose.«

Anhand der oben aufgezeigten exemplarischen Schilderungen ist bereits deutlich geworden, dass es keinesfalls der klassischen mindestens 4 von 13 katalogisierten Symptomen bedarf, um eine Panikattacke zu haben. Viele der Betroffenen erleben bei manchen Panikattacken nur ein einziges Symptom, nämlich das allerhäufigste: Schwindel!

»Mein Körper fängt an zu kribbeln und ich sehe alles wie durch Nebel. Mir ist so schwindlig, dass ich nicht mehr gehen kann.«

»Sobald ich unter Menschen muss, z. B. in ein Kaufhaus oder in ein Restaurant, werden meine Knie weich und es wird mir so schwindlig, dass ich glaube jeden Moment bewusstlos zu werden. Auch wenn ich über große Plätze gehen muss, schwanke ich und hoffe das andere Ende des Platzes zu erreichen, weil mir so schwindlig ist.«

Nicht immer sind alle Symptome ausgeprägt. Die überwiegende Anzahl von Panikattacken besteht nur aus ein oder zwei Leitsymptomen. Die Betroffenen erfahren sie trotzdem als bedrohlich und erleben Todesangst. Viele wirklich an Panikattacken leidende Betroffene gehen jahrelang mit Schwindel und Taubheitsgefühlen zu allerlei Ärzten, lassen sich irgendwann in die Ecke der Hypochondrie abdrängen, ohne dass jemals ein Therapeut die Panikstörung erkennt und zumindest Behandlungsversuche unternimmt.

Viele der Schilderungen der Betroffenen haben einen immer wiederkehrenden starken Bezug zum Schlucken und zum Halsbereich:

»Wir sitzen im Restaurant. Ich will mein Essen hinunterschlucken. Es geht nicht. Ich kann nicht mehr schlucken. Etwas Schlimmes ist passiert. Die Nahrung will keinen Schluckreflex mehr auslösen. Es wird mir heiß und kalt. Mein Herz rast. Ich spüre meine Beine nicht mehr. Ich sehe die anderen fröhlichen Gäste völlig unwirklich. Ich nehme einen großen Schluck aus meinem Glas und irgendwie schaffe ich es doch, hinunterzuschlucken. Ich schiebe den Teller von mir und sage meinem Mann, dass ich satt bin.«

»Ich habe solch einen starken Kloß im Hals, dass ich kaum schlucken kann. Deshalb bekomme ich schlecht Luft. Ich glaube, dass der Kloß weiterwächst und ich daran ersticken werde. Ich versuche durch ständiges Räuspern alles wieder zu normalisieren, doch es ändert sich nichts. Es wird mir schwindlig. Meine Beine schwanken. Ich habe zittrige Hände und laufe aufgeregt hin und her. Werde ich jetzt gleich umfallen? Ich trinke ein großes Glas Wasser, ganz hastig. Danach ist der Kloß zunächst einmal weg. Nach ein paar Minuten ist er wieder da.«

Ein Bezug zur Sprache wird oft zum Ausdruck gebracht mit:

»Meine Zunge bewegt sich plötzlich so schwer. Sie gehorcht nicht beim Formen der Worte; ich bin unfähig, etwas zu sagen.« Auch dies zeigt, dass bei tatsächlich bekannter und voll ausgebildeter Panikstörung einzelne Leitsymptome isoliert auftreten können. Es gibt kein klassisches Bild einer Panikstörung, das immer wieder mit absolut gleicher Symptomvielfalt imponieren würde.

Treffender sind die immer wiederkehrenden Betroffenenberichte, die folgendes Erleben in den Vordergrund stellen:

- Erlebnisse von Benommenheit, Verwirrtheit, Kontrollverlust über den eigenen Körper
- Empfindung schwankenden Gehens oder Schwindel, meist als Schwankschwindel
- Empfindungen, die Sohlen der Schuhe auf dem Boden nicht mehr zu spüren oder die Füße nicht zu spüren
- Empfindungen, dass das Licht zu hell ist oder Geräusche unangenehm oder unwirklich sind
- Gefühl, dass das Sehen oder Hören sich verändert hat: z. B. Nebel sehen oder wie durch Schleier hören

Eine treffende Schilderung von so genannten Derealisationsgefühlen und Depersonalisationsgefühlen gibt die nachfolgende Schilderung eines Betroffenen:

> »Dieses Unwohlsein, das Herzjagen, der Schwindel, die Unwirklichkeit der Umgebung, das Empfinden, nicht in sich zu sein. Am meisten macht mir zu schaffen, dass meine Stimme mir fremd ist. Oft ist es so, als gehöre mir meine Stimme nicht, ich höre mich sprechen, so wie ich einen anderen Menschen sprechen höre.«

Viele Betroffene schildern einen Bezug zum Herz und zur Atmung:

> »Ich habe einen starken Druck auf der Brust, ich glaube, das ist ein Infarkt. Die gesamte Haut auf der Brust und dem Bauch ist taub. Wenn ich mich dort anfasse, spüre ich meine Haut nicht mehr. In der Klinik hat man ein EKG gemacht, ohne jeden Befund. Ich habe große Angst, einen Herzinfarkt zu haben, falls sich die Ärzte geirrt haben.«

> »Ich bekomme oft keine Luft. Ich atme zwar, aber ich habe das Gefühl, dass zu wenig Luft in mich hineinkommt. Auch habe ich das Gefühl, dass ich mich zum Atmen zwingen muss, weil das Atmen sonst von allein aufhört und ich sterbe. Dann muss ich atmen und atmen, bis mir schwindlig wird. Meine Freundin fuhr mich bei einem schlimmen Anfall in die Klinik. Der Arzt ließ mich durch eine Tüte atmen. Dann wurde es besser.«

> »Manchmal denke ich, mein Herz schlägt zu schnell, dass ich einen Infarkt bekomme, oder es schlägt so langsam, dass ich Panik habe, am nächsten Morgen nicht mehr aufzuwachen. Jede der Untersuchungen bei Arzt, Notarzt oder Krankenhaus erbringt keinen Befund.«

> »Ein Stechen im Bauch ... klopft mein Herz nicht irgendwie zu schnell ... Dieses Engegefühl im Hals, ich glaube ich ersticke, oder habe ich Kehlkopfkrebs ... mir wird ganz komisch, mein Herz schlägt viel zu schnell, es bleibt gleich stehen ...«

Wie die oben wiedergegebenen Schilderungen einzelner Betroffener stellvertretend für viele andere belegen, haben Panikattacken oft einen direkten Bezug zu Leben und Tod, indem sich die Symptome auf die vitalen Lebensfunktionen richten:

- Herzklopfen, Herzrasen
- Schwindel
- Atemnot, Hyperventilation

Dies sind die am häufigsten geschilderten Empfindungen bei einer Panikattacke. Das ist auch der Grund, der Angststörungen als Krankheit so schwer erkennbar macht. Aus verständlichen Gründen werden Betroffene, die über ungewöhnliche Herzempfindungen berichten, im Krankenhaus im Regelfall sehr gründlich untersucht und einer umfangreichen Ausschlussdiagnostik unterzogen. Wird Schwindel geschildert, wird sofort der Neurologe hinzugezogen, bei Atemnot zunächst der Internist, später der Lungenfacharzt. Auch wenn der Betroffene glücklicherweise ohne jeden erkennbaren pathologischen Befund ist, werden beim zweiten und dritten Mal alle jene spezifischen Untersuchungen aufs Neue durchgeführt. Das gebietet die Sorgfaltspflicht dem Behandler. Wird nichts gefunden, wird der Patient nach Hause geschickt. Für den Arzt hat sich die Sache damit erledigt, er hat seine im Regelfall professionell erbrachte Hilfe geleistet. Sein Ansinnen lautet »Ausschlussdiagnostik«, also auszuschließen, dass etwas Ernsthaftes vorliegt, und nicht unbedingt festzustellen, was vorliegt.

Die Grundkrankheit wird nicht erkannt, weil sie sich hinter oben genannten vermeintlich gefährlichen Symptomkomplexen versteckt.

In der Summe der zumeist für den Organmediziner ungewöhnlichen Symptome fällt der Verdacht spätestens bei der zweiten oder dritten gründlichen Untersuchung jedoch meist auf eine »psychische Erkrankung«. Ob Sie selbst an einer Panikstörung leiden, werden Sie im Verlauf Ihrer Leidensgeschichte sicherlich schon herausgefunden haben. Sofern Sie jedoch die oben beschriebenen Symptome zum ersten oder zweiten Mal erleben, ist es absolut notwendig, dass Sie eine eingehende organische Untersuchung beim Internisten oder Allgemeinmediziner machen lassen, um selbst sicher zu sein, dass Sie nicht unter organischen Problemen leiden.

Die überwältigende Anzahl der Panikkranken hat bereits unzählige medizinische Untersuchungen über sich ergehen lassen. Klinikaufenthalte und Hausarztbesuche wechseln sich bei ihnen ab. Panikpatienten nehmen überaus häufig apparative Diagnostik wie z. B. Ultraschall, EKG, EEG und Computertomografie in Kliniken und Praxen in Anspruch.

Oft verunsichern diese Patienten die sie behandelnden Ärzte mit den selbst als bedrohlich empfundenen Symptomen derart, dass das komplette Prozedere und die vollständige apparative Untersuchung durchgeführt werden. In vielen Fällen reicht den Panikpatienten selbst die dritte oder vierte Untersuchung mit dem Ergebnis »Ohne Befund« nicht aus und sie wenden sich an weitere Fachärzte. Auf der einen Seite befürchten sie, dass der Arzt etwas Schlimmes finden könnte, und auf der anderen Seite hoffen sie, dass er irgendwann irgendetwas finden wird, damit ihre Symptome als gerechtfertigt angesehen werden.

Sollten Sie sich in der Beschreibung der letztgenannten Gruppe wiederfinden, dann ist es in Verbindung mit den oben geschilderten Symptomen wahrscheinlich, dass Sie an einer Angst- oder Panikerkrankung leiden.

Bedrohliche Außenwelt – Die Agoraphobie

Panikattacken können im Rahmen jeder anderen Angststörung, bei Phobien oder aber am häufigsten in Verbindung mit der Agoraphobie auftreten.

Die Agoraphobie, die im Volksmund als »Platzangst« oder »Angst vor der Außenwelt« bezeichnet wird, äußert sich wie folgt:

Der Betroffene empfindet Angst in Situationen, in denen er sich außerhalb seiner gewohnten Umgebung aufhält. Hierzu gehört der Aufenthalt an öffentlichen Plätzen oder unter fremden Menschen, in Menschenmengen, in Kaufhäusern, in Bussen oder Eisenbahnen. Der betroffene Agoraphobiker vermeidet es, sich weit von zu Hause zu entfernen, weil er befürchtet, an diesen Orten nicht flüchten zu können, wenn die Angstsymptome wie Schwindel oder Beklemmung, Harndrang oder Ähnliches auftreten. Der Agoraphobiker ist ein Meister im Vermeidungsverhalten. Er erfindet täglich neue Argumente und Gründe, um das Haus nicht zu verlassen oder um z. B. keine weite Entfernung zurücklegen zu müssen. Infolge dieses Vermeidungsverhaltens schränkt der Betroffene seinen Bewegungsspielraum und seine Lebensqualität fast gänzlich ein. Bereits während der genauen Beachtung des Vermeidungsverhaltens dürfte dem Agoraphobiker bewusst werden, wie sinnlos und irrational dieses ist. Er hat Angst, dass er in der Öffentlichkeit umfällt und vergräbt sich allein zu Hause. Zu Hause geht es ihm sofort besser.

Eine Agoraphobie beginnt meist mit einer Panikattacke, die aus heiterem Himmel, außerhalb des eigenen Zuhauses, mit den oben beschriebenen Symptomen der Panikstörung auftritt. Der Betroffene versucht fortan diesen Ort, als vermeintlichen Auslöser der Missempfindungen, zu vermeiden. Das Vermeidungsverhalten wird im späteren Krankheitsverlauf derart perfektioniert, dass neben Urlaub und der Benutzung von Flugzeugen und anderen öffentlichen Verkehrsmitteln auch Theaterbesuche oder gar Einkäufe allgemein eingestellt werden.

Der Agoraphobiker wird nicht selten arbeitslos. Bedrohlich sind in den Augen des Agoraphobikers Situationen, in denen er nicht flüchten kann, wie zum Beispiel der plötzlich auftauchende Verkehrsstau oder die Schlange vor der Supermarktkasse, aus der er nicht ohne Weiteres heraus kann. Es sind Situationen, die eine ganze Kaskade von Gefühlen und Gedanken auslösen. Der Agoraphobiker bekommt plötzlich Angst davor, es könne ihm schwindlig werden und alle anderen Personen könnten zusehen, wie er einfach umfällt oder in eine andere peinliche Situation gerät. Allein dieses Denkmuster führt tatsächlich zur Auslösung der befürchteten Panikattacke mit Schwindel und Gefühlsstörungen und den weiteren oben beschriebenen Missempfindungen.

Bei der Agoraphobie gibt es im Verlauf der Erkrankung Phasen unterschiedlicher Ausprägung, in denen die Störung sehr stark ist, kaum wahrgenommen wird oder im Hintergrund symptomarm verläuft. Entscheidend dafür ist die Anwesenheit wesentlicher Unterhaltungskriterien der Agoraphobie. Solche Unterhaltungskriterien sind beispielsweise: Unzufriedenheit, Zukunftsängste, ungelöste Probleme, Partnerkonflikte, soziale Probleme, Probleme am Arbeitsplatz. Diese Unterhaltungskriterien sind mit verantwortlich für eine stärker ausgeprägte Agoraphobie. Das Gegenteil wären hier Abschwächungskriterien, wie z. B. Erfolg, Glück und Zufriedenheit in der Partnerschaft, Zufriedenheit am Arbeitsplatz, Entspannung und Befriedigung im täglichen Ablauf. Hierdurch wird klar, dass neben dem Vorhandensein der Agoraphobie das Erleben der Stärke der Symptome in erster Linie auch von vielen lebensbegleitenden Umständen abhängig ist. Hier wird auch deutlich, dass eine komplette Überprüfung der Lebensumstände und Lebensgewohnheiten durch den Betroffenen erfolgen muss. Ein Hauptziel dieses Ratgebers ist es, die Lebensqualität der Betroffenen erheblich zu verbessern. Dazu werden Sie in den nächsten Kapiteln sehr viel mehr über Glück und Zufriedenheit lesen und lernen.

Da der Betroffene, geplagt von ständigen Ängsten, auf Hochtouren läuft und nach Ablauf der Empfindungen in eine Erschöpfungs- oder Ermüdungsphase kommt, fehlt es gerade beim Agoraphobiker an wirklichen Entspannungssituationen. Aus diesem Grund lernen Sie hier auch Entspannungsverfahren kennen.

Angst vor allem – Die generalisierte Angst

Generalisierte Angst ist die ständige krankhaft übersteigerte Sorge und Befürchtung, dass einem etwas zustoßen könne, dass man selbst oder Angehörige krank werden könnten, dass ein Unglück geschehe. Es kommt auch zu Angst und Sorge vor Armut und Geldmangel, Arbeitslosigkeit und anderem sozialen Unglück.

Diese Sorgen, die auch jeder gesunde Mensch hat, werden im Rahmen der generalisierten Angst zu einer ständigen unrealistisch potenzierten Bedrohung. Der Betroffene erlebt vollkommen übersteigerte und unrealistische Befürchtungen. Er ist ein Großteil des Tages mit nagenden und quälenden Sorgen beschäftigt und schon alltägliche Dinge lösen bei ihm Ängste aus. Der Betroffene hat an den meisten Tagen Angst und Befürchtungen über zukünftiges Unglück.

Häufig werden Befürchtungen geäußert, er selbst oder ein Angehöriger könnte demnächst erkranken oder verunglücken, das Haus könnte einstürzen, Einbrecher könnten ins Haus eindringen, der Autoreifen platzen usw.

Die Krankheit beginnt oft schleichend im Anschluss an lang anhaltende Belastungen körperlicher oder psychischer Art.

Der Betroffene erlebt die vielfältigen, aus der generalisierten Angst entstammenden, vegetativen und motorischen Symptome. Eine ständige körperliche Unruhe, Nervosität, die Unfähigkeit sich zu entspannen, Kopfschmerzen sind neben Schweißausbrüchen und Zittern sowie eines ständig hohen Muskeltonus charakterisierend für die generalisierte Angst. Als Folge der Angst tritt wieder eine Vielzahl bei der Panikstörung bekannter Symptome auf wie Schwindel und Benommenheit, Atemnot, Herzjagen und Bauchbeschwerden. Es besteht eine ständige vegetative Übererregbarkeit. Der Betroffene steht unter Hochspannung, ist »immer auf dem Sprung«, nicht fähig sich zu entspannen. Ein wesentliches Symptom sind hier auch Schlafstörungen.

Die Technische Universität Dresden hat in einer der weltweit größten Studien herausgefunden, dass nahezu 5 % aller Hausarztpatienten an der generalisierten Angststörung leiden. Andere Stimmen gehen von 10 % aus.

Falls Sie von sich sagen können, dass Ihre persönlichen Ängste vielfältiger Natur und nicht auf einen bestimmten Komplex beschränkt sind, wenn Ihnen diese Ängste den »Schlaf rauben« und Sie sich in ständiger Furcht vor einem anscheinend latent drohenden Unglück oder einer latent drohenden Krankheit befinden, dann ist es wahrscheinlich, dass Sie zu den nahezu 5 % aller Hausarztpatienten mit generalisierter Angst gehören.

Sicherlich sind die Grenzen zwischen »normalen Sorgen und Nöten« und generalisierter Angst fließend. Sobald Ihre Ängste jedoch in multiple Richtungen streuen und Sie sich den ganzen Tag über mit Befürchtungen beschäftigen, dann liegt möglicherweise eine behandlungsbedürftige Angsterkrankung vor. Oft gehört zum Symptomkomplex der generalisierten Angststörung auch ein sich entwickelnder Kontrollzwang, wie z. B. mehrfaches Kontrollieren, ob Türen verschlossen sind, Waschzwänge usw.

Leider wird die generalisierte Angststörung von den Ärzten kaum erkannt, weil sie nicht immer so spektakulär ist wie die Panikstörung oder die Agoraphobie. Vom Patienten selbst werden die ständigen Befürchtungen und Ängste als sehr real und normal wahrgenommen. Er findet sich beim Hausarzt meistens mit den Worten ein, dass alles zu viel werde. Die ständige Sorge um die Angehörigen und die Arbeit, die finanziellen Dinge ... Der Betroffene erlebt sich als stark überfordert, aber keineswegs an einer psychischen Störung leidend. Die geschilderten Symptome sind ausnahmslos unspezifische körperliche Symptome.

Betroffene suchen im Jahresverlauf etwa 10- bis 15-mal den Hausarzt wegen dieser unspezifischen Symptome auf. Schnell werden geäußerte »ängstliche Befürchtungen« beim Hausarzt übergangen und als unwichtig angesehen, weil sie für ihn keine therapierbare Symptome bilden. Die aus der generalisierten Angst entstehende Symptomatik, wie z. B. Muskelverspannungen, Kopfschmerzen, Magen-Darm-Probleme, werden mit den entsprechenden Mittelchen behandelt, ohne dass dem Betroffenen damit wirklich geholfen wäre.

Leider findet der Betroffene oft nur dann Hilfe, wenn er selbst erkannt hat, dass er an generalisierter Angst leidet und eine entsprechende umfassende Änderung seines Lebens vornimmt. Viele Betroffene sind durchaus in der Lage, selbst einzuschätzen, dass ihre alltäglichen übersteigerten Ängste unrealistisch sind und Krankheitswert haben. Trotzdem zweifeln sie, ob sie nicht doch an einer anderen Krankheit leiden. Hier ist konsequente Therapie notwendig.

Ein kleiner Fragenkatalog zur generalisierten Angst kann ein erster Schritt sein. Beantworten Sie die Fragen für sich ehrlich und konsequent:

- Leiden Sie häufig an Nackenschmerzen, Schulterverspannungen, Kopfschmerzen?
- Sind Sie nervös, fühlen Sie sich oft unsicher?
- Sind Sie abergläubisch?
- Befürchten Sie eine schlimme Krankheit zu bekommen oder früh zu sterben?
- Haben Sie ständig Bedenken, wenn Sie eine Reise mit dem Auto oder Flugzeug antreten, dass ein Unglück geschehen könnte?
- Glauben Sie, dass in Ihrem Leben sowieso alles schief gehen wird?

- Nehmen Sie Beruhigungsmittel ein?
- Haben Sie Angst, Ihre Familienangehörigen könnten verunglücken, wenn diese morgens das Haus verlassen haben?
- Haben Sie häufig Angst, irgendwann arm zu sein, Ihren Arbeitsplatz zu verlieren oder vor anderen finanziellen Dingen?
- Sind Sie gereizt und schreckhaft?
- Sagen Freunde und Angehörige oft zu Ihnen: »Mach dir nicht immer solche Sorgen?«
- Haben Sie Angst um Ihre Wohnung, wenn Sie im Urlaub sind?
- Haben Sie Angst vor anderen Menschen?
- Haben Sie ständig Angst, sich an Bakterien, Viren oder Pilzen mit einer Krankheit anzustecken?
- Analysieren Sie alles und jedes auf seine Gefahren hin?
- Misstrauen Sie der Fähigkeit eines Automechanikers oder Zahnarztes?
- Machen Sie lieber alles allein, weil Sie befürchten, dass andere es falsch machen?
- Haben Sie ständig Angst, Lebensmittel könnten vergiftet oder belastet sein?
- Können Sie öfter nicht einschlafen, weil Sie zu viele Sorgen haben?

Da Angst abstrakt ist und es keinerlei Maß gibt, ab wann Ängste krankhaft sind, kann nur das durchschnittlich in der Bevölkerung als normal angesehene Maß von Angst bei allen Bewertungen zugrunde gelegt werden. Wenn Sie aber mehr als die Hälfte der vorgenannten Fragen mit Ja beantwortet haben, dann ist es wahrscheinlich, dass Ihre Ängste und Befürchtungen über das normale alltägliche Mittelmaß aller Menschen hinausgehen. Sie müssen all Ihre Ängste und Befürchtungen überprüfen. Da die generalisierte Angst oft langjährige und chronische Verlaufsformen annimmt, ist es wichtig für Sie, konsequent, mutig und ehrlich an dieses Problem heranzutreten und eine Änderung Ihrer Ansichten und Ihres Lebens einzuleiten. Wenn Sie keine Hilfe von Dritten erhalten, keinen qualifizierten Therapeuten gefunden haben, bleibt Ihnen immer noch der Weg, Ihr Problem selbst in die Hand zu nehmen.

Mehr als 500 verschiedene Phobien

Neben den bereits genannten häufigen Angststörungen existiert eine Reihe weiterer insbesondere spezifischer Phobien. Spezifisch deshalb, weil sie sich mit einem ganz besonderen Stimulus auslösen lassen oder aber mit ganz besonderen Ereignissen, Tätigkeiten, Personen, Orten usw. in Zusammenhang stehen.

Der Reiz oder Stimulus wird vom Phobiker unter allen Umständen vermieden oder gemieden. Eine häufig auftretende Phobie ist die Soziophobie. Von einer Soziophobie Betroffene leben in der ständigen Befürchtung, in der Öffentlichkeit unangenehm aufzufallen, sich zu blamieren, falsch zu essen oder zu trinken, wenn andere anwesend sind.

Die Soziophobie ist heute die häufigste Angststörung und eine der häufigsten Neurosen überhaupt. Die Grenze zwischen einer gewissen normalen Menschenscheu und einer sozialen Phobie wird von der Weltgesundheitsorganisation so formuliert, dass die soziale Phobie übertrieben und ständig vorhanden ist und das Leben des Betroffenen stark einschränkt. Betroffene meiden alle gesellschaftlichen Situationen und werden bereits Tage und Wochen vor einem anstehenden gesellschaftlichen Ereignis übernervös und ängstlich.

Soziophobiker erleben in konfrontativen Situationen mit ihrer Angst ähnliche Symptome wie bei der Agoraphobie. Die soziale Angst wird bei einem genügend großen Stimulus von starken körperlichen Symptomen begleitet wie Herzrasen, Zittern, Schwitzen, Sprechunfähigkeit, Verkrampfung, Atemnot, Erröten, Schwindel, Kopfschmerzen, Symptomen im Magen-Darm-Bereich. Komplette Panikattacken, die zu einem fluchtartigen Verlassen eines Ortes führen, kommen vor.

Meist treten soziale Phobien in einer gewissen Bandbreite der angstauslösenden Stimuli auf. Bis zu 10 % aller Menschen leiden an mehr oder weniger starken sozialen Phobien.

Soziale Phobien, die auf einzelne Ereignisse wie zum Beispiel Essen in der Öffentlichkeit oder Reden in der Öffentlichkeit beschränkt sind, sind eher selten. Die meisten sozialen Phobien sind generalisiert. Die leichteste Form einer sozialen Phobie ohne nennenswerten Krankheitscharakter ist die Schüchternheit.

Vieles wird jedoch als soziale Angst bezeichnet, bei dem es sich oft nur um mangelnde Fertigkeiten oder Fähigkeiten beim Betroffenen handelt, zum Beispiel ein Gespräch zu beginnen oder zu unterhalten. Häufig gehen vermeintliche soziale Phobien auf erlebtes peinliches Verhalten zurück und lassen sich in dieser Form gut therapieren, indem das angstmachende oder vermeintlich peinliche Verhalten gut eingeübt wird.

Eine Sonderform der sozialen Phobie ist die Erythrophobie, die Angst vor dem Erröten. Hier besteht die Angst nicht vor der sozialen Situation, sondern davor, dass man erröten könnte und ein anderer dies sehen würde. Dieses Erröten trat bei den Betroffenen häufig erstmals in der Schulzeit in einer peinlichen Situation auf. Die Betroffenen erröten sehr stark »bis über beide Ohren«. Oft ist die Reaktion beim jeweiligen Gegenüber ein mitleidvolles Hinsehen oder ein demonstratives Wegsehen oder gar ein Sich-lustig-Machen. Erythrophobiker haben neben der erlernten Reaktion auf ein stattgefundenes peinliches soziales Ereignis auch einen leicht erregbaren Sympathikus-Nerv.

Die Betroffenen leiden unter der starken Erwartungsangst vor dem Erröten. Tritt in einer sozialen Situation das Erröten dann auf, sind sie zu keiner anderen Regung mehr fähig, konzentrieren sich bloß noch auf das Erröten und die Frage, wie deutlich es von anderen zu sehen sei und wie stark es gerade sein mag. »Bloß jetzt nicht rot werden, sonst denkt der, ich hätte etwas Unanständiges getan oder gedacht ...« ist oft die Antwort von Betroffenen auf die Frage, was ihnen in sozialen Situationen durch den Kopf gehe.

Was bei der sozialen Phobie eine Angst vor dem Handeln unter den Augen Dritter ist, ist bei der Erythrophobie die Erwartungsangst, bei Dritten zu erröten. Gemeinsam zeigt sich bei allen Phobien ein starkes Vermeidungsverhalten beim Betroffenen, das im Laufe der Zeit zunimmt und dazu führt, dass der Betroffene oder seine Familie kaum noch Lebensqualität haben.

Soziophobiker haben oft sehr starke Minderwertigkeitsgefühle und entwickeln häufig flankierend Depressionen, die ihr Leben noch weiter einschränken.

Außer Acht gelassen habe ich in diesem kurzen Exkurs über soziale Phobien die neurotischen Persönlichkeitsstörungen, bei denen es ebenfalls zu starker Einschränkung der sozialen Kontakte kommt, die aber ursächlich nicht zu den Phobien zu rechnen sind. Das vorliegende Buch kann und will also in der Aufzählung verschiedener Angststörungen keine Vollständigkeit erheben. Phobien werden unterteilt in:

- Agoraphobie
- Soziale Phobien
- Spezifische Phobien

Alle spezifischen Phobien können im Rahmen dieses Buches nicht aufgezählt werden, denn es sind mehr als 500 verschiedene Phobien bekannt.

Es ist nicht weiter schlimm für Sie, wenn Sie beim Lesen dieses Buches »Ihre« ganz spezielle Angsterkrankung nicht finden. Nicht schlimm deshalb, weil der Lösungsansatz in diesem Buch für jede Art von Angststörung oder Phobie der gleiche pragmatisch-erfolgreiche ist.

Sollten Sie an ganz speziellen Phobien – wie z. B. einer:

- situativen Phobie: Flugangst, Klaustrophobie Bus/Bahn, Tunnel, Brücke,
- umweltbezogenen Phobie: Angst vor Höhe oder Gewitter,
- Blut-Spritzen-Verletzungsangst: wie z. B. beim Zahnarzt,
- Tierphobie: Hunde, Spinnen, Schlangen usw.

oder an ganz ausgefallenen Phobien, wie z. B. die Angst vor Ansteckung, vor dem Erbrechen oder Ähnliches, leiden, dann lesen Sie dieses Buch trotzdem weiter, denn mit den kognitiven und verhaltensoptimierenden Methoden aus diesem Buch werden Sie auch diese Phobie überwinden können.

Viele der vorgenannten Phobien habe ich in meiner psychotherapeutischen Praxis bereits behandelt.

Noch ein Wort zu den spezifischen Phobien: Nicht jeder, der Angst vor Spinnen hat, leidet auch an einer Arachnophobie. Dazu muss die Angst so stark sein, dass es zu gewissen Einschränkungen im Leben des Betroffenen kommt oder dieser sehr starke körperliche Reaktionen beim Anblick einer Spinne erlebt. Die Bandbreite eines normalen Verhaltens ist relativ groß. Wer beim Spaziergang durch die Innenstadt zusammenzuckt, wenn eine Taube an seinem Kopf vorbeifliegt, ist noch kein Vogel-Phobiker. Auch die Akrophobie (Höhenangst) unterscheidet sich erheblich von dem einfachen Gefühl, nicht schwindelfrei zu sein.

2. Kleine Gedankenreise

Wie ich eingangs schrieb, ist dieses Buch nicht nur ein Buch über Angst, sondern auch eine Anleitung glücklich zu sein. Wenn nicht allzu viel über Angst darin stehen würde, wäre es auch für jeden Gesunden eine unterhaltsame Lektüre. Nun ist es soweit: Thema der folgenden Seite ist vorerst etwas anderes als Angst. Keine Angst, wir kehren später zurück zu der Angst und zu der Frage, wo diese denn herkommt.

Zunächst folgen Sie mir bitte auf eine erfrischende kleine Reise, bei der Sie sich zum ersten Mal fragen werden, ob Sie glücklich sind oder es schon waren.

Sind Sie zufrieden?

Sind Sie oft unzufrieden und fühlen sich in Ihrem Leben benachteiligt oder glauben, dass das Leben an Ihnen vorüberzieht und Ihre Anwesenheit hier auf der Erde nicht genügend würdigt?

Haben Sie oft den Wunsch nach einer grundlegenden Veränderung in Ihrem Leben, sozusagen nach einem »großen Schnitt«, Klappe, die Nächste?

Nichts macht Ihnen wirklich Spaß, in Ihrem Beruf und Arbeitsalltag fühlen Sie sich gefangen und am Ende Ihrer Karriere? Die großen Jugendträume sind in weite Ferne gerückt. Fühlen Sie sich vom Schicksal behaftet, z. B. durch Ihre Angsterkrankung und allerlei Unbilden des Lebens und andere Umstände an Ihrer Selbstverwirklichung gehindert?

Ich fand einst nach einem Essen in einem China-Restaurant in meinem Glückskeks den weisen Spruch:

Ihr Kopf steckt voller neuer Ideen, verwirklichen Sie sie!

Betrifft dieser Spruch auch mehr oder weniger Ihr Leben und trifft er den Nagel auf den Kopf?

Ständig suchen wir nach neuen Aspekten unseres Daseins, nach Veränderung und neuen Ufern. Das ist gut und kreativ und zeugt von einem wachen und leistungsfähigen Geist.

Weniger gut ist, wenn wir nichts von unseren Träumen und Wünschen realisieren. Alle unerfüllten Träume brodeln in uns wie ein Vulkan, der zugeschüttet wird. Wehe, wenn er ausbricht. Warum bekommen wir nicht das, was wir wirklich wollen und uns sehnlichst wünschen, wie z. B. Gesundheit und Zufriedenheit?

Häufig gehen gerade mit dem Ende einer Angsterkrankung auch eine emotionale Befreiung und ein allgemeiner Wertewandel beim Betroffenen einher.

Die Lösung ist einfach und klar, wenn wir nicht auf uns allein schauen, sondern auch die Wünsche und Sehnsüchte anderer erfragen und gleichzeitig hinterfragen, warum andere ihre Wünsche ebenfalls nicht realisieren können. Wir stellen plötzlich fest, dass wir »verhaftet« sind in unserem Leben mit all seinen Beziehungen, Komplikationen, Dogmen, Glauben und Rücksichtnahmen.

Wir opfern letztlich alles für andere Menschen, seien es die Kinder, der Großvater, ein hilfsbedürftiges anderes Mitglied der Familie. Wir opfern uns auf für den Ehepartner, arbeiten hart, um die Familie zu ernähren. Plötzlich sehen wir, dass außer dem Alter und vielleicht ein paar gesunden Jahren als Rentner nichts mehr zu erwarten ist.

Wir schauen in den Spiegel und stellen erschrocken fest, dass wir nicht vor dem Älterwerden gefeit sind.

Ist dies der Sinn unseres Lebens, der wirkliche Sinn, uns für andere zu opfern? Unsere Wünsche und Träume komplett aufzugeben? Dann noch die Angststörung, die unsere Lebensqualität weiter einschränkt.

Tatsächlich haben wir die Aufgabe, unsere Tage glücklich und zufrieden zu verbringen und unseren Tagen Leben zu geben und nicht unserem Leben Tage zu geben.

Es kommt vor allem auf die Lebensqualität an und nicht auf die Quantität, also die Dauer unseres Lebens.

Demnach dürfte klar sein, dass wir möglichst jeden Tag mit Glück und Zufriedenheit anreichern sollten. Neben der Sorge und Aufopferung für unsere Familie muss Freiraum für uns selbst geschaffen werden, in dem wir uns entfalten können. Diesen Freiraum müssen wir notfalls behaupten und auch gegen den Willen unserer Bezugspersonen durchsetzen. Dieser Freiraum kann darin bestehen, einen Abend nur für uns selbst zu haben oder einen Tag der Woche einem ganz besonderen Hobby nachzugehen, oder aber darin, einfach mal die Familie selbst für sich sorgen zu lassen und uns mit einem Buch zurückzuziehen oder ins Kino zu gehen.

Der Freiraum kann durchaus auch darin bestehen, eine Woche allein zu verreisen oder etwas für uns allein zu tun. Dabei können wir uns ohne Weiteres und ohne große Probleme unseren Lebensträumen annähern. Der Jugendtraum nach der Weltumsegelung kann vielleicht bei einem einwöchigen Segeltörn im Mittelmeer oder gar auf der Ostsee weitergeträumt werden; dem Traum vom Aussteigen kommen wir vielleicht in einem Urlaub auf einem einsamen Bergbauernhof in den Alpen oder in den Pyrenäen ansatzweise nahe.

Jetzt werden Sie vielleicht denken, »wie soll ich denn mit meinen

Panikattacken eine Weltumsegelung oder Urlaub in den Bergen machen, ich traue mich ja nicht einmal zu Aldi«.

Keine Angst, nach der aufmerksamen Lektüre dieses Buches werden Sie nach und nach beginnen, Ihre Träume, die Sie gerade entdecken, Wirklichkeit werden zu lassen.

Wichtig ist, dass Sie Ihre Träume ernst nehmen und sich die kleinen Selbstverwirklichungen, die kleinen Fluchten auch nehmen, notfalls gegen den Widerstand anderer.

Nur so werden Sie sich mit Ihrem Alltag auf Dauer wieder arrangieren können und nicht daran zerbrechen oder ständig mit Ihrem Schicksal hadern.

Wohlgemerkt, es geht nicht darum, Familie oder Angehörige im Stich zu lassen oder zu vernachlässigen, nein, es geht darum, dass wir einsehen müssen, als Individuum ein persönliches Recht auf Zufriedenheit und Glück zu haben.

Dieses Recht dürfen wir auch ohne Gewissensbisse wahrnehmen. Der Vorteil für unsere Bezugspersonen liegt doch eindeutig in unserer Zufriedenheit, die gleichbedeutend mit Leistungsfähigkeit und Leistungsbereitschaft und psychosozialer Gesundheit ist.

Jeder Tag, an dem wir uns in den Hintergrund stellen und unsere Träume und Wünsche verleugnen, ist vorbei. Kein Tag kommt zurück. Wenn wir wenigstens einen kleinen Teil unserer Lebensträume auch nur ansatzweise erleben durften, können wir später, ohne zu hadern und ohne Unzufriedenheit, darauf zurückblicken.

Gehen Sie doch einmal mit Ihrem Partner in ein China-Restaurant und hoffen Sie, auch einen wertvollen Glückskeks zu finden, der Ihnen den rechten Anstoß gibt, über Ihre Wünsche und Träume nachzudenken.

Glückskekse finden Sie überall, manchmal heißen sie anders und sehen anders aus. Manchmal ist es eine Werbebotschaft, die Sie von einer großen Plakattafel herunter auffordert Ihren Traum unter Palmen zu leben, manchmal ist es ein Flugzeug am Himmel, das Sie an Ihre Sehnsüchte erinnert. Manchmal ist es auch nur ein spielendes Kind, das mit Hingabe Raumschiffe in ferne Welten entsendet. Dann ist es Zeit, kurz innezuhalten und darüber nachzudenken, was Ihre Träume, Sehnsüchte und Wünsche ausmacht und wie sie sich diesen »ach so fernen« Traumbildern annähern können.

Halten Sie jetzt kurz inne und überlegen Sie, ob die Angst, die Sie bisher verspürten, stark genug ist, all Ihre Träume zu verhindern.

Wenn es großer Veränderungen an Ihnen selbst bedarf, um Ihre Wünsche zu realisieren, sollten Sie entgegen dem Motto »ich will so bleiben wie ich bin« sich lieber einmal ein »du darfst« zugestehen. Sollten Sie sich bei der Erfüllung Ihrer Träume selbst im Wege stehen, dann bedarf es nicht einer Veränderung Ihrer Träume, bis diese zu den Umständen passen, sondern einer Veränderung der Umstände, bis diese zu den Träumen passen.

Es ist wichtig, dass wir am Ende unseres Lebens auf eine bunte Wiese voller schöner Erinnerungen zurückblicken. Erinnerungen, die uns zeigen, dass viele unserer Träume Wirklichkeit geworden sind, all unser Streben belohnt wurde und wir viele schöne Dinge im Leben hatten, die uns glücklich machen. Unter diesen Voraussetzungen können wir fröhlich, entspannt und gelassen unser Alter genießen. Gelassenheit und Zufriedenheit sind ein Garant für ein sorgenfreies und vor allem gesundes Älterwerden.

Wie anders sieht das Gegenteil aus, das viele Menschen leider praktizieren: Sie hadern mit ihrem Schicksal, ergeben sich in Selbstmitleid, es »nicht geschafft zu haben« oder »niemals Glück gehabt zu haben«. Wenn man diese Menschen fragt, warum sie den Eindruck haben, dass sie kein Glück im Leben hatten, dann kann man aus den Antworten zumeist ableiten, dass keiner der unzufriedenen Menschen seine Pläne,

Ziele auch nur annähernd definiert hat. Ohne Planung geht auch beim Lebensglück gar nichts. Zufall änderte zwar die Welt bei der Erfindung des Rades, des Penicillins und bei der Entdeckung des Feuers – Zufall ist aber nicht so gnädig, all die tollen Dinge in unser Leben zu bringen, die wir begehren.

Nur mit dem Glauben daran wird ein Wunsch Wirklichkeit. Wir müssen unsere Wünsche ergründen, in uns hineinhorchen und uns fragen, was wir wirklich wollen. Erst viel später brauchen wir uns die Frage zu stellen, wie wir das Ziel erreichen und ob wir es überhaupt erreichen können. Am Anfang steht der Wunsch. Wenn wir an unseren Wunsch glauben, ihn visualisieren, vor unserem geistigen Auge durchleben, ihn in unserem Unterbewusstsein verankern, dann wird unser Wunsch irgendwann Wirklichkeit. Unser Unterbewusstsein wird alles daran setzen, dieses erstrebenswerte Ziel zu erreichen, indem es uns zu den Handlungen motiviert, die zweckdienlich sind. Das Verankern unserer Wünsche macht aus der Hoffnung eine Wahrscheinlichkeit. Benutzen Sie Ihre visualisierten Wünsche als Autosuggestion. Erleben Sie sich selbst mit geschlossenen Augen in der erstrebenswerten Situation, z. B. unter Palmen, als Zoodirektor, als Fabrikdirektor oder als Maler, Bildhauer, Schriftsteller, Rennfahrer. Was immer Sie wollen, lassen Sie die Bilder genaustens vor Ihrem inneren Auge erscheinen. Auch kleinste Details wie die Farbe Ihres »Rennautos«, die Blätter der Palmen, unter denen Sie gerne sitzen möchten, die Dachform und Farbe Ihres Traumhauses, Ihr Schreibtisch als Direktor – alles sollten Sie sich in kleinsten Details vorstellen und visualisieren. Dann machen Sie aus diesen Wünschen Affirmationen und Autosuggestionen. Sagen Sie jeden Morgen zu sich selbst: »Im März 2008 werde ich Direktor eines Unternehmens sein«, »im Jahre 2007 werde ich in meinem Traumhaus am Bodensee wohnen«, »im Frühjahr des nächsten Jahres werde ich das Diplom als … (was auch immer Sie wollen) erhalten«.

Benutzen Sie immer nur positive Formulierungen, keine Negationen. Schreiben Sie Ihre Wünsche auf ein Blatt Papier und formulieren

Sie daraus ein, zwei Sätze, die Sie sich immer wieder – Tag für Tag – selbst sagen.

Bitte unterschätzen Sie die Kraft Ihres Unterbewusstseins nicht. Bereits die Tatsache, dass Sie sich ein Buch über oder gegen Ängste gekauft haben, deutet darauf hin, dass sich Ihr Unterbewusstsein früher viele negative Situationen gemerkt hat, die zum Ausbruch einer Angststörung führen konnten.

Merken Sie sich also besonders positive und schöne Situationen.

Die Wirkung der Autosuggestion ist wissenschaftlich erforscht und bewiesen. Im 19. Jahrhundert entdeckte ein Apotheker namens Emile Coué, dass die Patienten, denen er ein Medikament mit den Worten überreichte: »Da hat der Arzt Ihnen aber ein besonders gutes Medikament verordnet. Es wird Ihnen damit schnell besser gehen« viel schneller gesundeten und über fulminantere Gesundungsprozesse berichteten als jene Patienten, denen er nur das Medikament gab. Mit seinen Forschungsergebnissen wurde Coué weit über die Grenzen seiner Heimat hinaus bekannt. Coué entwickelte daraus die Methode der Autosuggestion (Auto = Selbst). Sie sollten die Methode der Autosuggestion fortan in Ihren Alltag integrieren und sich immer und überall positive Botschaften sagen.

Zum Beispiel: »Es geht mir jeden Tag besser.« »Ich bin gesund.« »Ich bin erfolgreich.« »Ich werde nächstes Jahr ein erfolgreicher Unternehmer sein.«

Vermeiden Sie ab sofort alle negativen Suggestionen, wie z. B. die Sätze:

- Ich habe Angst.
- Das kann ich nicht.
- Das funktioniert nie.
- Ich glaube nicht, dass das klappt.
- Beim Sport war ich noch nie gut.

Denken Sie diese Sätze nicht einmal! Dies sind ebenfalls Autosuggestionen. Sie speichern in Ihrem Unterbewusstsein den Wunsch nach Misslingen ab. Ihr Gehirn versteht den Unterschied zwischen geäußerter Befürchtung und geäußertem Wunsch nicht. Für Ihr Gehirn ist die Bearbeitung des Wunsches: »Ich werde reich sein« die gleiche wie für den Satz: »Bestimmt werde ich bald schwer krank sein.« Das Gehirn arbeitet wie ein Computer nach einem Programmierungsschema. Was eingespeichert ist, bleibt erst einmal drin und wird dann einer sinnvollen Verwendung zugeführt.

Die geschilderten negativen Glaubenssätze sind bei Menschen, die große Probleme damit haben, nicht perfekt zu sein, an der Tagesordnung. Selbstablehnung, sich selbst nichts zutrauen, führt zu negativer Autosuggestion. Arbeiten Sie immer mit positiven Autosuggestionen, z. B.:

- Ich schaffe meine Ziele – jetzt.
- Ich bin gesund und stark.
- Ich bin entspannt und gelassen.
- Ich schlafe die ganze Nacht tief und fest.
- Ich bin ruhig und entspannt.
- Ich vertraue meinem Körper.
- Energie durchströmt mich und macht mich stark für den nächsten Tag.
- Ich bin ein wertvoller Mensch.
- Ich darf Fehler machen.

Sie können sich Ihre eigenen Suggestionen bilden. Wichtig ist, dass Sie diese so oft als möglich sprechen und nachlesen. Durch regelmäßige Wiederholung der Suggestionen werden diese tief im Unterbewusstsein gespeichert und löschen so negative Konditionierungen und angstbehaftete Programmierungen aus. Über das vegetative Nervensystem wirken diese Autosuggestionen bis in jede einzelne Zelle hinein. Die Autosuggestion ist ein klassisches Beispiel für eine positive psychosomatische Wirkung.

Dass Suggestionen wirklich bis in die entfernteste Körperzelle dringen können, wurde vor Jahren von einem »Hypnotiseur« in den USA bewiesen, der bei Menschen, die er in Trance versetzte, willkürlich durch Suggestion Brandblasen an verschiedenen Körperteilen hervorrufen konnte. Das klingt unglaublich, wurde jedoch vor einem skeptischen Publikum bewiesen. Die Suggestion allein, dass ein großer Schmerz am Bein entstanden sei, der von einem glühenden Teil herrühre, führte bei einem der Probanden dazu, dass sich nach einer gewissen Zeit eine Brandblase an jener suggerierten Stelle gebildet hat. Das Gehirn versteht Suggestionen manchmal wie reale Nervenimpulse. Kommt bei einer Verbrennung der Impuls, dass ein bestimmter Bereich der Haut betroffen ist, dann sorgt unser Organismus dafür, dass durch die schnelle Einlagerung einer Wasserblase tiefer liegende Hautschichten vor Schaden geschützt werden. Allein die wiederholte Suggestion hat diesen Ablauf herbeigeführt. Dies ist beeindruckend.

Hüten Sie sich also vor allen negativen Suggestionen.

Lassen Sie sich auch von anderen Menschen keinerlei negative Botschaften mehr mit auf den Weg geben. Oft äußern andere Sätze wie z. B. »Das schaffst du sowieso nicht.«

Nehmen Sie solche Sätze nicht mehr auf. Sagen Sie sich stattdessen sofort, dass Sie alles schaffen, was Sie wollen. Äußern Sie schlagfertig auf einen solchen Negativsatz: »Und ob ich das schaffe. Ich schaffe alles.«

Zweifeln Sie niemals an der Kraft der Suggestion. Sie ist in positiver und in negativer Richtung ein starkes Mittel. Heilmittel oder Waffe gegen sich selbst, das liegt an Ihnen. Lassen Sie dem Erfolg 3 Wochen Zeit und Sie werden überrascht sein, was Sie alles erreichen werden.

Emile Coué hat vor fast hundert Jahren einen wichtigen Satz niedergeschrieben, dieser lautet:

»Jeder Mensch wendet täglich Autosuggestion an, im positiven oder negativen Sinne, meist aber in wirrem Durcheinander. Das Resultat ist demzufolge ein Gemisch von Erfolg und Misserfolg. Somit beruht der Erfolg im Leben nicht auf Zufall, sondern ist das Resultat eines bewussten positiven Denkens. Entgegen dem, was gemeinhin angenommen wird, ist nicht etwa der Wille des Menschen oberstes Vermögen, sondern vielmehr die Einbildungskraft. Allemal nämlich, wenn diese beiden Kräfte in Widerstreit geraten, ist es die Einbildungskraft, die den Sieg davonträgt.«

Emile Coué war ein engagierter Forscher, der 1926 im Alter von 70 Jahren starb. Er war der Überlieferung nach stets gesund und erreichte für die Verhältnisse zu Anfang des vergangenen Jahrhunderts ein überdurchschnittliches Lebensalter.

Nun haben Sie die erste Stufe für Ihren Erfolg bereits beschritten. Denken Sie bitte ab sofort, dass Sie nach der Lektüre dieses Buches ganz gesund sein werden: »Wenn ich das Buch gelesen habe, bin ich ganz gesund.«

Aktiv werden

Neben dem Lesen dieses Ratgebers und der Durchführung der in diesem Buch empfohlenen Übungen bitte ich Sie, darüber hinaus aktiv selbst etwas zu schreiben. Schreiben Sie all Ihre Ängste in ein Heft. Schreiben Sie jede Befürchtung hinein, jede Situation, die Ihnen Angst einflößt. Beginnen Sie, folgende Fragen zu notieren und dazu entsprechende Antworten aufzuschreiben:

- Wo und an welchen Orten habe ich Angst?
- Wann oder zu welchen Zeiten habe ich Angst?
- Wovor habe ich Angst?

Im Laufe der Zeit sollen Sie mit diesen aufgeschriebenen Wörtern und Sätzen arbeiten und sie immer wieder zur Hand nehmen. Überprüfen Sie nach Tagen, Wochen, Monaten intensiver Arbeit mit sich selbst, ob diese Wörter oder Sätze immer noch den gleichen angstbesetzten Stellenwert haben wie zum jetzigen Zeitpunkt. So sehen Sie Ihre Fortschritte klar und können sich über Ihre Erfolge freuen.

Dieses Buch weist konstruktive Lösungsmöglichkeiten auf. Ich möchte, dass Sie eine bewusste positive kognitive Veränderung all der Themen vornehmen, die bei Ihnen mit dem Wort ANGST assoziiert sind. Nehmen Sie Einsicht in die Ihrem Problem zugrunde liegenden Ursachen und beginnen Sie mit einem Dekonditionierungstraining. Dekonditionierung meint hier das Aufheben von Reaktionen, die bisher durch das Auftreten bestimmter Reize ausgelöst wurden. Gleichzeitig oder im Anschluss daran sollte es zu einer Neukonditionierung kommen, indem Sie neue und schönere Reaktionen mit dem Auftreten bestimmter Reize verbinden. Ich nenne es Neuprogrammierung. Sie selbst sind der Moderator, Ihr eigener Programmierer. Im Verlauf der nächsten Kapitel werden einige einfache Übungen folgen. Es bedarf keines besonderen Zeitplanes, diese aus den verschiedenen Therapien stammenden Übungen durchzuführen. Wichtig ist nur, dass Sie einfach und ohne zu zögern mit den hier geschilderten Dingen anfangen.

Die Chancen, dass Sie es schaffen, stehen gut. Auch wenn Sie schon von Arzt zu Arzt gegangen sind, können Sie sich die beste Hilfe immer noch selbst zukommen lassen, das ist die Hilfe aus Ihrem Inneren.

Motivieren Sie sich durch das Lesen dieses Buches dazu, konsequent an sich zu arbeiten. Schon nach kurzer Zeit wird Ihnen Ihr Leben vorkommen, als ob Sie, nach Jahren der Dunkelheit, ein Licht angeknipst hätten. Nach einigen Wochen werden Sie wieder viele der Aktivitäten machen, vor denen Sie jetzt Angst haben. Die vorliegende Methode kombiniert erfolgreiche Modelle aus verschiedenen Therapierichtungen und der flankierenden körperorientierten Therapie. Das konsequente Neuprogrammieren wird Sie auf ein normales Angstniveau zurückbringen. Sie werden wieder der Mensch, der Sie vor Ihrer Angsterkrankung einmal waren. Sie werden dadurch bestimmt nicht Superman, kein Terminator oder Bungee-Jumper, sondern wieder ein ganz normaler Mensch.

Im nächsten Kapitel lesen Sie über die möglichen Ursachen Ihrer Angst.

3. Die Ursachen Ihrer Angst

Nachfolgend werde ich diverse vermutete und dokumentierte Ursachen für Angsterkrankungen aufzählen. Diese beruhen teils auf empirischen Daten der Weltgesundheitsorganisation WHO oder auf praktischen Erfahrungen auch anderer Autoren und natürlich neurobiologischen Zusammenhängen.

Im zweiten Teil des Erklärungsmodells werde ich Ihnen ganz persönliche Erkenntnisse aus meiner psychotherapeutischen Praxis und Erkenntnisse aus Freuds Neurosenlehre näherbringen:

Teil 1 – Fakten und Daten

Die Ursachen der Angst- und Panikerkrankungen sind vielfach ungeklärt. Die erste Panikattacke tritt meist im Rahmen einer allgemein geschwächten körperlichen Situation auf. Auch sozialer Stress und andauernder Ärger mit dem Partner, am Arbeitsplatz oder in der Familie können als Auslöser für eine erste plötzliche Panikattacke in Frage kommen.

Geradezu prädestiniert für das Auslösen einer Panikstörung ist der Tod eines nahen Familienangehörigen oder einer anderen nahestehenden Person, ebenso eine schwere Erkrankung des Partners oder eines Kindes. Autounfälle als Angstauslöser sind ebenso häufig wie z. B. eine Scheidung oder Trennung vom Partner. Es sind vielfältige Auslösemechanismen denkbar. Im Regelfall fällt die zusätzliche Belastung durch Krankheit, Unfall, schlimmes Ereignis oder Tod eines Angehörigen, ganz besonders bei bereits zuvor an generalisierter Angst leidenden Personen, auf einen fruchtbaren Nährboden. Der Körper und die Psyche sind nicht mehr in der Lage, diese zusätzliche angstauslösende Situation zu kompensieren. Es kommt zu einer Überreaktion, zu einer Überalarmierung, die der Betroffene als schreckliche Situation erlebt und dadurch noch mehr Angst empfindet.

Etwa ein Drittel aller Betroffenen mit Panikstörungen hat vor der ersten Panikattacke ein schlimmes Ereignis erlebt. Es handelte sich in der Vielzahl der Fälle um den Tod einer nahestehenden Person oder um Operationen und erlittene Krankheiten, die das Vertrauen in die Leistungsfähigkeit des eigenen Körpers verlieren lassen. Meistens sind es Ereignisse, denen der Betroffene völlig hilflos gegenübersteht und bei denen er nichts selbst tun kann, um diese Ereignisse abzuwenden oder wieder rückgängig zu machen.

Als Begleitsymptomatik schwerer Erkrankungen, wie z. B. Krebs oder erlittener Herzinfarkt, ist die Agoraphobie neben Herzphobien sehr häufig zu finden. Sie sorgt dafür, dass der von schlimmer körperlicher Krankheit Betroffene kaum noch Lebensqualität hat und sich nicht mehr von zu Hause entfernt, da er immer in der Nähe seiner behandelnden Ärzte oder des rettenden Krankenhauses sein möchte.

In letzterem Fall ist die entstehende Angstkrankheit nachvollziehbar und erklärbar, vielfach resultierend und chronifizierend aus einer posttraumatischen Belastungsstörung, ebenso bei erlittener Vergewaltigung, einem Überfall oder anderem machtlos erlebten Unrecht gegen die eigene Person. Es entsteht das Gefühl, ohne Macht auf die schicksalgebenden Dinge des Lebens zu sein. Die eventuell beim Betroffenen bis dahin gelebte Unbeschwertheit wird verdrängt.

Dass ein schlimmes Ereignis oder ein Unglück, erlittenes Unrecht und ähnliche »ohnmächtig« erlebte Vorfälle bei jedem Menschen zu einer Stressreaktion, Trauer und Niedergeschlagenheit führen, ist ein normaler Vorgang. Treffen diese zusätzlich belastenden Vorgänge auf die bereits »mehr als alarmierte« Psyche eines Menschen, der sich zuvor schon zu viele Sorgen gemacht hat, oder auf einen durch Krankheit unter Dauerstress stehenden Betroffenen, dann ist die Auslösung einer Panikattacke noch wahrscheinlicher.

Dies ist ein nachvollziehbares Erklärungsmodell und bewahrheitet sich bei der Befragung der Betroffenen in etwa einem Drittel aller Fälle.

Einige Psychologen sehen die Ursachen der Angsterkrankungen in einer mangelhaft ausgelebten Aggressivität, einer schuldhaft erlebten Sexualität und einem bestehenden Loslösungskonflikt von Kindheit und Elternhaus.

Nicht selten entstehen Panikstörungen und Angsterkrankungen auch aus der Kenntnisnahme allgemeiner medizinischer Inhalte des bis dahin medizinisch nicht vorbelasteten Betroffenen. Das Lesen einschlägiger Symptombeschreibungen und Erfahrungsberichte von Krankheiten Dritter kann zu eigenen Ängsten beim Leser führen. Oft resultiert hieraus eine besonders exakte Eigenbeobachtung, ein Monitoring sämtlicher Körperfunktionen. Der Betroffene will frühestmöglich alle auf Krankheit hindeutenden Symptome an sich wahrnehmen, um entsprechend reagieren zu können. Dies führt zu einem Dauerstress und zur negativen Erwartungshaltung, eine Krankheit zu erleiden. Auch diese Art von Vorgeschichte wurde bei den befragten Betroffenen bereits beobachtet.

Sehr häufig trifft die erste Panikattacke auch Menschen mit einem Hang zu Perfektionismus; einem gelebten Perfektionsanspruch, der nicht nur die eigene Berufstätigkeit betrifft, sondern auch strenge Maßstäbe an den eigenen Körper, dessen Funktionsfähigkeit und Leistungsfähigkeit richtet. Ohne Hypochonder zu sein, beobachten diese Betroffenen ihren Körper ebenfalls sehr genau, wissen, wann sie welche Pulsfrequenz haben, wie oft sie atmen usw. Eine Abweichung vom erlebten Schema löst eine Alarmreaktion aus. Dies kann zum Entstehen krankhafter andauernder Angst führen.

Wenn eine erste Panikattacke erlebt wird, verlieren die Betroffenen, die zumeist bereits an mangelndem Selbstvertrauen litten, das Vertrauen in sich und ihre Umwelt vollends. Auch hier entwickelt sich ein weiterer Unterhaltungsmechanismus der Erkrankung. Es entsteht eine Spirale verschiedenster Gefühle wie Vertrauensverlust, Selbstabwertung, dauernde Anspannung usw. Solange diese Kette weiter besteht, ist an ein Ende der Angsterkrankung nicht zu denken. Nach der ersten Panikattacke, die aus keinem bestimmten Grund entstanden ist, kann die zweite Panikattacke durchaus aus Angst vor der Angst entstehen. Diese Krankheit unterhält sich gewissermaßen selbst.

Neben diesen vorgenannten möglichen Auslösemechanismen für erste Panikattacken sind auch bestehende körperliche Erkrankungen oder Störungen als Auslöser bekannt.

Vielfacher Auslöser panikartiger Symptome ist eine falsche Atmung, die Hyperventilation. Hierüber wurden ganze Regalreihen voller Bücher geschrieben. Ich werde auf die richtige Atmung in diesem Buch noch gesondert eingehen. Beim chronischen Hyperventilationssyndrom, das beim Betroffenen überraschend häufig unbemerkt bleibt, wechselt das Atmungsmuster des Betroffenen meist von beschleunigter tiefer Atmung mit zeitweisen Seufzern und zusätzlichen tiefen Atemzügen zu andauernder deutlich schneller tiefer Atmung. Die Betroffenen klagen häufig darüber, zu wenig Luft zu bekommen, gähnen, sind ermüdet und machen sich oft Sorgen um vermeintliche Herzprobleme. Hinzugezogene Ärzte deuten dieses Hyperventilationssyndrom nur dann richtig, wenn es zu den ausgeprägtesten und selten vorliegenden Symptomen wie z. B. einer Verkrampfung der Hände kommt. In Verbindung mit der Patientenangabe, dass es um den Mund herum kribbele, bemerkt der Behandler dann doch schnell, dass ein Hyperventilationssyndrom vorliegt. Leider sind die Behandler aufgrund mangelnder Zeit nicht in der Lage, während eines ausführlichen Patientengesprächs auch eine mit weniger deutlichen Symptomen verlaufende Hyperventilation des Patienten zu diagnostizieren.

Hierzu bedarf es eigentlich nur einer viertelstündigen Beobachtung des Patienten.

Die chronisch ausgeprägte Hyperventilation führt unter anderem zu Schwindel und Angstgefühlen, die ihrerseits weitere Alarmreaktionen des Körpers hervorrufen und in eine Panikattacke mit einer komplett ausgebildeten Symptomatik übergehen können.

Jüngste Erkenntnisse der Forschung lassen vermuten, dass primitive angeborene Erstickungsreflexe dann ausgelöst werden, wenn Angst vor der Angst besteht und eine gewisse Erwartungshaltung gegenüber Panikattacken besteht. Dieser übersensibilisierte fehlerhaft ausgelöste Alarmzustand seinerseits würde zu schnellerer Atmung und einem Fluchtreflex ins Freie führen, um besser atmen zu können.

Da die Angsterkrankung wie ein Chamäleon viele Gesichter haben kann und für Organmediziner schwer zu diagnostizieren, kaum zu behandeln und so gut wie nie zu heilen ist, versucht die Medizin durch immer weitergehende neurobiologische Forschungen doch noch eine kleine Ursache zu finden, möglicherweise genetischer Natur, gegen die bestenfalls eine kleine Pille helfen soll. Man vermutet Veränderungen in den Mandelkernen (Amygdala) im limbischen System des Gehirns als Verursacher der Panikstörung. Wenn man davon ausgeht, dass die Mandelkerne des Gehirns für das Erleben von Angst auch beim gesunden Menschen als Schaltstelle notwendig und zuständig sind, zeigt sich, wie fragwürdig diese Aussage und Forschung für den Betroffenen sind.

In meiner psychotherapeutischen Praxis sehe ich viele Menschen mit Angststörungen, die 40 Jahre lang ein normales Leben geführt haben. Deren Mandelkerne im Gehirn wären nach der Theorie der Neurobiologie also 40 Jahre lang normal und von einem Tag auf den anderen überempfindlich. Das halte ich für eher unwahrscheinlich. Bei den jährlich zweitausend Therapiestunden mit Angstpatienten habe ich ganz selten Patienten, die – vielleicht aufgrund ihrer neurobiologischen Neigung zur Angst – auch auffällige und überstarke Angst als Kind gehabt hätten.

In vielen ausgewerteten Fällen finde ich einige Monate vor dem Auftreten einer ersten Panikattacke ein schlimmes möglicherweise auslösendes Ereignis, das für den jeweiligen Betroffenen von überragender Tragweite war und von dem er oft Jahre später noch nur unter Tränen berichten kann.

Vereinfacht gesagt sind Angststörungen meines Erachtens nach erlernt und damit auch wieder verlernbar, durch adäquateres Verhalten.

Die Forscher leiten ihren Verdacht, die Angst habe neurobiologische Ursachen, davon ab, dass viele Menschen, die schwere Verlusterlebnisse hatten, nicht an Angst- oder Panikstörungen erkranken. Dieses Denkmodell an sich ist unlogisch. Beim einen Menschen fallen diese Verlusterlebnisse auf fruchtbaren Boden und führen zur Angsterkrankung, der andere hat vielleicht als Stütze ein intaktes Familienleben, mit liebevollen Angehörigen, die ihm psychische Kraft und Ausgleich geben.

Wie bei vielen anderen medizinischen Forschungsgebieten ist auch die Forschung zum Thema Angst methodisch aufwendig und wenig effizient. Es fehlt an pragmatischen Vorgehensweisen. Was hilft dem Betroffenen zum jetzigen Zeitpunkt und was verbessert seine Lebensqualität? Hier wäre eher ein Behandler gewünscht, der sich eine Stunde Zeit für seinen Patienten nimmt und eine korrekte Diagnose stellt.

Ich zähle weitere seriös gesicherte mögliche Ursachen einer Angst- oder Panikerkrankung nur deshalb auf, weil es in einzelnen Fällen durchaus körperliche Erkrankungen geben kann, die mit ihren Symptomen eine Panikstörung vortäuschen oder eine Panikattacke auslösen können.

Neben Funktionsstörungen anderer Organe wie z.B. der Leber

oder einem Hormonungleichgewicht verursacht auch eine Überfunktion der Schilddrüse (Hyperthyreose) ein ähnliches Symptombild wie die Panikattacke. Selbstverständlich sind erlittene schwere Hirnverletzungen, Schlaganfälle oder Hirnoperationen als mögliche Ursachen der Panikattacken anzusehen. Auch Betroffene mit einem hirnorganischen Psychosyndrom entwickeln häufig Angsterkrankungen.

Organisch bedingte und klinisch gesicherte Herzrhythmusstörungen kommen als Auslöser von Angst und Panik ebenso in Betracht wie Asthma.

In der Vorgeschichte von Betroffenen spielen vielfach auch Alkoholabusus und Erfahrungen mit Drogen eine Rolle. Sowohl der Beginn der Einnahme von Drogen oder übermäßiger Alkoholgenuss als auch der Entzug können Panikattacken auslösen.

Ich habe mehrere gesicherte Zusammenhänge zwischen dem Auftreten von Angsterkrankungen und der Einnahme von LSD und Ecstasy bei jungen Menschen in meiner Praxis dokumentiert.

Ebenso erleiden Patienten mit chronischen Kopfschmerzen oder Migräne in der Vorgeschichte signifikant häufiger Panikstörungen. Vielfach in der Literatur beschriebene Panikattacken bei Hypoglykämie, also Unterzuckerung, wurden bei den befragten Betroffenen jedoch in der Vorgeschichte nicht so häufig berichtet, wie die einschlägige Literatur dies dem Leser glaubhaft machen will. Bei der Unterzuckerung kommt es zu Symptomen, die im Rahmen der ärztlichen Versorgung eines Betroffenen recht schnell erkannt werden und differenzialdiagnostisch von Panikstörungen unterschieden werden können. Die bei der Hypoglykämie beobachteten Symptome reichen von Schwitzen, Nervosität, Zittern, Blässe und manchmal Heißhunger über ernsthaftere Zeichen wie Verwirrtheit, rauschartige Zustände bis hin zum hypoglykämischen Koma.

In kaum einem Fall von Panikattacke war bei den befragten Betroffenen ein auf Hypoglykämie hindeutender Verdacht aufgekommen. Auch waren fast alle an Panikstörungen leidenden Betroffenen mehrfach labormedizinisch ohne jegliche Auffälligkeit untersucht worden, sodass die in der Literatur in Verbindung mit Panikattacken oft genannte Hypoglykämie sicherlich nicht den dargestellten Stellenwert hat. Dies gilt selbstverständlich nicht für Diabetiker, bei denen sehr schnell ein ernster hypoglykämischer Zustand auftreten kann.

Insofern Sie eine Diät gemacht haben oder Diabetiker sind, sollten diese Aspekte in das Gespräch mit Ihrem Behandler mit einbezogen werden.

Auch darf nicht vergessen werden, dass bei den hier diskutierten Panikattacken die Symptome meist spontan nach Minuten aufhören, was bei einem hypoglykämischen Zustand ohne Zufuhr von Kohlehydraten nicht der Fall ist.

Zur Vervollständigung der möglichen körperlichen Erkrankungen, die zu Panikattacken führen können, muss die Allergie genannt werden, die in gravierenden Fällen zu Gefäßerweiterungen und zum Blutdruckabfall führen kann. Auch schwere Störungen im Kalziumhaushalt können zu ähnlichen Symptomen wie Panikstörungen führen.

Nahezu alle von Panikstörungen Betroffenen wurden nicht nur einmal, sondern unzählige Male ohne jede Auffälligkeit untersucht. Deshalb spielt die Frage nach organischen Ursachen für deren Panikattacken nur eine zweitrangige Rolle.

Ich denke, dass jeder, der sich dieses Buch kauft, bereits eine gewisse »Patientenkarriere« hinter sich hat und dass ihm immer wieder von Seiten seiner Behandler versichert wurde, dass er nicht an einer gefährlichen Krankheit leidet. Wer jedoch an chronischen Krankheiten jeglicher Art leidet, z. B. Anfallsleiden, Diabetes u. ä., und dauerhaft Medikamente einnimmt, sollte immer einen möglichen Zusammenhang in Betracht ziehen und mit seinem Behandler hierüber sprechen.

Als weitere große Auslösergruppe für Panikattacken sind nicht zuletzt auch diverse Medikamente denkbar. Neben vielen modernen Breitbandantibiotika, die psychogene Nebenwirkungen haben, wie die

Auslösung unbegründeter Angst oder gefährlicher Depressionen, können paradoxerweise gerade Anxiolytika, also gegen Angst eingenommene Mittel, bei der Einnahme als auch beim Absetzen Angst und Panikattacken auslösen. Auch vollkommen harmlos erscheinende Mittel wie z. B. Nasenspray und Kreislauftropfen werden verdächtigt, an der Auslösung von Angst und Panik schuld zu sein. Neben verdächtigen Substanzen wie z. B. Natriumglutamat (China-Restaurant-Syndrom) sind in erster Linie auch Appetitzügler im Verdacht. Blutdruckmittel können bei zu starker Senkung ebenfalls Schwindel und angstmachende Symptome bewirken. Beruhigungsmittel wie beispielsweise Diazepam, alle Schlafmittel und die meisten Antidepressiva haben psychogene Nebenwirkungen. Grundsätzlich gilt hier die Erkenntnis: Was an der Psyche wirkt, kann an der Psyche auch Nebenwirkungen erzeugen.

Bei Betroffenen, die mehr als ein oder zwei verschiedene Medikamente einnehmen, kann nie ganz ausgeschlossen werden, dass diese nicht auch einen Einfluss auf das Entstehen der Panikattacken haben.

Ähnliches gilt für Alkohol. Alkohol in geringen Maßen genossen kann für den Angst- oder Panikbetroffenen ein Segen sein und dazu führen, dass er sich entspannt und eine symptomfreie Zeit erlebt. Leider steigert sich bei den meisten Betroffenen die notwendige Dosis und es entsteht ein Abhängigkeitsverhältnis zu Alkohol. Die Wirkungsweise des Alkohols auf das Gehirn ist komplex und wird hier nicht weiter erörtert. Einen Mittelweg beim Alkoholkonsum zu finden und den Genussfaktor in den Vordergrund zu stellen, ist quasi der Königsweg.

Ein ähnliches zweischneidiges Potenzial hat Koffein. In kleinen Dosen bringt Koffein eine spürbarere geistige Frische und hält uns bei Laune. In größeren Dosen kann es auch hier zu psychogenen Nebenwirkungen kommen wie Erregungszuständen, Ruhelosigkeit und Agitiertheit. Bei noch höheren Dosen kommen Schlaflosigkeit, Zittern und Herzjagen hinzu.

Ich denke, wenn Sie nicht mehr als 4 Tassen Kaffee am Tag trinken, dürfte dies keinen Einfluss auf die Entstehung von Panikattacken haben. Viele der befragten Betroffenen haben im Verlauf der Zeit, in der sie Panikattacken erleben, mehrfach auf Kaffee oder Tee verzichtet, ohne dass dies Einfluss auf die Häufigkeit oder Intensität der Panikattacken gehabt hätte.

Ähnliches gilt für das Rauchen. Viele Betroffene berichteten, dass es keinen spürbaren Unterschied auf die Anzahl und Häufigkeit der Panikattacken machte, ob sie rauchten oder nicht. Erst wenn ein Nikotinentzug angestrebt wurde, kam es zu den allseits bekannten Entzugssymptomen mit Unruhe, Gereiztheit, Heißhunger auf Süßigkeiten und Ähnlichem. Denkbar ist jedoch, dass Rauchen die Disposition für Panikattacken erhöht. Jüngst wurde in einer amerikanischen Studie festgestellt, dass das Rauchen von mehr als 20 Zigaretten täglich bei Jugendlichen ein 15-fach erhöhtes Risiko für das Auftreten von Panikstörungen bewirkt.

Alle anderen Rauschmittel und Substanzen wie Haschisch oder Heroin, Kokain und weitere bleiben hier unerwähnt, weil klar sein dürfte, dass diese neben Halluzinationen auch schwerste Angstzustände auslösen können.

Nicht unerwähnt sollen jüngste medizinische Erkenntnisse bleiben, die von einer genetischen Neigung zu Angst und Panikerkrankungen berichten. Generell sollen manche Menschen von Geburt an eine höhere Angstbereitschaft haben. Eine Ursache, die hierbei eine Rolle zu spielen scheint, ist die Neigung des vegetativen Nervensystems dieser Betroffenen, schneller auf Reize zu reagieren. Das vegetative Nervensystem reguliert und kontrolliert die Funktionen der inneren Organe, z. B. Herz und Atmung. Bei Angstpatienten scheint es so zu sein, dass sie über ein weniger »dickfelliges« vegetatives Nervensystem verfügen, das leicht durch verschiedenste Reize erregt werden kann. Dies führt dazu, dass Angst schneller empfunden wird als bei anderen Menschen. Diese Schwäche des vegetativen Nervensystems soll angeboren sein. Angststörungen sind dabei durch verzerrte und überbewertete Denkprozesse charakterisiert. Angstbesetzte Reize werden mit wesentlich höherer Verarbeitungsgeschwindigkeit und Wichtigkeit vom Gehirn der Betroffenen bearbeitet als andere Wahrnehmungsreize. Es konnte inzwischen nachgewiesen werden, dass Angstpatienten bei der Wahrnehmung angstrelevanter Themen eine elektrophysiologische Aktivität in verschiedenen Gehirnarealen vorweisen, die im Gegensatz zu anderen Themen wesentlich verstärkt ist. Diese Verzerrung in den Verarbeitungsprozessen kann durch kognitive Therapien, also eine Neukonditionierung angstbesetzter Themen und Gedanken, wieder aufgehoben werden.

Diese Forschungsergebnisse würden, wenn sie sich bewahrheiten würden, auch die neurobiologischen Thesen von Gendefekten bei Angstpatienten oder primär verantwortlichen Störungen im limbischen System ad absurdum führen. Letztlich bleiben die Ursachen der Panikstörung in den meisten Fällen gänzlich unklar.

Zum Schluss dieser Zusammenfassung möchte ich erwähnen, dass in der Vielzahl der von Betroffenen geschilderten Fälle ein Halswirbelsäulen-Syndrom vorliegt. Oft wird von dauerhaften muskulären Verspannungen im Halswirbelsäulen-Bereich berichtet. Diese Verspannungen, die insbesondere bei Personen mit generalisierter Angst und bei Personen unter Stress vorzufinden sind, scheinen bei einer gewissen Dislokation verschiedener Wirbel Schwindel und Parästhesien hervorzurufen. Dieser ebenfalls als Schwankschwindel empfundene, von der Halswirbelsäule induzierte Schwindel scheint die Panikstörung zu unterhalten, zu verstärken oder seinerseits hervorzurufen. Es gibt verschiedene Herleitungsmodelle, wie es hier zu Störungen kommen kann. Die einen verdächtigen feinste Rezeptoren in der Halsmuskulatur, die normalerweise für das Empfinden des Kopfes zur Körperachse im Raum notwendig seien und bei Muskelverspannungen Missempfindungen melden. Andere verdächtigen eine durch Halswirbel-Fehlstellungen verursachte Durchblutungsminderung in den hinteren Arterien der Halswirbelsäule. Dies erscheint eher unwahrscheinlich, da die Durchblutung des Gehirns bei einer eingeschränkten Arterie immer noch ausreichend ist, wie wir von älteren Patienten mit umfangreichen Verkalkungen aller 4 Halsarterien wissen. Wieder andere äußern leichte Liquorzirkulationsstörungen des Gehirns, hervorgerufen durch Veränderungen der Halswirbelstellung im Verhältnis zum Rückenmark. Wie auch immer, die Wahrheit wird irgendwo in der Mitte liegen. Nicht umsonst lautet ein Spruch: Die Angst sitzt im Nacken.

Wenn in einer umfangreichen organmedizinischen Untersuchung keine glaubhaften Ursachen für Ihre Angsterkrankung gefunden wurden, sollten Sie sich jetzt eher der Heilung Ihrer Krankheit widmen. Nachdem die Organmediziner jede Art von Ausschlussdiagnostik durchgeführt haben, wird der Angstpatient meist mit den Worten allein gelassen, dass sein Leiden seelisch wäre. Damit hat der Organmediziner oft das Interesse an seinem Patienten verloren.

Im Falle akuter Angst oder Panikzustände werden vom Betroffenen häufig Notärzte und Kliniken bemüht. Hier wird z. B. durch die Zuwendung Sicherheit vermittelt oder in gravierenden Fällen wird ein Beruhigungsmittel verabreicht oder eine ähnliche pharmakologische Therapie. Dies dramatisiert zum einen die Paniksituation durch den gesamten erlebten Notfalleinsatz, der den Betroffenen aufs Neue traumatisiert, und zum anderen verursacht er ein Abhängigkeitsgefühl beim Betroffenen. Dieser fühlt sich sicher, da ja bei seiner »vermeintlich lebensgefährlichen« Erkrankung Hilfe nur im Bereich Krankenhaus und ärztlicher Notdienst zu finden ist. Hier wird die Situation tragisch, denn es entsteht eine weitergehende Abhängigkeit zur vermeintlich Sicherheit gebenden Institution Krankenhaus. Der Betroffene wird zukünftig jeden seiner Schritte nach der Erreichbarkeit eines Arztes oder Krankenhauses planen.

Der erste Schritt im Sinne eines positiven Einwirkens auf Ihre

Angsterkrankung ist in jedem Fall zu verstehen, was mit Ihnen und Ihrem Körper im Falle einer Panikattacke geschieht. Dies wird Ihnen zukünftig helfen, keine notärztlichen Bemühungen mehr in Anspruch nehmen zu müssen. Zum Trost sei Ihnen am Ende dieses Kapitels mitgeteilt, dass die bei Weitem überragende Anzahl aller Paniker wirklich keinerlei körperliche Erkrankung hat. Ganz im Gegenteil, die Regelmechanismen Ihres Körpers arbeiten bestens und blitzschnell.

Teil 2 – Erlernte Angst

(Herleitungsmodelle der Angst; Erkenntnisse im Rahmen meiner Therapie)

In meiner Praxis habe ich die Feststellung gemacht, dass bei allen Angstpatienten irgendwann im Leben eine Situation eingetreten ist, in der sie eine Art Hilflosigkeit erlebt haben. Im Leben der vielen Angstpatienten, die ich als Psychotherapeut mit meiner multimodalen Therapie behandelt habe, ist ein einziges Ereignis besonders häufig aufgetreten: der Tod eines nahen Angehörigen. Ein Todesfall in der Familie, ein schmerzlicher, oft zu früher Abschied von einem Menschen, möglicherweise durch einen tragischen Unglücksfall, gibt dem Hinterbliebenen ein Ohnmachtsgefühl. Daraus resultiert oft ein sorgenvolles Selbstbeobachten. Die Betroffenen sehen nach, ob der eigene Körper auch krank ist, denn »es kann ja so schnell gehen«. Die Angstentstehung ist in diesen Fällen ein klassisches Lernen und Generalisieren. Durch den Tod des Angehörigen wird der Patient zunächst traumatisiert, verliert seine Unbeschwertheit und Lebensfreude und generalisiert das Gefühl, der Körper ist schwach, anfällig, gefährdet für Krankheiten usw. In der Folge kommt es zu einer übergenauen Kontrolle und Selbstbeobachtung des eigenen Gesundheitszustandes und zu starken vegetativen Reaktionen. Vereinfacht gesagt hängt der Beginn einer Panikattacke mit einer fatalen Mischung völlig korrekter körperlicher Vorgänge zusammen.

Bei der Panikstörung spielt eine positive Rückkopplung zwischen körperlichen Sensationen (z. B. wahrgenommene Veränderung der Herzrate) und kognitiven Bewertungsvorgängen als Gefahr (z. B. »drohender Herzinfarkt«) mit einer hieraus resultierenden kaskadenartigen Angstreaktion eine große Rolle.

> »Die physiologischen Veränderungen können hierbei aus unterschiedlichen Quellen, z. B. aus körperlicher Anstrengung, situativer Belastung, Konsum psychotrop wirksamer Substanzen, emotionaler Konfliktspannung usw. stammen. Entscheidend sind die automatisch einsetzenden Einschätzungen als unmittelbar drohende Gefahr, die zu einem weiteren Anstieg des autonom-nervösen Erregungsniveaus führen und schließlich crescendohaft in einen Circulus vitiosus der Angst bis zur Panikkulmination einmünden können.« (Kapfhammer 2000, S. 1188)

Vereinfacht gesagt passiert oft Folgendes: Als Erstes ist die Wahrnehmung, also der Input über unsere Sinne, entscheidend. Der Betroffene nimmt einen Sinnesreiz wahr. Das kann die Sirene eines Krankenwagens sein, eine Todesanzeige oder Unfallmeldung in der Zeitung, ein lapidarer Satz eines Verwandten am Telefon, der erzählt, dass er krank sei, ein Fernsehbericht über eine Krankheit oder irgendetwas, das uns an etwas Unangenehmes erinnert. Auf den Input, also die Wahrnehmung, folgt eine kognitive Bewertung derselben. Manchmal wird die Situation in unserem Gehirn nur abgeglichen mit bereits erlebten Situationen, manchmal denken wir aber auch sehr intensiv darüber nach. Auf diese kognitive Bewertung des Inputs folgt eine Emotion. Jeder Input erzeugt in uns eine Emotion – Emotionen von Glück, Freude oder Unbehagen, Ärger, Angst, Wut usw. Auf die Emotion folgt immer ein körperlicher Zustand. Auf Freude folgt oftmals ein wenig Herzklopfen, auf Ärger und Wut eine muskuläre Anspannung usw.

Auf diese körperliche Reaktion reagiert der Panikbetroffene ganz anders als andere Menschen. Er fühlt sein Herz kräftiger und schneller schlagen (Wahrnehmung/Input). Nun denkt er darüber nach, ob diese Herzfrequenz normal sei oder ob er unter Umständen krank sei oder gefährdet (kognitive Bewertung). Das bereitet ihm ein Unbehagen, ein Angstgefühl (Emotion). Dieses Unbehagen und Angstgefühl führt im Körper zu einem Anstieg von Stresshormonen wie Adrenalin und Cortisol (körperliche Reaktion). Nun schlägt sein Herz noch schneller und er bemerkt es (Wahrnehmung/Input). Dann denkt er, oh Gott, ich hatte Recht, etwas stimmt mit meinem Herzen nicht (kognitive Bewertung) und bekommt Todesangst (Emotion). Diese Todesangst führt im Körper zu einem wahren Feuerwerk von Stresshormonen, muskulärer Anspannung usw. (körperliche Reaktion). Nun kommt es im Gehirn oft zu dissoziativen Gefühlen (Derealisation und Depersonalisation) und vielleicht aufgrund der starken muskulären Anspannung der Halsmuskulatur und vermutlich damit blockierter feinster Muskelrezeptoren innerhalb der Halsmuskulatur zu Schwindel. Der Schwindel entsteht in diesem Fall möglicherweise durch eine Fehlmeldung der Muskulatur über die Stellung des Kopfes zur Stellung des Körpers. Diese Fehlinformation sorgt für einen unsicheren Gang, woraus erneut dissoziative Gefühle und Schwankschwindel entstehen können. Mit jeder kleinsten körperlichen Veränderung während der Entstehung der Panikattacke kommt es zu einer neuen Wahrnehmung und zu einer neuen falschen kognitiven Bewertung und (richtigen) körperlichen Reaktion.

Bemerkenswert daran ist, dass sowohl die Wahrnehmung als auch die körperliche Reaktion richtig sind. Falsch ist die kognitive Bewertung des Wahrgenommenen. Darauf entsteht eine inadäquate Emotion, die zur völlig richtigen Körperreaktion führt.

Bemerkenswert ist, dass der Körper von Menschen, die an Panikattacken leiden, besonders gut angepasst ist und spontan reagiert. Ein Zeichen also für Gesundheit und nicht für Krankheit.

Hier komme ich auf meinen lerntheoretischen Ansatz der Panikentstehung zurück: In der ersten Behandlungssitzung mache ich mit einem Panikpatienten oft nichts anderes, als ihm das Obenstehende zu erklären. Ich erkläre ihm, dass sein Körper gut reagiert und nur seine Gedanken zuvor falsch gewesen seien. Diese psychoedukative Therapie führt beim Patienten wieder zu einer Wahrnehmung (Körper funktioniert gut) und zu einer kognitiven Bewertung (also bin ich vielleicht gar nicht so krank) und zu einer Emotion (Freude) und schließlich zu einer körperlichen Reaktion (Entspannung). Auf diese Entspannung hin sind andere therapeutische Maßnahmen wie Verhaltenstherapie oder Hypnose usw. erst möglich. Eine kognitive Therapie muss sich anschließen, damit sich die verzerrte Wahrnehmung der Betroffenen normalisiert. Angstbetroffene nehmen ihre Umwelt vielfach bedrohlicher wahr als gesunde Menschen. Angstbetroffene sind oft problemorientiert, fatalistisch, perfektionistisch und suchen geradezu nach den negativen Aspekten einer Sache.

Im Verlauf meiner mehrjährigen Arbeit mit Angstbetroffenen hat sich nahezu ausnahmslos das oben beschriebene lerntheoretische Entstehungsmodell von Angst und in der Folge von Panik bestätigt.

Andere Entstehungsmodelle, die im späteren Auftreten von Panikstörung oder Agoraphobie frühkindliche Trennungsängste (Bolwby 1976) als Ursache sehen, sind sicherlich diskutierbar, aber ich fand keine einzige Agoraphobie, für die ich nicht ein gerade zurückliegendes Ereignis als Auslöser gefunden hätte.

Möglicherweise begünstigt eine Störung in der frühkindlichen Phase die Reaktionsbereitschaft zur Angst. Dass sie eine Agoraphobie allein auslösen kann, halte ich für relativ unwahrscheinlich.

Eine generalisierte Angststörung an sich wird oft durch eine schwierige kindliche Entwicklung begünstigt. Konflikte im Elternhaus, sexuelle Traumatisierungen und mangelhafte Aufmerksamkeit und Zuwendung der Eltern können zu einem allgemeinen Vertrauensverlust ins Leben führen. Auch das Aufwachsen in einer Alkoholikerfamilie kann eine generalisierte Angststörung begünstigen (Mathew et al. 1993; Tweed et al. 1989).

Psychodynamische Modelle der Angst basieren auf den Beobachtungen und Theorien von Freud als Ausdruck respektive Folge eines innerpsychischen Konflikts, etwa zwischen einem verbotenen triebhaften Impuls und einem strengen Gewissen.

Angst resultiert hiernach durch die unvollständige Unterdrückung einer Wunschregung, z. B. eines sexuellen Verlangens und der Angst vor Bestrafung, sie ist Ergebnis eines Abwehrvorganges (Freud 1895).

Als Signalangst: In dieser Funktion signalisiert die Angst dem Ich das Vorhandensein einer inneren Bedrohung, z. B. durch ähnliche Konflikte wie oben genannt. Sie steht am Beginn einer Schutzmaßnahme durch das Ich und ist somit Initiator eines Abwehrvorganges (Freud 1926).

Freuds Ansatz muss man vor dem Hintergrund seiner Schaffensperiode sehen. Im Wien der damaligen Zeit waren sexuelle Tabuisierungen und Verdrängung von Trieben sicherlich ein größeres innerpsychisches Problem als in unserer heutigen Welt. Wie könnten nach Freuds Theorien recht freizügig lebende Jugendliche eine Angststörung bekommen? Von diesen in sexueller Hinsicht recht freizügig lebenden Jugendlichen habe ich in meiner Patientenkartei genügend.

Der lerntheoretische Ansatz bestätigt sich meiner Meinung nach eher.

4. Lernen Sie mehr zum Umgang mit der Angst

Wie reagiert Ihr Körper bei Angst?

Im Großen und Ganzen werden sämtliche bei der Angst entstehenden Wirkmechanismen vom vegetativen Nervensystem gesteuert. In aller Regel beruhen sie auf einem vorübergehenden Anstieg der »Stresshormone« (Adrenalin) im Blut. Die Mandelkerne (Amygdala) im limbischen System des Gehirns erkennen innerhalb von Millisekunden, ob Gefahr droht. Die Amygdala sorgt für die Aktivierung der Nebennieren, der Muskulatur, von Herz und Kreislauf. Dies sind Automatismen, die uns von Urzeiten her erhalten geblieben sind. Diese blitzschnellen Automatismen waren wichtig, denn im drohenden Fall eines »Gefressenwerdens« gab es keine Zeit zu überlegen, ob der Angreifer oder die Situation gefährlich ist.

Nach dieser ersten Aktivierung versucht der Hippocampus, eine Struktur unseres Gehirns, im Normalfall über alle erlernten, erlebten, erfahrenen und im Gehirn abgespeicherten Situationen eine passende Situation zu der gerade erlebten herauszusuchen. Dann entscheidet sich, ob die Situation nach dem ersten Schreck immer noch als gefährlich eingestuft werden muss oder harmlos ist. Eine weitere Aktivierung aller Systeme oder die Entspannung »Schreck lass nach« folgen.

Angst erzeugt eine Vielzahl nachvollziehbarer körperlicher Symptome. Die generalisierte Angst verursacht dauerhaft verspannte Muskeln und es kommt zu chronischen Anspannungszuständen.

Im Falle von Panikattacken kann es zu sympathikotonen oder parasympathischen Reaktionen des Körpers kommen. Durch starken

Reiz des Sympathikus (ein Nerv in unserem Nervensystem) kommt es zu erhöhtem Pulsschlag, zu Gefäßverengung mit einem Anstieg des Blutdrucks und zu einer Verspannung von Muskulatur. In der Vorzeit (und bei Naturvölkern heute noch) war dies ein durchaus überlebenswichtiger Vorgang, wenn die Menschen ein Beutetier fanden oder plötzlich einem Feind gegenüberstanden. Das Herz pumpt kräftiger und der gesamte Körper wird in einen Alarmzustand versetzt. Wenn diese Anspannung durch eine sofortige Reaktion wie z.B. »Angriff oder Flucht« nicht gelöst wird, muss der Körper diese Anspannung in irgendeiner anderen Form wieder loswerden. Es kommt zu einem wahren Feuerwerk an Nervenimpulsen wie Zittern, Unwohlsein, Schweißausbrüchen und weiteren Reaktionen. Bei den Angstbetroffenen wird nun leider eine vollständige Panikattacke ausgelöst. Sie reagieren auf die durch ihre Angstkonditionierung entstandene sympathikotone Erregung wieder mit neuer Angst. Dabei sind ihre Befürchtungen, etwas Schlimmes könne geschehen oder sie könnten ohnmächtig werden, vollkommen unbegründet. Bei einer Anspannung, wie sie jetzt vorliegt, kann eine Ohnmacht nur schwerlich eintreten. Dazu bedürfte es eines schockartigen Abfallens des Blutdrucks. Der Körper ist im Falle der durch Adrenalin bewirkten Anspannung aufs höchste Maß reaktionsfähig, quasi angespannt wie eine Bogensehne, jederzeit bereit loszuspurten.

Betroffene nehmen die körperlichen Symptome während einer Panikattacke subjektiv stärker wahr, als diese sind. Beispielsweise findet sich bei allen Berichten von Betroffenen der Hinweis auf ein starkes Zittern oder Beben. Dies kann von den Partnern der Betroffenen oder den Behandlern jedoch in kaum einem Fall wahrgenommen werden. Ebenso ist die größte Angst des Panikers, die anderen Menschen und Passanten könnten sehen, wie schlecht es ihm geht, scheinbar vollkommen unbegründet.

Die Angst des Betroffenen vor der Reaktion der anderen unterhält und konditioniert den Ablauf der Panikattacke noch weiter. Diese

Angst vor Auffälligkeit und Scham, wenn man – wie man vermutet – plötzlich umfällt, kann am ehesten mit dem Grundproblem fast aller Angstbetroffenen erklärt werden, der Angst vor Kontrollverlust. Nicht mehr »Herr der Lage zu sein«, nicht mehr »Herr über seinen Körper« zu sein, diese Befürchtung findet sich im Alltag vieler Betroffener wieder.

Zu wirklich ernsten körperlichen Zuständen kommt es im Rahmen der Panikattacke nach einhelliger Aussage vieler Betroffener nicht. Beim Studium unzähliger Betroffenenberichte und umfangreicher Literatur über Panikattacken oder Agoraphobie ist mir kein Fall bekannt geworden, bei dem eine umschriebene Panikattacke, ohne gleichzeitig bestehende Kreislauferkrankung, zum wirklichen physischen Umfallen oder zur Ohnmacht geführt hätte. Die häufig von Betroffenen berichtete Missempfindung des Herzrasens stellt sich in der medizinischen Forschung einer US-Klinik mit einem während Panikattacken allenfalls um 10 Schläge erhöhten Puls als sehr moderat dar. Wenn Sie diese Zeilen lesen und sich von Ihrem Stuhl erheben, um sich ein Glas Wasser zu holen, wird Ihr Puls ebenfalls um mindestens 10 Schläge pro Minute ansteigen – und dies vollkommen unbemerkt.

Betroffene, die von »irrsinnigem Herzschlag« berichteten, waren auf Befragen nie in der Lage, die Anzahl ihrer tatsächlichen Pulsschläge rückblickend zu benennen. Meist handelt es sich um eine andere Art von Missempfindung, nämlich der konzentrierten Beachtung des Herzschlags, nachdem eine Alarmierung des gesamten Körpers erfolgte. Allein die gedankliche Hinwendung und aufmerksame »Beobachtung« des Herzschlags führt bei manchen Menschen bereits zu einem Pulsanstieg. Lediglich bei so genannten Herzphobikern, einer bestimmten Gruppe auf ihr Herz fixierter Angstbetroffener, wurden während Attacken kurzfristig Pulsfrequenzen von 120 bis maximal 160 Schlägen beobachtet. Diese 120–160 Schläge sind jedoch absolut nicht lebensbedrohlich. Beim Sport, z. B. Fußballspielen, erreichen Sie diese Frequenzen ebenfalls locker.

Meist wird ein »unangenehmer Herzschlag« beschrieben. Die Betroffenen fühlen plötzlich aufgrund der Hinwendung und Beobachtung ihren Herzschlag, der ansonsten weitgehend unbeobachtet abläuft. Oft wird von Herzrhythmusstörungen berichtet. Einzelne Extrasystolen, d. h. außerordentliche Herzschläge, sind auch tatsächlich zu beobachten. Diese meist aufgrund des hohen Erregungszustandes und der Adrenalinausschüttung provozierten Extrasystolen, die bald nach der Panikattacke wieder verschwinden, werden von den Betroffenen als sehr bedrohlich empfunden und sorgen ihrerseits wieder für neue Angst und den Wunsch nach weiterer Abklärung beim Herzspezialisten. Hierzu sei angemerkt, dass bei nahezu 90 % aller gesunden Menschen hin und wieder Extrasystolen auftreten, ohne dass diese Krankheitscharakter hätten.

Sehr oft wird auch Schwindel empfunden. Hier gibt es verschiedene physiologische Erklärungsmuster. Zum einen ist der gelegentliche Abfall des Blutdrucks bei parasympathischen Reaktionen als Folge von Angst verantwortlich. Dies kann zu Minderdurchblutung und Schwindelsensationen führen. Der Blutdruckabfall blieb bei allen Betroffenen moderat und ist keinesfalls mit dem plötzlichen Blutdruckabfall bei Schockpatienten zu vergleichen. Es kommt auch zu Empfindungen von weichen Knien oder dem Gefühl, den Kontakt zum Boden zu verlieren, zu schweben. Ein weiteres Erklärungsmuster für den bei einer Attacke empfundenen Schwindel ist die Hyperventilation. Es kommt zu einer Veränderung des Kohlendioxid-Verhältnisses im Blut und damit zu Gefäßverengungen und Minderdurchblutungen. Dies kann zu dem häufig geschilderten Benommenheitsgefühl und dem Gefühl, »alles wie durch Nebel zu erleben«, führen. Auch Kribbel- oder Taubheitsgefühle werden hiermit häufig erklärt. Die Derealisations- und Depersonalisationsgefühle der Betroffenen stellen einen Vertrauensverlust in ihre Umwelt und Selbstwahrnehmung dar. Sie sind bei einer Vielzahl anderer psychischer Erkrankungen ebenfalls festzustellen. Gedanklich kommt es beim Ablauf einer Panikattacke oft zum Gefühl, »plötzlich verrückt zu werden«. Allein die Angst davor, die Kontrolle über sich verlieren zu können, soll bereits eine der Ursachen für das Symptom Unwirklichkeit sein. Angst vor Kontrollverlust ist eines der wichtigsten Themen im weiteren Verlauf dieses Buches.

Ein weiteres Erklärungsmuster für den Schwindel bei Angstbetroffenen ist die akribische und ängstliche Beobachtung aller motorischen und sensorischen Körpervorgänge. Ausgleichsbewegungen des Körpers, die bei jedem Menschen unbemerkt und unbewusst ablaufen, werden vom Angstbetroffenen bemerkt und führen dazu, dass er diese möglicherweise als unnormal empfindet und kontrollieren möchte. Das kann nicht funktionieren. Es kommt im Gehirn zu Fehlermeldungen, die als Schwankschwindel empfunden werden. Der Betroffene, der ständig alle Körpervorgänge beobachtet und bei der geringsten Veränderung in Pulsschlag, Körpertemperatur oder Atemfrequenz alarmiert aufschreckt, weil er den Beginn einer lebensbedrohlichen Situation befürchtet, löst zwangsläufig eine immer wiederkehrende Paniksituation aus.

Weitere körperliche Wirkmechanismen der Angst, z.B. auf den Magen-Darm-Trakt und die Muskulatur der Blase, sind bekannt und ebenfalls Folge des fehlgeleiteten Wechselspiels zwischen sympathischem und parasympathischem Nervensystem. Jeder kennt den Spruch »sich vor Angst in die Hose zu machen«. Um sicher und souverän mit Ihrem Körper umgehen zu können und sich auf diesen Körper verlassen zu können, ist es notwendig, dass Sie Ihren Körper nicht argwöhnisch beobachten, sondern sich fundierte Kenntnisse über seine Funktionsweise verschaffen. Dies ist in gewissem Maße auch eine konfrontative Therapie. Sie sollen sich keine medizinischen Halbweisheiten anlesen oder in diagnostischen Handbüchern blättern, sondern Ihren Körper, der Ihnen ständig Ängste spielt, obwohl er doch scheinbar hervorragend funktioniert, zumindest in Bezug auf den Blutkreislauf kennen lernen. Ich darf Sie deshalb gleich auf eine kleine Reise durch Ihr organisches Leben führen. Diese kleine notwendige thematische

Übersicht über die Physiologie Ihres Körpers mag eine erste Konfrontationstherapie für Sie sein. Aber zuvor sollen Sie sich noch etwas entspannen im nächsten Kapitel, bei dem es wieder um etwas scheinbar ganz anderes geht.

Träume sind gesund

Oft fehlt es uns am rechten Herz und Mut, unsere vielfältigen Träume und Wünsche postwendend in die Tat umzusetzen. Auch wenn Sie nicht reif für die Umsetzungsphase sind, weil Ihre Angststörung Sie vielleicht gerade davon abhält, so haben all Ihre Träume doch etwas Gutes. Auch wenn sie nur kleine Alltagsfluchten sind, ein Sich-Wegträumen von den schnöden prosaischen Dingen, so helfen sie uns doch, mit unserem Alltag und mit einer Krankheit besser fertig zu werden.

Bei manch einer Alltagsarbeit – wie z. B. Bügeln oder Kartoffelschälen – können wir uns einfach ein Stück weit wegträumen. Das entspannt uns einerseits und nährt unsere unbewussten Sehnsüchte und Ziele mit Treibstoff. Diese kleinen Tagträume erinnern uns ständig an unser großes Ziel, vielleicht unser Lebensziel.

Sigmund Freud nannte Tagträume »die Ersatzbefriedigung der Unglücklichen«. Kant ging zuvor noch etwas weiter, er meinte, dass die Flucht aus der Wirklichkeit süchtig mache und eine Geisteskrankheit sei. Heute wissen wir – und bitten den großen Immanuel Kant um Nachsicht –, dass das Unsinn ist. Tagträume entstressen uns und helfen uns, eintönige und immer wiederkehrende Arbeitsabläufe besser und gelassener handhaben zu können. Wachträumer sind im Regelfall ausgeglichener und gesünder als fantasielosere Mitmenschen, zeigte eine jüngst in den USA durchgeführte Studie.

Tagträume oder besser gesagt Wachträume leben von der Steuerung des Träumers. Im Gegensatz zu unseren nächtlichen Träumen haben wir es tagsüber in der Hand, wohin wir unsere Träume lenken.

Sei es nun das Korallenatoll in der Südsee oder der Traumpartner, eine Reise zum Himalaja oder das Bild, wie wir in einem Luxusauto durch die Gegend fahren. Wir träumen uns gewissermaßen warm für die Realität. Richtig, eigentlich wollen wir ja, dass diese Tagträume Realität werden. Wir proben den Ernstfall.

Tagträume sind Schlüssel zu unseren Bedürfnissen. Nehmen Sie Ihre Tagträume sehr ernst, denn diese weisen Ihnen den Weg zu den Dingen, die in Ihrem Innersten auf Erfüllung warten. Diese Erfüllung ist oftmals auch der Schlüssel zur Heilung Ihrer Angststörung. In unseren Wachträumen sind wir »zu Hause«, angekommen in unserer Lieblingswelt, unserer Lieblingsrolle, mit unseren Lieblingsmenschen. Wir können alles sein, Held, Bergsteiger oder was immer wir sein mögen. Selbst in der Psychotherapie werden Tagträume therapeutisch eingesetzt. Beim so genannten katathymen Bildererleben schickt der Therapeut seinen Patienten auf eine geführte innere Reise. Die Bilder, die der Patient sieht, sind hier sehr symbolhaft, mahnend und klar. Oft weisen diese Bilder, nach einer entsprechenden Deutung, dem Patienten den Weg in ein befriedigenderes Leben. Dem Therapeuten gelingt es so, unbewusste Anteile und Ressourcen beim Patienten zu erkennen.

Tagträume sind Fantasien; Fantasien lassen Pläne in unserem Kopf entstehen. Pläne, die nach und nach in ein durchführbares Konzept gebracht werden können. Stellen Sie sich einmal vor, wie viele Träume ein Erfinder tagtäglich in seinem Kopf entstehen lässt, bis ihm schließlich die Lösung einfällt und er einen Plan oder eine Formel zu Papier bringt. Bevor ein Architekt ein Haus zeichnet, stellt er es sich innerlich vor. Oft haben wir auch bei Alltagsdingen ein festes Bild im Kopf, bevor wir an die Planung gehen. In unseren Wachträumen lernen wir auch sehr viel. Indem wir Erlebtes noch einmal durchdenken, vielleicht ein weiteres Mal mit anderem Ausgang stattfinden lassen, konditionieren wir uns mit Lösungsmöglichkeiten für das nächste Auftauchen dieser Situation.

Tagträume geben uns die Chance, uns selbst wieder in ein rechtes Licht zu setzen und unser Unterbewusstsein neu zu programmieren. Oft werden die Ausgänge krisenhafter oder schicksalhafter Erlebnisse so rationalisiert, in einen neuen Kontext gesetzt, der uns eher damit klarkommen lässt. Das ist ebenfalls ein wichtiger Lösungsansatz für Sie und Ihre Angsterkrankung.

Unsere Fantasie hilft uns oft mit einem natürlichen »Reframing«, die Dinge in einem neuen Rahmen zu sehen. Manchmal ist es auch ein Selbstschutz-Mechanismus, der uns sagt: »Die Vergangenheit ist schon in Ordnung.«

Genießen Sie Ihre Tagträume. Laben Sie sich an den Traumstränden, an dem frischen Obst, küssen Sie Ihren Traumpartner, besteigen Sie Ihr eigenes Segelboot. Alles ist möglich, Sie brauchen den Traum nur anzuschalten.

Eins ist gewiss, mit jedem Tagtraum wird Ihnen ein wenig klarer, woran es Ihnen wirklich mangelt, was Sie für Ihr Leben brauchen. Ihr Weg wird deutlicher werden. Von jedem Tagtraum bleibt ein Quäntchen in Ihnen zurück, was nach und nach zu einer übermächtigen Zielkraft wird und Ihren großen Lebenstraum zur Erfüllung bringen wird. Das Allerwichtigste jedoch findet in Ihrem Unterbewusstsein statt. Dieses speichert positive Bilder. Auch diese Tagträume sind ein Teil der Strategie, mit der Sie Ihre Angststörung wieder verlernen können.

Nun führe ich Sie im nächsten Abschnitt zurück zu Ihrem Körper und der Frage, was Ihr Körper zu leisten im Stande ist.

Ihr Körper arbeitet ohne Ihre Hilfe

Ihr Körper ist ein Wunderwerk der Natur. Er funktioniert tagein und tagaus im Hintergrund, managt sich in allen wichtigen Funktionen selbst und braucht keinerlei Anregung oder Aufforderung dazu. Er versorgt jeden Muskel, jede Zelle und jede Nervenzelle des Gehirns mit Sauerstoff. Er regelt den notwendigen Blutdruck, Tag und Nacht. Er lässt Sie spüren, wenn er Nahrung oder etwas zu trinken braucht und verrichtet seine Arbeit äußerst solide und in gleich bleibender zuverlässiger Qualität. Er verfügt über mehrfache Sicherheitssysteme und hat jedem wichtigen Organ doppelte Regelkreise oder zweifache und gar dreifache Sicherheitsmechanismen gegeben. Manche Organe hat er für den Fall einer Störung gleich paarig angelegt. Um seine Arbeit hochwertig und qualitativ zu verrichten, will er nur ein paar wenige Informationen von uns haben. Diese holt er sich selbst. Er sieht, wenn es hell ist, und lässt uns erwachen. Er fährt unsere Systeme herunter, wenn er merkt, dass wir unsere Muskeln überlastet haben und konditioniert uns auf Schlaf. Er sagt uns, wenn wir zur Toilette gehen sollen und wenn er lieber auf dem Sofa liegen will als hinaus in die Kälte zu gehen. Manchmal ist er aber auch ungeduldig und unruhig, dann zeigt er uns, dass wir ihm besser etwas Bewegung verschaffen sollten. Wir müssen nur hinhören, wenn unser Körper uns etwas sagen will. Er sagt uns die Dinge, die er selbst nicht mit seinem autonomen Nervensystem regeln kann, z. B. losgehen, essen, trinken und alle willentlich gesteuerten Vorgänge in unserem Leben. Nur bei wenigen Dingen will er sich absolut nicht dreinreden lassen, weil er weiß, dass er diese Dinge besser regeln kann als wir dies willentlich könnten. Hier sind zum Beispiel der Herzschlag und die Atmung zu nennen.

Ihr Herz ist ein wahrer Sportler. In Ruhe schlägt es etwa 60- bis 80-mal pro Minute, bei Sportlern auch mal nur 45- oder 50-mal pro Minute. Es befördert am Tag bereits in Ruhe über 8000 Liter Blut. Es schlägt in 80 Lebensjahren fast 3 Milliarden Mal. Es besteht aus einer linken und einer rechten Hälfte. Jede Herzhälfte hat einen Vorhof und eine größere Herzkammer. Zwischen Vorhof und Kammer befindet sich je eine Herzklappe, ebenso an jedem Ausgang der Herzkammern, also vier Klappen. Das Herz erregt sich selbst, ohne jedes Zutun irgendeines anderen Körperteils. Es pumpt und läuft besser als jedes Schweizer Uhrwerk. Ihr Herz pumpt innerhalb einer einzigen Minute Ihr gesamtes Blut einmal durch den ganzen Körper.

Der rechte Vorhof nimmt das aus dem Körper kommende sauerstoffarme Blut auf und transportiert es in Ihre rechte Herzkammer. Diese pumpt es durch die Lungenarterie in die Lunge. Hier wird frischer Sauerstoff, den Sie soeben eingeatmet haben, in das Blut eingebunden. Gleichzeitig nimmt die Lunge aus dem Blut Kohlendioxid auf und lässt Sie dieses über Ihre Ausatmung wieder aus dem Körper hinausbefördern. Das vor Sauerstoff strotzende Blut gelangt über die Lungenvene in den linken Vorhof und die linke Herzkammer und wird dann in den Körper gepumpt. Das sauerstoffreiche Blut kommt bis in den entlegensten Winkel Ihres Körpers. Ob Sie wollen oder nicht. Selbst wenn Sie sich auf den Kopf stellen, kommt das Blut bis in die Beine. Das frische sauerstoffreiche Blut wird erst durch die Aorta und die mächtigen großen Körperarterien transportiert, um in immer feinere Gefäße zu gelangen, bis in die Peripherie, z.B. Ihre Zehen oder Fingerspitzen. Ihr Blut versorgt zuverlässig das Gehirn und alle anderen Körpergewebe mit Sauerstoff und Nährstoffen. In den feinsten Kapillargefäßen erfolgen der Austausch von Sauerstoff und die Aufnahme von Stoffwechselprodukten. Dann wird das Blut in feinste Venen aufgenommen, fließt in immer größere Venen, bis es zum Herzen zurückgekommen ist. Hier beginnt der Kreislauf aufs Neue. Die Venen, durch die Ihr Blut fließt, haben intelligente Konstruktionsmechanismen, die Venenklappen. Das Blut kann dadurch weder zu schnell fließen noch zurückfließen. Der Blutdruck wird damit auch in den Venen aufrechterhalten. Überhaupt ist dieses Kreislaufsystem so perfekt ausgebildet, dass es nicht durch Ihren Willen verändert werden kann. Es kann nur durch artgerechte Ernährung und ausreichendes Training (Sport) perfektioniert und bei Laune gehalten werden. Genauso gut können Sie Ihrem Kreislaufsystem die Arbeit aber auch durch schlechte Lebensgewohnheiten erschweren.

Ihr Herz ist der Boss, nicht Sie. Ihr Herz pumpt, wie es genetisch programmiert ist.

Damit Ihr Herz pumpt, muss sich eine Erregung bilden. Dies geschieht durch elektrische Impulse im so genannten Sinusknoten des Herzens, von ganz allein und immer wieder aufs Neue. Diese Erregung wird über alle weiteren Zellen weitergeleitet, die untereinander nicht isoliert sind. So kommt die Erregung irgendwann beim so genannten Arbeitsmyokard an. Dies sind die Zellen, die durch diesen Reiz mit Kontraktion reagieren und damit die Pumpbewegung des Herzens ausmachen. Diese Darstellung ist sehr vereinfacht, aber der vorliegende Ratgeber soll kein Lehrbuch der Physiologie werden.

Hier noch mal etwas genauer: Nachdem die Erregung im Sinusknoten begonnen hat, wird sie an die beiden Vorhöfe und den so genannten AV-Knoten weitergeleitet, dann gelangt sie über das Hissche-Bündel mit seinen beiden Tawara-Schenkeln zu den Purkinje-Fasern, welche die Erregung auf das Kammermyokard übertragen. Dieses komplexe System ist ein Sicherheitsgarant für Sie. Die Evolution hat Ihr Herz so konstruiert, dass es auch noch schlägt, wenn eine der Komponenten im Erregungssystem Betriebsstörungen macht. Fällt zum Beispiel der Sinusknoten als Erregungsbilder aus, übernimmt der AV-Knoten diese Arbeit und bringt das Herz mit immerhin 40–60 Schlägen zum Arbeiten. Selbst wenn die Erregung im AV-Knoten ausfallen würde, würden nachgeschaltete Erregungszentren in der Kammer das Herz weiterschlagen lassen, wenn auch etwas langsamer. Dies ist ein Programm, um das Sie sich nicht kümmern müssen.

Der Schlag Ihres Herzens passt sich allen Lebenssituationen sofort an. Steigen Sie mehrere Treppen hinauf, wird er von etwa 70 Schlägen in Ruhe auf vielleicht 100 oder 110, bei Untrainierten auf mehr als 120 Schläge, ansteigen. Bleiben Sie stehen, geht der Herzschlag nach etwa einer Minute wieder auf seinen Ausgangswert zurück. Probieren Sie es einmal aus und zählen Sie Ihren Pulsschlag. Fahren Sie Rad oder gehen Sie laufen, dann kann Ihr Puls ohne Probleme auf 140 Schläge pro Minute steigen, bei hoher Leistung auch auf 160 Schläge. Ihr Herz verkraftet das bestens. Radrennfahrer wie z. B. Lance Armstrong oder Jan Ullrich erreichen bei Spurts oder Höchstleistungen Pulsfrequenzen von mehr als 200 Schlägen pro Minute. Das Herz verkraftet solche Anstrengungen klaglos. Natürlich gehört ein gehöriges Maß an Training dazu. Dazu später mehr.

Wie Sie sehen, ist das Herz schon ein rauer Geselle und bei Weitem nicht das zarte Pflänzchen, das ständiger Beobachtung bedarf. Was Ihr Herz nicht mag, ist ein falscher Alarm durch eine Adrenalinausschüttung. Es arbeitet zwar autonom, ist aber bereit sich Ihren Anforderungen zu stellen. Sie möchten im Schwimmbad vom 10-Meter-Brett springen? Bereits auf dem Sprungbrett sorgt der durch den Körper gehende Adrenalinstoß dafür, dass in Sekundenbruchteilen eine Erregung des Sympathikus erfolgt. Das Herz pumpt stärker, der Blutdruck steigt an und die Atmung beschleunigt sich. Ihr Gehirn wird hellwach und die Muskeln sind prall mit Blut gefüllt. Ihr Körper ist nun bereit, die angekündigte Aufgabe zu erfüllen. Wenn Sie nun nicht springen, muss Ihr Organismus die ganzen angelaufenen Systeme wieder zurückfahren. Dies führt zu gewissen Missempfindungen und Anspannungssituationen. Wie Sie an diesem kleinen Beispiel sehen, können Sie Ihr Herz lediglich bei drohender Gefahr oder bei angekündigtem Höchsteinsatz dazu bringen, bereits vor der Bewegung und Anstrengung schneller zu schlagen. Wenn Sie nun ständig unter Stress stehen oder in einer feindlichen Umgebung leben, ist Ihr Herz ständig »auf dem Sprung«, Ihnen schnellstmöglich alle Ressourcen zur Verfügung zu stellen.

Ähnliches gilt für Ihren Blutdruck. Er wird durch Ihr Zutun im Verlauf der Angsterkrankung fehlgeregelt. Er wird hauptsächlich durch die Kontraktionskraft des Herzens und der Wandspannung der Arterien geregelt. Viele andere Körpersysteme sind an der Aufrechterhaltung eines gesunden Blutdrucks beteiligt. Als wesentlich seien hier der Flüssigkeitshaushalt und die Nierenfunktion genannt. Die Stärke des Blutdrucks wird in Millimeter Hg angegeben. Der obere Wert, systolisch genannt, spiegelt den Druck wider, den das Herz beim Pumpen aufbringt. Der niedrigere Wert, diastolisch genannt, gibt den Druck wieder, der bei entspanntem Herzmuskel im Gefäßsystem vorliegt. Die Weltgesundheitsorganisation hat im Laufe der Jahre oft ihre Ansichten gewechselt, was ein normaler und was ein krankhafter Blutdruck ist. Heute kann man davon ausgehen, dass Werte von 140/90 als normal gelten. Bei jungen Menschen unter 30 Jahren werden Werte von 125/80 als normal angesehen. Werte, die in Ruhe dauerhaft zu niedrig liegen, beispielsweise bei 105/60 mm Hg, werden als Hypotonie bezeichnet. Werte, die in Ruhe über 140/90 mm Hg bis 160/95 mm Hg liegen, werden als grenzwertige Hypertonie bezeichnet. Alle Werte darüber werden als Hypertonie oder Bluthochdruck bezeichnet.

Jetzt dürfte klar sein, dass jede Einflussnahme auf das autonome Nervensystem und somit auf das Herzen, wie sie bei der Konditionierung durch Angst und auch bei Dauerstress vorliegt, zu einer Hypertonie führen kann. Da die Hypertonie eine chronische und ernstzunehmende Krankheit ist, muss sie wie auch immer behandelt werden.

Ein weiterer Regelmechanismus, der bei der Angstkrankheit ständig argwöhnisch beobachtet und sowohl fehlinterpretiert wie fehlgeleitet wird, ist die Atmung. Sie funktioniert automatisch. Sie brauchen sie nicht zu beachten und nicht zu beeinflussen. Ihr Atemzentrum im Gehirn funktioniert im Wach- und im Schlafzustand. Es lässt Sie so viel Luft holen, wie Ihr Körper gerade braucht. Es misst ständig den Gehalt von Kohlendioxid im Blut und bestimmt die Atemhäufigkeit. Laufen Sie los, wird der »Lufthunger« sofort angepasst und Sie atmen schneller. Das Atmen geschieht mehr oder weniger unbewusst. Bei der Einatmung hebt sich der Brustraum durch Kontraktion der Zwischenrippenmuskulatur, das Zwerchfell zieht sich zusammen, wodurch der Brustkorb erweitert wird. Es entsteht ein Unterdruck in der Lunge, durch den die Luft eingesogen wird. Die Lunge besteht aus zwei Flügeln mit insgesamt 5 »Lappen« und Bronchien mit einem immer feiner werdenden verzweigten Röhrensystem, genannt Bronchialbaum. Die Luft gelangt durch die Luftröhre in den Bronchialbaum und an dessen Ende in die feinsten Lungenbläschen, die Alveolen, um die ein feinstes Netz von Kapillar-Blutgefäßen gespannt ist. Dort findet der Gasaustausch statt: Sauerstoff wird abgegeben und Kohlendioxid zur Ausatmung aufgenommen. Bei der Ausatmung erschlafft die Zwischenrippenmuskulatur und das Zwerchfell entspannt sich. Der Brustkorb verengt sich wieder, wodurch die Luft herausgepresst wird. In Ruhe fordert Ihr Gehirn etwa 15–18 Atemzüge pro Minute an. Bei kleinen Kindern sind es ca. 25 und bei Säuglingen mehr als 30 Züge. Bei jedem Atemzug versorgen Sie Ihre Lunge mit 500 bis1200 Millilitern Luft. Die Atemfrequenz ist ständigen Anpassungen und Änderungen unterworfen. Bei forcierter Bewegung steigt sie an, ebenso bei einem Absinken des Sauerstoffgehalts in der Luft. Das Atemzentrum im Gehirn reagiert äußerst feinfühlig auf die Zusammensetzung der Blutgase Sauerstoff und Kohlendioxid. Wenn Sie nun argwöhnisch Ihre Atmung beobachten und versuchen, selbst die Regulierung zu übernehmen, dadurch zwangsläufig hyperventilieren, dann verändern sich diese Blutgase dadurch, dass Sie selbst nutzlose Atemzüge in das von Ihrem Körper angeforderte Atemprofil hereinbringen. Ihr Körper kann dies ohne Sie. Versuchen Sie mal die Luft anzuhalten und von sich aus nicht mehr einzuatmen. Ihr Körper wird Ihnen allerspätestens nach einer Minute befehlen wieder zu atmen. Sie können sich nicht dagegen wehren. Sie sehen also, dass das Beobachten autonom ablaufender Funktionen Ihres Körpers Ihnen keinerlei Vorteil bringt, denn Sie haben keinen Einfluss auf diese Funktionen, zumindest keinen konstruktiven.

Ein weiteres oft von Panikern beschriebenes Reaktionsfeld ihrer Angst ist der gesamte Verdauungstrakt. Dies beginnt bei der Speiseröhre und endet im Darm. Oft beschriebene Missempfindungen sind ein Kloßgefühl im Hals und Schluckstörungen. Das Kloßgefühl im Hals ist eine Verkrampfung, die durch das ständige nervöse Hinunterschlucken von »Luft« entstehen kann, die außerdem Völlegefühl und Blähungen hervorrufen kann. Im Gegensatz zu einer wirklichen Störung oder einem wirklichen pathologischen Zustand verschwindet dieser Kloß zwischendurch wieder. Außerdem verschwindet er sofort, wenn Sie Nahrung hinunterschlucken oder ein großes Glas Wasser trinken. Eine Geschwulst beispielsweise in der Speiseröhre oder im Kehlkopf würde hingegen immer da sein. Schluckstörungen können bereits durch die Konzentration auf den Schluckakt hervorgerufen werden. Beim Schluckakt wird der Kehlkopf reflektorisch verschlossen. Die Nahrung gleitet dann über den Kehldeckel in die Speiseröhre.

Die Stimmlippen sind dabei einander angenähert. Dies ist neben dem Kehldeckelschluss einer der Schutzmechanismen, um das Eindringen von Nahrung in die Luftröhre zu verhindern. Falls Sie sich sehr darauf konzentrieren, kann es sein, dass Sie Verkrampfungen auslösen und ein gestörtes Schluckempfinden haben. Sie sehen: Weniger Konzentration ist mehr Funktion.

Im Regelfall funktioniert dieses System ausgezeichnet ohne Beobachtung und Kontrolle. Die Speiseröhre ist ein stark enerviertes Organ, das die Nahrung durch wellenförmige Kontraktionen in den Magen befördert. Das funktioniert auch, während Sie einen Kopfstand machen. Im Magen wird die Nahrung mit salzsäurehaltigem Magensaft »angedaut« und nach längstens 2–3 Stunden in den Dünndarm weitertransportiert. Alles funktioniert vollautomatisch, ohne Ihr Zutun. Im Dünndarm werden die Nährstoffe aus dem Speisebrei herausgelöst und ins Blut aufgenommen. Der nicht verwertbare Rest wandert zu einem späteren Zeitpunkt, etwa nach 9 Stunden, in den Dickdarm.

Störungen im Magen- und Darmbereich entstehen ebenfalls durch Stress und Ängste. Gerade der Magen ist ein Reizorgan, das Ruhe braucht. Die im Magen befindlichen Drüsen und deren Belegzellen, welche die Magensäure produzieren, reagieren bei Störungen des Nervensystems oft mit einer Überproduktion von Säure, früher oder später als Sodbrennen empfunden. Diesmal ist der Parasympathikus als Übeltäter zuständig, wohingegen der Sympathikus für solide Magenkrämpfe bei Stress sorgen kann. Wie dem auch sei, das ständige aus dem Gleichgewicht geratene Wechselspiel zwischen Sympathikus und Parasympathikus hat starken Einfluss auf den gesamten Verdauungsapparat. Eigentlich eine nachvollziehbare Sache, oder? Sie ärgern sich, haben Wut, vielleicht danach Angst oder Schuldgefühle und Ihr Magen verkrampft sich und Sodbrennen bekommen Sie auch. Ähnliches passiert im Dickdarm, der Sie mit Durchfall oder Verstopfung ärgern kann, wenn Sie Angst haben und eine parasympathische Reaktion eintritt.

Genaustens funktioniert auch Ihr Wasserhaushalt. Ihr Körper besteht zu mehr als 60 % aus Wasser. Keine Frage, dass hier ein perfektes Regelsystem arbeiten muss, um den Wassergehalt im Körper einzustellen. Das Wasser ist ein wichtiges Transportmedium für unseren Stoffwechsel und kontrolliert den Mineralstoffhaushalt und die Ausscheidung von Salzen. Ihre Nieren kontrollieren ständig die Blutzusammensetzung und regulieren mittels Wasserausscheidung im Wesentlichen auch den Blutdruck mit, indem sie Volumenveränderungen herbeiführen. Durch Engstellen oder Erweitern von Gefäßen können Ihre Nieren den Filtrationsdruck in den so genannten Glomeruli beliebig einstellen. Ein äußerst kompliziertes und beeindruckendes System. Jeweils eine Million Glomeruli, praktisch kleine Filterstationen, befinden sich in jeder Ihrer beiden Nieren. Ihre Nieren haben auch die Funktion, nahezu alle Giftstoffe und einen großen Teil aller eingenommenen Medikamente wieder auszuscheiden. Drogen, Gifte, die Niere wird mit vielem fertig. Am Tag fließen 1500 Liter Blut durch Ihre Nieren. In den Glomeruli werden am Tag aus dem Blut etwa 180 Liter Filtrat gebildet und an das so genannte Tubulussystem zurückgegeben. Der größte Teil des Wassers wird daraus ins Blut zurückresorbiert und etwa 0,9 bis 1,5 Liter am Tag als Urin ausgeschieden. Die Nieren können alle ihre Aufgaben ohne besondere Beachtung bestens erledigen. Das Gehirn liefert das notwendige ADH (antidiuretisches Hormon) zur Regelung des Wasserhaushalts und die Nebennierenrinde liefert das Hormon Aldosteron zur Regulierung des Salzhaushalts. Die Niere produziert auch noch das Hormon Renin, zur Blutdruckregelung. Diese ganze Arbeit läuft weitgehend unbeachtet von Ihrem Bewusstsein ab, Sie bemerken eigentlich nur, wenn Ihre Blase Ihnen sagt, dass sie von den Nieren eine Menge Wasser zur Ausscheidung bekommen hat. Lassen Sie Ihre Nieren weiterhin im Verborgenen ihre perfekte Arbeit machen und trinken Sie viel gutes und frisches Wasser. Ihre Nieren danken es Ihnen durch weiterhin beste Arbeit.

Was für die vorgenannten Systeme Ihres Körpers gilt, gilt eigentlich auch für alle anderen Systeme. Die überwiegende Anzahl aller Regelvorgänge im Körper funktioniert vollautomatisch. Ausnahme sind sämtliche motorischen Vorgänge. Sobald Sie Ihre Augen öffnen, sehen Sie. Die Augen melden jedes Sehen ans Gehirn. Hier entstehen Bilder. Sie haben es selbst in der Hand, ob Sie diese Bilder sehen möchten. Wenn nicht, können Sie die Augen schließen, was Sie inklusive aller unwillkürlichen Bewegungen der Augenmuskeln am Tag etwa 1000-mal machen. Falls es zu viel Licht gibt, könnten Sie die Augen halb schließen, zusammenkneifen. Mehr Optionen haben Sie nicht. Auf die Verarbeitung des Gesehenen im Gehirn haben Sie keinerlei willentlichen Einfluss. Alles funktioniert von allein. Durch unterschiedliche Krümmungen der Linse entsteht die Scharfeinstellung. Diese Krümmung der Linse wird ebenfalls durch das sympathische und parasympathische Nervensystem beeinflusst. Es liegt also auf der Hand, dass verschwommenes Sehen, das von Panikern häufig geäußert wird, mit einer durch Angst fehlerhaft eingestellten »Brennweite« der Augenlinse zu erklären ist. Die Iris hat unterschiedlich weite Öffnungsoptionen und kann den Lichteinfall regulieren. Die Netzhaut wandelt die empfangenen Lichtreize in Nervenimpulse um, die über den Sehnerv an das Gehirn abgegeben werden. Eine parasympathische Angstreaktion kann eine weite Öffnung der Pupillen auch am hellen Tag bedingen und somit eine große Lichtempfindlichkeit auslösen, die den beschriebenen Schilderungen der Betroffenen entspricht: »Ich sah alles so hell und unangenehm.«

Mit dem Hören ist es nicht anders. Sie können allenfalls durch Zuhalten der Ohren ein zu lautes Geräusch abhalten oder jemandem nicht zuhören. Auch hier haben Sie keine weiteren Optionen. Im Mittelohr, in der Paukenhöhle, sitzen 3 kleine mit dem Trommelfell verbundene Gehörknochen, die winzigsten Knochen im Körper: Hammer, Amboss und Steigbügel, welche die eingegangenen Schallwellen durch Bewegungen an das Innenohr weiterleiten. Im Innenohr erfolgt die Umsetzung der Schwingungen in elektrische Signale, die über den Hörnerv an das Gehirn weitergeleitet werden. Das Gehirn vergleicht die eingegangenen Signale mit den abgespeicherten Profilen von Geräuschen und wir können uns eine Säge oder ein Motorrad vorstellen, auch wenn wir beides nicht sehen können. Das Hören ist ebenfalls ein sehr komplizierter und bewundernswert perfekter Vorgang, der an dieser Stelle nur sehr vereinfacht dargestellt wird.

Als weitere wichtige Funktion findet im Innenohr die Steuerung des Gleichgewichts statt. Das Gleichgewichtsorgan liegt hinter den Gehörknöchelchen im Innenohr. Es besteht aus zwei Kammern und drei mit feinsten haarartigen Sinneszellen ausgekleideten Bogengängen. Diese Bogengänge sind mit einer trägen Flüssigkeit ausgefüllt.

Bewegen Sie sich, dann verschiebt sich in Ihrem Gleichgewichtsorgan diese träge Flüssigkeit und die Bewegungen der Haarzellen werden an das Gehirn weitergeleitet, wo ein neues Bild von der Lage des Körpers in Relation zu der wahrgenommenen Umwelt entsteht. Das Empfinden von Gleichgewicht wird noch durch andere Konstanten unterstützt und vervollkommnet. Dazu gehören unter anderem Rezeptoren in den Muskeln, vor allem in der Halswirbelsäule, die die Stellung beispielsweise des Kopfes im Verhältnis zum Körper analysieren. Ständig werden die von allen anderen Sinnen beigefügten Bilder zu einem Gesamtbild des Gleichgewichts vom Gehirn zusammengefügt. So kann es durchaus auch bei vollständigem Stillstand des Körpers in Bezug auf seine Umwelt zu falschen Sinneseindrücken von Bewegung kommen. Ein Beispiel: Sie sitzen im stehenden Zug und auf dem Nachbargleis fährt ein Zug langsam ab. Im ersten Moment sind Sie sich nicht sicher, wer fährt, Ihr Zug oder der andere Zug. Dieses simple Beispiel hat sicherlich schon jeder einmal erlebt. Das Gleichgewichtssystem des Innenohres liefert immer konkrete Signale. Kommen von anderen Organen nicht dazu passende Signale, kann Schwindel empfunden werden.

Die Nase meldet Gerüche ans Gehirn weiter. Das Gehirn entscheidet, ob der Geruch angenehm oder unangenehm ist. Ob Sie wollen oder nicht. Die Zunge meldet den Geschmack weiter und das Gehirn erkennt anhand der gemeldeten Impulse, um welche Art von abgespeichertem bereits bekanntem Geschmack es sich handelt. Die Haut lässt uns Wärme und Kälte empfinden und mittels unserer Hände können wir durch Tasten auch bei geschlossenen Augen Dinge erkennen, die in unserem Gehirn zu einem vollständigen Bild werden.

Alle so gesammelten Eindrücke werden im Gehirn in ein höchst harmonisches Wahrnehmungsschema zusammengesetzt. Auch wenn das Gehirn von einzelnen Sinnen nichts empfängt, versuchen die anderen anforderungsgemäß trotzdem die Lücke zu füllen, um ein einigermaßen passables Zustandsbild anzufertigen. Das geschieht fast gänzlich ohne Ihr Zutun. Nur weil Sie beispielsweise alle Sinne ausschalten oder behindern würden, Ohren, Nase und Augen verschließen, würden Sie nicht aufhören, Bilder Ihrer Umgebung zu sehen oder diese zu vermuten. Das zeigt wieder, dass auch die Sinnesorgane nicht einer wirklichen Beeinflussung Ihres Willens unterliegen.

Schluss mit Beobachtung

Nachdem Sie bereits gelesen haben, wozu Ihr Körper ohne weiteres Zutun in der Lage ist, können Sie sich zunächst einmal beruhigt zurücklehnen. Scheinbar läuft alles wie geschmiert und dazu noch von allein. Ihr Körper möchte in seinen autonom ablaufenden Funktionen nicht gestört werden.

Bei intensiver Betrachtung der Persönlichkeit von Menschen mit Angststörungen fällt auf, dass dies überzufällig häufig feinsinnige und intelligente Persönlichkeiten sind, mit einem Hang zum Perfektionismus. Im Alltagsleben vieler Betroffener wird alles bestens geregelt und die Ansprüche an sich selbst, die Mitmenschen und die häusliche Umgebung werden auf ein sehr hohes Level gehoben. Kleine Störungen in den alltäglichen Abläufen bereiten den Betroffenen Unbehagen. Oft reagieren sie zunächst mit großer Sorge, später ärgerlich, wenn ein Familienangehöriger einmal zu spät kommt. Die intensive Suche nach vermeintlichen Fehlern gerade erstandener Gegenstände, die Reklamation von Kleinigkeiten und der allzeit im Vordergrund stehende Wunsch nach Vollkommenheit und Perfektion lassen den Betroffenen oftmals nicht zur Ruhe kommen. Hohe Perfektionsansprüche werden häufig auch an den eigenen Körper gerichtet. Anstatt dass der Betroffene sich freut, wenn er eine Sache wirklich gut gemacht hat, drehen sich seine Gedanken darum, wie er sie noch besser hätte machen können. Er ist zwar befriedigt von seinen sportlichen Leistungen, vergleicht dann aber sein Niveau mit dem eines Profisportlers in derselben Disziplin und kommt niedergeschlagen zum Schluss, dass er ja nur Durchschnitt sei. Er findet an der neu geklebten Tapete eine Fuge, die ihm so groß erscheint, dass er anderntags eine ganze Tapetenbahn entfernt und erneuert. Oft kontrolliert er den Handwerker in der Autowerkstatt mit Adleraugen, ob dieser sein Auto auch richtig repariert. Die Auskunft eines Arztes wird zunächst akzeptiert, kurze Zeit später andernorts hinterfragt, recherchiert und neu gewichtet. Eine zweite Meinung muss her und eine dritte. Er ist ein Hansdampf in allen Gassen. Ein »Regler«, der jede noch so ausgefallene Sache regeln kann oder es zumindest selbst versucht. Eines ist er jedoch nicht, ein Pedant. Er kann auch keine pedantischen Menschen leiden. Er ist ein perfekter Gastgeber, der sich um jedes Detail kümmert und sich dabei selbst noch übertreffen will. Er ist auch hoch belastbar, nur wenn er an den Punkt kommt, an dem andere ihm das »Regeln« aus der Hand nehmen, fällt er wie ein Kartenhaus zusammen. Oft wirft der anstehende Zahnarztbesuch ihn bereits Wochen vorher aus der Bahn.

Es ist nicht so sehr die Angst vor Schmerz, sondern das mangelnde Vertrauen in Dritte, das ihm zu schaffen macht. Überhaupt kann er die Kontrolle nie aus der Hand geben. Sobald er in ärztliche Umgebung oder in ein Krankenhaus kommt, fallen ihm unzählige Missstände auf und jeder Handgriff des Personals wird argwöhnisch beobachtet.

Der Perfektionist kennt sämtliche Haltbarkeitsdaten aller von ihm gekauften Lebensmittel. Hat er Wurst im Supermarkt gefunden, die noch 3 Wochen haltbar ist, dann sucht er weiter und findet im hintersten Regal noch welche, die 5 Wochen haltbar ist. Er schaut argwöhnisch auf die Thermometer der Tiefkühltruhen im Supermarkt. Ständig steht er im Wechselspiel der Gefühle, denn einerseits stellt er sich bei jedem gedanklichen Projekt, wie z. B. dem nächsten Urlaub, den allerbesten Ablauf vor, argwöhnt jedoch gleichzeitig, ob der Reiseveranstalter die Tickets rechtzeitig schickt. Er denkt stets für andere mit, meist schneller als diese, verrät ihnen die notwendige Lösung, bevor diese zu Ende gedacht haben, und eckt deshalb in seinem sozialen Umfeld häufig an. Alles, was er nicht unter Kontrolle hat, verschafft ihm schlaflose Nächte. Er empfindet »ohnmächtige Gefühle«, weil er auf manche Lebensereignisse keinen Einfluss hat. Der Tod als endgültige Kontrollabgabe macht ihm große Angst. Er befürchtet Krankheiten, weil er sich nichts Schlimmeres vorstellen kann als hilflos zu sein. Er lässt sich nicht gerne etwas befehlen oder sich bevormunden. Er ist ein schlechter Untergebener, aber auch kein guter Vorgesetzter. Der Perfektionist ist ein idealer Einzelkämpfer, ein Freiberufler. Hier legt er hohe Maßstäbe an seine eigene Arbeit und an sein Durchhaltevermögen. Leider werden diese Kontrollmechanismen auch gegenüber dem eigenen Körper angewandt. Jeder noch so kleine Mangel an seinem Körper wird analysiert, stündlich überprüft und er sammelt alle möglichen Informationen über diesen Mangel zusammen. Jetzt hat er die Kontrolle zumindest darüber, was geschehen sein könnte und was daraus werden könnte. Die Kenntnis befriedigt ihn jedoch keinesfalls, sie ängstigt ihn. Hört er im Fernsehen in einer Gesundheitssendung etwas über Hautkrebs, beobachtet er vor dem Zubettgehen argwöhnisch seinen Körper, ob dort nicht bereits verdächtige Zeichen zu sehen sind. Er will früh genug die Kontrolle über drohendes Unheil übernehmen, bevor es zu spät ist. Seinen Herzschlag kennt er genau. Er misstraut ihm trotzdem, lässt sich häufig untersuchen, stets in der Hoffnung, keinen ernsthaften Befund zu erhalten. An dieser Stelle merken Sie, dass der Perfektionist oder »Regler« große Probleme damit hat, dass es Dinge in seinem Leben, seiner Umwelt, Vorgänge in seinem Körper gibt, auf die er keinerlei Einfluss hat. Sie sehen auch, dass das Thema Panikerkrankung nahezu untrennbar mit dem Thema Kontrolle und Kontrollverlustangst zusammenhängt. Ein wesentlicher Schritt, um aus Angst und Panik herauszukommen, besteht darin, sich selbst mit dem Thema Kontrollverlustangst und Perfektionsanspruch auseinanderzusetzen. Wenn Sie sich in der vorherigen, zugegebenermaßen etwas überzogenen Schilderung wiedererkannt haben, dann sollten Sie bereit sein etwas an sich zu verändern.

Sie sollten zunächst mit ganz kleinen Schritten anfangen, wieder Vertrauen in Ihren Körper und dessen Funktionsfähigkeit zu finden. Wenn Sie Schritt für Schritt das Vertrauen wiederfinden, werden Ihre Panikattacken nach und nach seltener werden, bis sie ausbleiben.

Versuchen Sie mal eine kleine Übung?

Am Anfang dieser kleinen Übung, die eine Mischung aus meditativer Konzentration und einer Art Muskelentspannung nach Jacobson ist, werden Sie vielleicht Angst bekommen. Lassen Sie diese zu und versuchen Sie sich ihr gegenüber gleichgültig zu verhalten.

Sie suchen sich einen Platz in Ihrem Zuhause, wo Sie Ruhe haben. Leise sanfte Musik im Hintergrund dürfen Sie hören. Legen Sie eine bequeme Unterlage auf den Boden, z. B. eine Decke oder Gymnastikmatte. Nun legen Sie sich entspannt darauf. Bitte beginnen Sie sofort mit dem Programm und fangen Sie nicht zuerst an darüber nachzudenken.

Sie schließen die Augen und atmen normal ein. Versuchen Sie die eingeatmete Luft in Ihren Bauch zu lenken. Fühlen Sie, wie die Luft den unteren Teil Ihrer Lungen füllt. Ihr Bauch hebt sich beim Einatmen mit an. Jetzt atmen Sie diesen tiefen Atemzug wieder aus, ganz langsam durch den Mund mit fast geschlossenen Lippen. Beim Ausatmen zählen Sie im Geist mit: 21, 22, 23. Versuchen Sie wirklich bewusst so langsam auszuatmen. Dann atmen Sie wieder genau so lange tief ein, Ihr Bauch hebt sich und Sie versuchen anschließend wieder bewusst ganz langsam auszuatmen. Fühlen Sie in dieser kleinen Übung nur Ihren Atem und werden Sie dabei ruhig. Spüren Sie, wie perfekt Ihr Atem funktioniert und wie kräftig er Ihre Lungen füllt. Wenn Sie 3 Minuten oder mehr bewusst so geatmet haben, lassen Sie langsam die bewusste Orientierung von Ihrem Atmen weg zu Ihren Füßen gleiten. Versuchen Sie Ihre Zehen zu spüren, Ihre Fersen, die Sohlen. Bewegen Sie Ihre Zehen gleichzeitig an beiden Füßen und formen Sie beide Füße zu Krallen. Spannen Sie Ihre Zehen fest an. Nach 10 Sekunden lockern Sie diese Anspannung kurz wieder. Konzentrieren Sie sich auf Ihre Zehen und wiederholen Sie die Übung mehrmals. Spüren Sie Anspannung und Entspannung ganz bewusst. Während Sie diese Übung machen, denken Sie bitte nur an Ihre Füße. Stellen Sie sich bildlich vor, wie die Krallenform des Fußes aussehen würde, wenn Sie sie von vorne oder von der Seite sehen würden. Ihr Fuß erscheint als Foto vor Ihrem geistigen Auge. Drücken Sie Ihre Fersen kraftvoll in die Unterlage und halten Sie die Spannung einige Sekunden an, dann lösen Sie sie. Spüren Sie die bewusste Spannung und Entspannung. Stellen Sie sich vor, wie es aussieht, wenn Ihre Ferse durch die Kraft Ihrer Beine eine kleine Beule oder Delle in die Unterlage drückt. Stellen Sie sich das Bild genau vor, inklusive der Farbe der Unterlage.

Wenn Sie möchten, können Sie an dieser Stelle Schluss machen, nachdem Sie die Fußübungen jeweils mehrmals und insgesamt mindestens 5 Minuten lang ausgeführt haben. Zum Abschluss, bevor Sie aufstehen, rufen Sie sich folgenden Sachverhalt ins Gedächtnis und sagen Sie, wenn Sie möchten, den Satz auch laut vor sich hin: »Ich habe bewusst und tief geatmet. Dann habe ich mein Bewusstsein von meiner Atmung weggenommen und sie funktionierte ohne mein Zutun ganz perfekt weiter.«

Diese kleine Anfangsübung soll nur ein erstes neues Anfreunden mit Ihrem Körper sein. Lernen Sie, Ihren Körper zu verstehen und seine Sprache zu sprechen.

Im Verlauf dieses Buches werden Sie einige weitere Übungen kennen lernen, die sich in meiner Arbeit mit Angstpatienten als höchst wirksam erwiesen haben. Aber zunächst gehen wir locker in die nächste Runde, die sich wieder mit dem Thema Perfektion befasst.

Stopp dem Perfektionsdrang

Je höher der Perfektionsdrang ist, desto größer ist auch die Gefahr des Misslingens. Ob es die selbst gezimmerte Hundehütte oder das Gartenhäuschen ist – gut findet oft keine Gnade in unseren Augen, perfekt soll es sein, für Generationen geschaffen, Ewigkeiten halten, unzerstörbar ...

Manchmal schießt man übers Ziel hinaus. Besser als gut, perfekter als perfekt. Superlativer als superlativ? Es gibt glücklicherweise in der deutschen Sprache für manche Dinge keinen Superlativ.

Heute findet der Drang nach nahezu göttlicher Perfektion seinen Höhepunkt im Körperkult. Kein Busen ist groß oder klein genug, kein Po stramm genug und die Nase hat oft auch die falsche Form. Oh je, auch die Haut scheint nicht rein genug zu sein, machen uns Mode, Chirurgie und Kosmetikindustrie weis. Ein kritisches Hinterfragen der Traumfigur und ein kleiner Blick in den Spiegel genügen, und wir sind hochgradig verunsichert. Schnell fragen wir uns: »Was kann ich da noch tun?« Eine Lösung ohne Anstrengung, Kosten oder Leiden fällt uns auf Anhieb nicht ein. Schnell sind wir bereit, einen Pakt mit allem und jedem zu schließen, wenn doch nur endlich die Nase ... der Po ... und der Busen so wären, wie wir es uns wünschen würden.

Warum haben wir diesen Perfektionsdrang? Glauben wir in den Augen anderer Menschen nur dann vollwertig zu sein, wenn wir dem landläufigen Schönheitsideal entsprechen?

Wenn wir den von anderen geschaffenen Perfektionsansprüchen genügen wollen, dann opfern wir uns dem Mainstream, verschenken unsere Einzigartigkeit und unsere Kreativität einem gerade vorherrschenden Idealbild.

Das wichtigste Sinnesorgan ist unser Auge. Damit nehmen wir mehr als 80% aller Informationen wahr. Das Auge sagt uns nicht, was schön oder hässlich ist. Es ist vollkommen unkritisch und sehr ehrlich. Es bildet nur Wirklichkeiten ab. Was wir in unserem Kopf mit diesen Wirklichkeiten machen, entscheidet über das Bild, das wir sehen. Zwei Menschen schauen auf denselben Punkt und sollen anschließend berichten, was sie gesehen haben. Mit an Sicherheit grenzender Wahrscheinlichkeit werden sie über verschiedene Dinge berichten.

So ist es also mit der Schönheit, die wir im Spiegel sehen, und mit der Güte aller Dinge, die wir anschauen, auch nicht anders. Erst unser Kopf stellt bestimmte Auswahl- und Anforderungskriterien, denen die aufgenommenen Informationen standhalten müssen. So ist für den einen schön, was beim anderen nicht mal im Dunkeln durchgehen würde.

Der Drang nach Perfektion verzerrt die aufgenommenen Informationen. Durch das ständige kritische Hinterfragen der Qualität und des Anscheins vertrauen wir uns oft selbst nicht mehr und verfallen in eine geradezu zwanghafte Perfektionssucht.

Je mehr wir unsere häusliche Umgebung perfektionieren, desto mehr müssen wir selbst und andere sich in dieser Umgebung in ihrem Menschsein zurücknehmen. Perfektion lähmt die Kreativität, lähmt freie Gedanken und die Entfaltung unseres Seins.

Selbst geschaffene Perfektionssucht setzt sich in der Wirtschaft und im Alltagsleben fort. Auf der Website eines Unternehmens steht zu lesen:

»Unser eigener Anspruch auf Perfektion motiviert uns, permanent unser Bestes zu geben und selbstkritisch mit unseren Ergebnissen umzugehen. Unsere Kundenzufriedenheit basiert auf einer konsequenten Null-Fehler-Strategie.«

Es handelte sich dabei nicht etwa um einen Flugzeugkonstrukteur, bei dem man eine Null-Fehler-Strategie voraussetzt, sondern um eine Metallwarenfabrik, die Alltagsgegenstände produziert.

Oh je, was passiert mit den Mitarbeitern, die plötzlich entdecken, dass sie einen Fehler gemacht haben? Haben sie noch eine Chance?

Oft berauben wir uns durch unsere überaus gründliche Überperfektion der Möglichkeit des unbeschwerten Anfangs. Planungen berücksichtigen viel zu oft alle Eventualitäten und führen zu einem viel zu großen »Startgewicht«. Neue Unternehmen scheitern oft an den viel zu hohen Anforderungen, die sie zu erfüllen haben. Perfektion kennt Zahlen und Fakten, nicht aber Herz und Mut.

Mit unserer Anforderung, alles immer hundertprozentig zu machen, wären die Asiaten niemals zu ihrer heutigen enormen Wirtschaftskraft gekommen. Dort gab es neben viel Mut und Wagnis auch ein Learning by Doing. Probieren wir mal und schauen dann ...

Der prinzipielle Denkvorgang, der oft einsetzt, wenn wir etwas Neues im Leben beginnen, der Wunsch, alles im Vorfeld zu organisieren und durchzudenken, raubt uns manchmal unsere Unbeschwertheit und damit auch Lebensqualität.

Ein persönlicher Mittelweg aus tolerierbarer Unbeschwertheit, reduzierter Erwartungshaltung und kompromissbereiter Akzeptanz der Wirklichkeit führt uns in ein aufregenderes und spannenderes Leben, in dem noch Raum und Platz für Überraschungen und Träume ist.

Selbstkritik, Anforderung und der Wunsch, das Beste zu geben, sind ehrenwerte und schöne Motive. Wir sollten jedoch nicht vergessen, dass auch in der Industrie und Wirtschaft Menschen für Menschen arbeiten. Und bei Menschen passieren schon einmal Fehler.

Selbstverständlich müssen annehmbare Standards für menschliches Tun und Zusammenleben respektiert werden, aber Perfektion sollte nicht zum Selbstzweck werden. Ein gesunder Umgang mit Perfektion muss innerlich kohärent, harmonisch und in die Praxis umsetzbar sein. Perfektion darf kein utopisches Konzept bleiben, dem wir hinterherjagen.

Wenn Sie Karriere machen möchten, dann versuchen Sie in Ihrem Beruf, Ihrem Fachbereich sehr gut zu werden. Setzen Sie Ihre persönlichen Anforderungen hoch. Wenn Sie nur einen Teil davon erreichen, dann seien Sie stolz auf sich. Unermüdlichkeit und Leistungswille dürfen nicht mit einem zum Selbstzweck mutierten Perfektionsanspruch verwechselt werden.

Setzen Sie an Ihren Körper keine überhöhten Ansprüche. Jeder Mensch, der in einer Teildisziplin etwas wesentlich besser kann als Sie, hat dafür eine langjährige Entwicklung gebraucht, wie z. B. ein Hochleistungssportler oder ein virtuoser Musiker. Diese »Spezialisten« sind aber oft nur in einer einzigen Richtung perfekt und kämpfen im Rest ihres Lebens auch mit der einen oder anderen Unzulänglichkeit oder Durchschnittlichkeit.

Nehmen Sie ab heute alle Perfektionsansprüche von sich. Dazu gehört auch der Druck, den Sie sich vielleicht gerade machen, Ihre Angst sofort loszuwerden. Ihre Angst wird in einem Moment von Ihnen gehen, wenn Sie sich insgesamt verändert haben werden.

Bleiben Sie locker. Nun gehen wir weiter mit neuen Strategien in eine angstfreie Zukunft.

5. Was Sie gegen Ihre Angst tun können

Betrachten Sie Ihre Angst als ein Zuviel an Energie, die nicht kanalisiert werden kann. Sie müssen einen Kanal finden, in dem Sie diese Energie ableiten können. Nach diesem Denkmodell wird schnell klar, dass Strategien der Angstbewältigung immer aktiv und niemals passiv durchgeführt werden müssen. Selbst die geschilderten Entspannungstechniken werden aktiv von Ihnen durchgeführt. Alle angebotenen Therapien, die Sie passiv machen, sind nicht geeignet dauerhafte Hilfe zu bringen. Nur Sie selbst können Ihre überschießenden Energien in sinnvolle und Gewinn bringende Lebensqualität ändern. Die wichtigste aller Therapien, ob von Ihnen selbst oder gemeinsam mit einem qualifizierten Therapeuten durchgeführt, ist die kognitive Verhaltenstherapie. Viele der hier angesprochenen Denkansätze und Lösungsmöglichkeiten sind dem Oberbegriff kognitive Verhaltenstherapie zuzuordnen. Die kognitive Verhaltenstherapie geht im Großen und Ganzen davon aus, dass der Mensch im Leben gewisse Verhaltensweisen erlernt und bestimmte Erfahrungen gemacht hat. Eine bestimmte Einstellung führt beim Menschen zu immer wiederkehrenden Reaktionsweisen. Ziel der Therapie ist es, diese Denkmuster gezielt aufzuarbeiten und neu zu überprüfen. Beispielsweise müssen verschiedene Einstellungen in Bezug auf negative Erwartungshaltungen überprüft und neu überdacht werden. Reaktionsweisen, die Sie in gewissen Situationen aufweisen, die aufgrund eines erlebten Traumas negativ behaftet sind, müssen von diesem erlebten Trauma entkoppelt werden. Beispiel: Im Regelfall führt ein Spaziergang in einer lauen Sommernacht nicht zu Überfall oder Vergewaltigung. Wenn Sie in Ihrem Leben aber einen Überfall oder eine Vergewaltigung in einer lauen Sommernacht erlebt haben, kann es sein, dass Ihre Grundeinstellung zu Spaziergängen von Angst geprägt ist. Ziel einer entsprechenden Therapie ist es, das Thema »Spaziergang in einer Sommernacht« und »erlittenes Gewalttrauma« zu entkoppeln und neu zu konditionieren. Das Thema soll entzerrt werden. Dies ist eine Methode kognitiver Strategien. Auch die im Buch geschilderten Selbst-Konfrontationstherapien zielen in diese Richtung. Nur das Entkoppeln des Angsterlebens von spezifischen Situationen führt langfristig zu einem Erfolg.

Eine weitere Selbsttherapie zielt auf das Erleben der eigenen Persönlichkeit, das Erleben neuer Sichtweisen der Außenwelt, die Neukonditionierung des eigenen Unterbewusstseins, die Annahme der eigenen Persönlichkeit. Der Oberbegriff dieser wissenschaftlich gewürdigten Therapien nennt sich: humanistisch-existenzialistische Therapie.

Ein weiterer Heilungsansatz in diesem Buch, der sowohl aktive sportliche Bewegung als auch aktive Entspannungsmaßnahmen enthält, ist dem Oberbegriff Körpertherapie zuzuordnen.

Bei aktiver Arbeit an sich selbst ist die Chance sehr groß, dass Sie in kürzester Zeit Ihr Leben wieder angstfrei genießen können. Eine einfache Therapie aus dem Bereich der körperorientierten Therapien ist sportliche Betätigung.

Sportliche Betätigung

Sportliche Betätigung, Ihren Körper zu benutzen und ihn in Form zu halten, ist eine der wichtigsten Methoden der Bewältigung Ihrer Erkrankung. Sie lernen dadurch, Ihrem Körper wieder besser zu vertrauen und ihn angenehm und leistungsfähig zu empfinden. Da Sie wie die Mehrzahl aller Betroffenen innerhalb der letzten Zeit Ihren Körper überwiegend geschont haben, ist es wichtig, dass Sie mit kleinen Schritten beginnen. Vom Besuch eines Fitnesscenters ist nicht abzuraten, jedoch sollten Sie dies erst zu einem späteren Zeitpunkt tun. Zunächst rate ich Ihnen zu einem einfachen und pragmatischen Vorgehen, das schnell erste Erfolge zeigen wird und Ihnen bereits nach Tagen eine wesentliche Besserung Ihres Befindens bringen kann: Kaufen Sie sich ein Fahrradergometer und beginnen Sie für sich allein zu Hause mit einem täglichen Training. Wichtiger als Höchstleistungen zu erbringen ist hier die Häufigkeit des Trainings. Versuchen Sie zu Beginn täglich nur 20 Minuten zu trainieren. Wichtig ist, dass Sie sich ein richtiges Ergometer anschaffen und kein einfaches Trimmrad. Beim Ergometer können Sie die exakte Wattzahl der Leistung ablesen und auch per Einstellung vorgeben. Nur so haben Sie Ihren Leistungszuwachs und somit Ihren Erfolg unter Kontrolle. Beginnen Sie als völlig Untrainierte(r) mit anfangs 80 Watt bei etwa 70 Pedalumdrehungen. Es ist wichtig, dass Sie ein Gefühl und einen Rhythmus für die Zahl der Umdrehungen bekommen und beispielsweise nicht langsamer werden als 70 Umdrehungen. Sollte Ihr Ergometer einen eingebauten Pulsmesser haben, dann benutzen Sie diesen. Bei 80 Watt dürften Sie anfangs keinerlei Probleme mit der Höhe Ihres Pulses haben, denn dies ist eine moderate Leistung, wie sie auch zu Rehabilitationszwecken eingesetzt wird. Ihren Höchstpuls werden Sie bei dieser Leistung nicht erreichen. Er definiert sich als grobe Faustregel mit 220 minus Lebensalter. Dies würde bei einem 40-Jährigen 180 und bei einem 30-Jährigen 190 Herzschläge pro Minute bedeuten. Dies ist der absolute Höchstbereich, den Sie nur als Profisportler kurzzeitig im Training oder Wettkampf angehen sollten. Manche Profisportler erreichen ohne Probleme auch höhere Pulsfrequenzen.

Sie sollten am Anfang Ihren Puls im Training mit 180 minus Lebensalter festsetzen. Somit wären Sie bei einem Alter von 40 Jahren bei 140 und bei einem Alter von 30 Jahren bei 150. Nehmen Sie diesen Puls zu Beginn als Obergrenze. Als Untrainierter werden Sie diesen Puls anfänglich schnell erreichen. Im Laufe der Zeit wird Ihr Belastungspuls sich jedoch bei gleicher Belastung erheblich reduzieren. Wo Sie zuvor noch 140 hatten, haben Sie vielleicht noch 120. Bereits nach 2–3 Wochen, selbst bei einem sehr moderaten Training, wird sich auch Ihr Ruhepuls verringern. Dies ist der Trainingseffekt. Er entsteht durch die effizientere Pumpleistung Ihres Herzens. Das Herz passt sich Ihnen an. Ist das nicht eine tolle Sache? Endlich haben Sie es in der Hand, wie Ihr Körper arbeitet. Setzen Sie sich auf Ihr Ergometer und treten Sie rund und gleichmäßig. Das ist Ihre Life-Fitness, Ihr Weg zu mehr Gesundheit, Unabhängigkeit, Zufriedenheit und Kraft. Ihr Körper wird es Ihnen danken. Ihre Atemzüge werden mit der Zeit tiefer und regelmäßiger, völlig von allein. Ihr Hormonhaushalt kommt ins Gleichgewicht. Sie werden bald soweit sein, dass Sie sich auf Ihr tägliches Training freuen.

Ihr Trainingsplan sollte von anfangs 20 Minuten mit 80 Watt nach und nach auf 100 Watt und 30 Minuten gesteigert werden. Wenn Ihr Puls im Laufe der Zeit bei 100 Watt unter die Frequenz 180 minus Lebensalter gesunken ist, dann steigern Sie die Leistung entsprechend auf 120 oder 130 Watt. Bei dieser Leistung sind Sie bereits in einen guten breitensportlichen Bereich vorgedrungen. Haben Sie anfänglich keine Angst, das Ergometertraining schadet Ihnen keinesfalls. Selbst in der Rehabilitation von Herzkranken wird es mit dieser moderaten Leistung (60–80 Watt) eingesetzt.

Schon bald, wenn Sie eine Leistung von 130 Watt über 30 Minuten einhalten können, werden Sie so viel Ehrgeiz entwickeln, dass Sie beschließen, sich ein Mountainbike oder ein Rennrad zuzulegen und draußen zu fahren. Für alle, die trotz ihrer Erkrankung bereits Rad fahren, gilt, dass sie ihre Radtouren standardisieren sollten, d.h. sich ebenfalls mit Pulsuhr und Brustgurt zur Pulsfrequenzmessung ausrüsten und kontinuierlich Strecken fahren, die eine relativ gleichmäßige Leistung abfordern, womit eine kontinuierliche Leistungssteigerung möglich ist.

Ich bin relativ sicher, dass sowohl das Ergometertraining als auch das vielleicht spätere kontinuierlich ausgeübte Radfahrtraining Ihr Leben ungemein bereichern werden. In jedem Fall werden Sie die wunderbaren Veränderungen an sich und Ihrem Körper bemerken. Sie werden plötzlich nicht mehr argwöhnisch auf alle möglichen körperlichen Zeichen achten, sondern körperbewusster und souveräner mit sich umgehen. Und dies ist erst der Anfang.

Während Sie erste sportliche Erfolge an sich bemerken, werden Sie plötzlich feststellen, dass Sie vielleicht seit gestern oder vorgestern keine panischen Gefühle mehr hatten. Auch dies ist erst der Anfang. Bald werden die Intervalle zwischen einzelnen Panikattacken größer. Die Auslöseschwelle für Panikattacken wird von Tag zu Tag etwas höher. Ihr gutes Körpergefühl wird sich in Ihr Unterbewusstsein einprägen und Sie werden stärker und stärker. Ich habe Ihnen bewusst dazu geraten, sich ein Ergometer zu kaufen. Das bietet Ihnen die Möglichkeit, in Ruhe zu Hause zu trainieren. Sie haben keine Ausrede, das Training nicht durchzuführen. Ihre Angst, die vielleicht verhindern könnte, dass Sie das Haus verlassen und einen anderen Ort zur Sportausübung aufsuchen, kommt hier nicht zum Tragen. Sie sind in Ihrer gewohnten Umgebung und können dieses Training von Anfang an durchführen. Schon bald werden Sie so viel neu gewonnenes Selbstbewusstsein haben, dass der Besuch eines Fitnesscenters oder Sport im Freien für Sie möglich sein wird. Außerdem haben Sie keine große Wahl. Wenn Sie Ihre Angst dauerhaft loswerden möchten, müssen Sie initiativ und aktiv sein. Abgewartet haben Sie lange genug. Dass Sie den Willen haben, die Angst loszuwerden, sehen Sie daran, dass Sie dieses Buch gekauft haben.

Vielleicht fühlen Sie sich nun reif oder mutig genug, mit Jogging oder anderen Sportarten zu beginnen.

Laufen ist eine jener Sportarten, die keine zusätzlichen Gesundheitsprobleme verursachen, sofern sie sachgemäß und in einem der Kondition angemessenen Rahmen ausgeübt werden. Beginnen Sie beim Laufen, falls Sie es zum ersten Mal ausüben möchten, zweckmäßigerweise einmal in einem Fitnesscenter auf dem Laufband. Hier haben Sie eine Hightech-Maschine, bei der Sie ebenfalls die geforderte Geschwindigkeit einstellen und die entsprechende Pulsfrequenz ablesen können. Da derartige Laufbänder mehrere tausend Euro kosten, wäre es nicht zweckmäßig, sich eines für den Hausgebrauch zuzulegen. Beginnen Sie zunächst mit einer niedrigen Laufgeschwindigkeit von 7,5 bis 8 Stundenkilometern und achten Sie auf Ihren Höchstpuls anhand der oben beschriebenen Höchstgrenze von 180 minus Lebensalter.

Als Anfänger wird Ihnen das Laufen schwerer fallen als etwa das Fahrradtraining auf einem Ergometer, da beim Laufen mehr Muskelgruppen beteiligt sind und ein größerer Krafteinsatz erfordert wird. Versuchen Sie zunächst zwei Minuten zu laufen, eine Minute zu gehen, wieder zwei Minuten zu laufen usw. Ihr Ziel lautet hier, dass Sie es schaffen, 30 Minuten mit niedriger Geschwindigkeit ohne Pause durchzulaufen. Sie werden überrascht sein, wie schnell Sie dieses Ziel bei konsequentem Training erreichen werden. Ihr Körper passt sich den Bewegungen sehr schnell und gut an. Das Laufen ist für Ihren Körper eine Art Urbewegung. Eine Bewegung, die unsere Vorfahren jeden Tag ausüben mussten, wenn sie etwas zu essen finden wollten oder sich vor ihren Feinden und Widersachern in Sicherheit bringen mussten. Sehen Sie das Laufen als eine natürliche Antwort auf Angst und Panik an. Laufen Sie gewissermaßen der Panik davon. Die Panik wird nach einer Minute aufhören, wenn Sie laufen. Probieren Sie es aus.

Angst und Panik werden nicht mehr den gleichen Stellenwert in Ihrem Leben haben, wenn Sie einer intensiven und regelmäßigen Ausdauersportart nachgehen. Bitte versuchen Sie es und seien Sie nicht voreingenommen. Suchen Sie keine Ausrede, zum Beispiel, dass Sie so lange keinen Sport gemacht hätten und jetzt nicht in Form seien oder dass

Sie keine Zeit hätten. Das macht keinen Sinn, denn Sie brauchen diese Betätigung. Verzichten Sie ab sofort für eine Stunde oder zumindest eine halbe Stunde auf eine andere Beschäftigung und machen Sie stattdessen Sport. Es gibt keine mir bekannte Therapie der Angst, die besser und schneller wirken würde als sportliche Betätigung. Der Erfolg liegt an verschiedenen körperlichen und psychischen Anpassungsmechanismen:

- Verringerter Ruhepuls
- Verringerter Belastungspuls
- Effektivere Atmung
- Bessere Sauerstoffausnutzung
- Höhere körperliche Leistungsfähigkeit
- Geringere Adrenalinausschüttung in Ruhe
- Mehr Selbstvertrauen
- Glücksgefühle

Wenn Sie konsequent sind und eine sportliche Betätigung aufnehmen, werden Sie schnell in den Genuss kommen, wesentlich weniger Angst zu haben. Bereits am ersten Tag werden Sie sich nach dem Sport wohler fühlen.

Genieße den Augenblick

»Genieße den Augenblick, er war gerade noch deine Zukunft.« Diesen Spruch fand ich auf einem kleinen Zettel in der Innentasche meiner Smokingjacke, die ich am Sylvesterabend anzog. Ich hielt kurz inne und dachte, welchen Wahrheitsgehalt diese kleinen erbaulichen Sprüche doch haben. Ich konnte mich nicht erinnern, wann ich diesen Zettel in die Jacke gesteckt hatte, konnte mich auch nicht erinnern, ob die Jacke irgendwann seit dem vorigen Jahreswechsel in der Reinigung war. Trotzdem hielt ich kurz inne und überlegte, ob ich denn die vielen Augenblicke des vergangenen Jahres genossen hatte, weil sie kurz zuvor noch meine Zukunft waren. Wie philosophisch doch dieser kleine weise Glückskeks-Spruch war; wie hatte ich mir – vor jenen Augenblicken – meine Zukunft vorgestellt? War alles so eingetreten, wie ich es mir vorgestellt hatte, oder hatte ich einfach nur genossen, was das Leben mir geboten hatte: kleine Annehmlichkeiten, Freude, Zweisamkeit, Essen und Trinken? Nachdem ich lange darüber nachgedacht hatte und auch verschiedene zeitgenössisch-philosophische Meinungen dazu nachgelesen hatte, wurde mir klar: Genießen können wir nur die Gegenwart. Die Zukunft können wir nur in der Gegenwart gestalten, die Vergangenheit hat unsere Gegenwart geprägt, kann sie aber nicht mehr verändern. Was bleibt uns also übrig, als dass wir die Gegenwart leben, lieben, genießen und voll und ganz annehmen. Das bedeutet, dass es richtig und gut ist, Genuss im Hier und Jetzt zu erleben. Uns heute einzuschränken, um später etwas Bestimmtes zu erleben oder zu genießen, bedeutet, auf die Zukunft zu hoffen, eine Spekulation auf Glück, eine Spekulation wie an der Börse. Sie kann funktionieren. Durch Erfahrung, Wissen und Können kann es wahrscheinlicher werden, dass sie funktioniert, aber sie ist letztlich so vielen Einflussfaktoren unterlegen, die wir nicht ändern können. Wir können die Zukunft nur in unserer Gegenwart mitgestalten.

Das ist unabhängig davon, dass wir auf unsere Träume hinarbeiten sollen. Mit der Arbeit an unserem Lebenstraum kaufen wir die Aktien der Zukunft. Ob sie etwas werden, liegt an unserer eigenen Portfolio-Verwaltung, unserem Glauben und unserer Sachkenntnis. Wir dürfen deshalb aber nicht unser Leben im Hier und Jetzt vergessen oder zugunsten des Lebenstraums aufgeben.

Es ist schon eine ganze Menge, mit der wir uns befassen müssen. In der Gegenwart genießen und die Zukunft mitgestalten. Nun, da bleibt zwangsläufig nur die einzige Entlastungsmöglichkeit, die Vergangenheit zu vergessen oder sie zumindest nicht mehr in unseren Alltagsgedanken mitschwingen zu lassen.

Es ist wenig konstruktiv, sich mit Gedanken an die eigene Vergangenheit unsere zielgerichteten Gedanken in der Gegenwart zu blockieren. Die Vergangenheit ist keine gute Antriebskraft, eher eine Hemmkraft. Die Vergangenheit hilft uns nur, mit Erlebtem und Erlerntem das Leben im Alltag zu führen und uns vor größerem Schaden zu bewahren. Konstruktive Erweiterung unseres Bewusstseins, Verbesserung irgendwelcher Kenntnisse oder Fähigkeiten können wir mit Gedanken an die Vergangenheit nicht erreichen.

Nehmen Sie zum Beispiel Ihre Englischkenntnisse. Allein durch den Gedanken an die Schule, Ihr erstes Englischbuch und die Englischlehrerin werden diese um keinen Deut besser. Noch einfacher ist das Beispiel eines Schiffes: Haben Sie bei einem fahrenden Schiff einmal achtern gestanden und das Kielwasser angeschaut? Das Kielwasser ist Vergangenheit, es treibt kein Schiff an. Es ist Zeuge davon, dass ein Schiff gefahren ist, Zeuge, dass etwas da war. Angetrieben wird das Schiff aus seiner eigenen Kraft, in diesem Falle Motorkraft, und indem es das Wasser verdrängt oder auf dem Wasser gleitet. Wenn ein Schiff das Wasser verdrängt, entsteht eine Bugwelle. Das ist ein Sinnbild des menschlichen Lebens. Wir erzeugen eine Bugwelle, gehen durchs Leben und hinterlassen ein Kielwasser. Mit dem Kielwasser können wir weder die Richtung verändern noch die Antriebskraft vergrößern, ja nicht einmal bremsen können wir mit dem Kielwasser. Vergangenheit ist Zeugnis einer stattgefundenen Aktion, mehr nicht.

Lassen wir die Vergangenheit in unseren Fotoalben und beginnen wir jeden Tag neu, so als ob wir gar keine Vergangenheit hätten. So haben wir 100 % zielgerichtete Kraft und den notwendigen Optimismus, um all die vielen kleinen Alltagsprüfungen zu bestehen. Nehmen Sie das seemännische Beispiel: Das Leben ist nicht anders zu führen als ein Schiff. Sie stimmen mir nicht zu? Lesen Sie selbst:

Zielgerichtet agieren, Kurs halten, im Fahrwasser bleiben, das

Schiff seetüchtig halten, das Wetter beachten, umsichtig sein, guten Kraftstoff tanken, keinen Schiffbruch erleiden, nicht mit anderen zusammenstoßen, einen sicheren Hafen ansteuern, mit dem Wind oder gegen den Strom treiben, gefährliche Gewässer vermeiden, sich treiben lassen, den Kurs ändern …

Hört sich doch ähnlich an wie im alltäglichen Leben, oder?

Alles im Leben läuft nach einer gewissen Ordnung ab und diese Ordnung ist in nahezu allen Dingen stets auf die Gegenwart gerichtet. Schauen Sie sich in Ihrem eigenen Leben um, nehmen Sie den heutigen Tag. Sie lesen in diesem Buch. Sie haben es gekauft, um es in der Gegenwart zu lesen, um damit vielleicht Ihre nahe Zukunft mitzugestalten. Dieses Buch wird Ihre Vergangenheit nicht ändern. Ihre Vergangenheit ändert auch nicht den Text dieses Buches. Ihre Vergangenheit ändert auch nicht Ihre Zukunft.

Zukunft wird jeden Tag aufs Neue entwickelt. Nehmen Sie an, Sie würden heute große Strategien für Ihre Zukunft entwickeln und morgen – gehen wir von etwas Positivem aus – würden Sie 20 Millionen Euro in der Lotterie gewinnen. Sie sind doch mit mir einer Meinung, dass sich dadurch Ihre Zukunft noch einmal deutlich oder umfassend ändern würde, gegenüber der bereits zurechtgelegten Strategie. Es gibt auch negative Beispiele für plötzliche Zukunftsänderungen, die wir aber nicht in den Kontext dieses positiven Buches einziehen lassen möchten.

Sicherlich kennen Sie selbst genügend Beispiele.

Was können wir aus diesem Kapitel schließen? Dass wir im Hier und Jetzt leben. Dass bohrende und quälende Gedanken aus der Vergangenheit nur Turbulenzen in unser Fahrwasser bringen, aber keine zielgerichtete Kraft in uns entfalten. Dass wir die Gegenwart als das Wertvollste betrachten, was wir haben, denn die Gegenwart ist echtes Leben. Die Gegenwart ist unsere Zukunft vom Gestern. Was gestern Zukunft war, ist heute reelles Leben. Somit ist Gegenwart vergangene Zukunft. Bei diesem philosophisch-zeitlichen Betrachtungsrahmen bleibt eigentlich keine Zeit mehr, sich über die Vergangenheit Gedanken zu machen. Genießen Sie den Augenblick. Seien Sie gerade wach und aufmerksam, konzentrieren Sie sich auf das, was Sie gerade tun, voll und ganz. Denken Sie nicht an etwas anderes, sondern nur an die Gegenwart. Nehmen Sie all die schönen Dinge an, die Ihnen die Gegenwart bietet, ohne Wenn und Aber. Die Gegenwart ist unser Leben. Genießen Sie den Augenblick!

»Carpe diem« – nutze den Tag. Diese lateinische Redewendung stammt vom römischen Dichter Horaz aus der Schlusszeile seines Gedichtes »Carmen«. Sie sollte damals (23 v. Chr.) bereits die Menschen auffordern, sich auf das Wesentliche zu konzentrieren und dieses Wesentliche heute und nicht morgen zu tun.

Nun sollten Sie wieder etwas aktiv tun, deshalb eine weitere kleine Übung im folgenden Kapitel:

Geschehen lassen

Die Übung, die ich hier vorstelle, ist eine konzentrative, bewusste. Sie legen sich auf eine bequeme Unterlage. Jetzt tasten Sie Ihren Puls mit Zeige- und Mittelfinger der einen Hand am Handgelenk der anderen Hand. Etwa zwei Finger breit unter dem Daumengrundgelenk finden Sie Ihren Puls. Sie können mit beiden Fingern den Puls auch an der Schläfe tasten, etwa kurz vor der Ohrmuschel, in Höhe des oberen Drittels Ihres Ohres. Wenn Sie Ihren Puls gefunden haben, dann halten Sie die Finger sanft darauf und konzentrieren Sie sich. Zählen Sie die Schläge in Gedanken mit. Wenn Sie sich darauf konzentrieren, wird Ihr Herz kräftiger und etwas schneller schlagen, spürbar am anwachsenden und schneller werdenden Puls. Das ist richtig und gut so. Die Zuwendung allein genügt meist, einen schnelleren und unruhigen

Herzschlag zu provozieren. Bitte verfolgen Sie den Pulsschlag etwa 3 bis 4 Minuten lang und spüren Sie, wie kraftvoll Ihr Herz schlägt. Es ist möglich, dass Ihr Herz im Wechsel von Ein- und Ausatmen unterschiedlich schnell und unterschiedlich rhythmisch schlägt. Auch das ist normal. Nehmen Sie Ihren Pulsschlag zur Kenntnis und spüren Sie, wie unaufhaltsam und stark Ihr Herz schlägt. Nach 3 bis 4 Minuten lassen Sie die Finger los und legen die Arme gerade neben Ihren Körper. Ballen Sie beide Hände kraftvoll zur Faust und halten Sie die Spannung einige Sekunden an, dann lösen Sie die Spannung wieder. Denken Sie bei geschlossenen Augen an Ihre Fäuste und wie sie aussehen. Stellen Sie sich im Geiste die weiß werdenden Fingerknöchel vor, wenn die Faust angespannt wird. Lösen Sie die Anspannung wieder. Machen Sie diese Übung mehrmals. Dann öffnen Sie die Hände und drücken die Handflächen kraftvoll nach unten in die Unterlage. Auch diese Spannung halten Sie einige Sekunden an. Stellen Sie sich bei geschlossenen Augen vor, wie Ihre Hand eine Delle in die Unterlage drückt. Bitte führen Sie diese Übung ein paar Mal durch. Danach tasten Sie bitte Ihren Puls nochmals kurz und fühlen, wie er immer noch unbeeindruckt davon, dass Sie etwas anderes getan haben, weiterschlägt. Sie sagen sich: »Mein Puls ist kraftvoll und mein Herz schlägt völlig autonom, ohne dass ich etwas dazutun muss.«

Wenn nicht heute, wann dann?

Das Los aller Angstbetroffenen, Paniker und Agoraphobiker ist der umfassende Verlust der Lebensqualität. Dieser Verlust an Lebensqualität wird von depressiven Gemütslagen bis hin zum umfassenden Vermeidungsverhalten bestimmt und von der Angst immer weiter unterhalten. Der Betroffene hat Angst, teilweise ist diese Angst vollkommen unspezifisch, er weiß nicht, wovor er Angst hat. Dieses dumpfe und dunkle Gefühl der Angst verhindert weitgehend das Empfinden von Freude. Die persönlichen Freuden werden immer trivialer und bestehen bei vielen Betroffenen nur noch aus Essen, Trinken und vielleicht Fernsehen. Auf viele Dinge wird verzichtet, so z.B. auf Kinobesuche, Restaurantbesuche, Kurzurlaube und ausgedehnte Urlaubsreisen. Der Freundeskreis, der das Verhalten der Angstbetroffenen meist nicht versteht, wird immer kleiner, bis der Angstbetroffene völlig vereinsamt ist. Gesellen sich ernsthafte Depressionen hinzu, scheint ein Gesundungsprozess in weite Ferne zu rücken.

Es ist wichtig, dass Sie Ihre persönliche Lebensqualität erhalten oder, wenn Sie sie bereits verloren haben, sich bemühen, diese oder eine neue Lebensqualität wieder zu finden.

Neben dem biologischen Auftrag, sich hier auf der Erde zu vermehren, haben Sie streng genommen keinen anderen Auftrag, außer sich und anderen das Leben lebenswert zu machen. Es gibt weder aus ethischer noch aus moralischer Sicht irgendwelche erkennbaren Gründe dafür, dass Sie Ihr Leben nicht in vollen Zügen genießen sollten.

Die moderne Medizin verfolgt als einzige Richtlinie bei der Behandlung all ihrer Patienten und deren Krankheiten auch nur ein einziges Ziel: Lebensqualität erhalten und Lebensqualität verbessern.

Analysieren Sie Ihre persönliche Lebensqualität und seien Sie ehrlich zu sich. Sind Sie abgesehen von der bei Ihnen vielleicht vorliegenden Angst- oder Panikstörung mit Ihrem Leben zufrieden? Waren Sie vor Ihrer Erkrankung mit Ihrem Leben zufrieden? Wie war Ihr Leben vor dem ersten Auftauchen von Angst und Panik? Haben Sie aktuell irgendwelche Hobbys? Machen Sie Urlaubsreisen? Sind Sie mit Ihrem Beruf oder Ihrer gesellschaftlichen Stellung derzeit zufrieden? Machen Sie irgendwelche Bemühungen, um in Ihrem Beruf weiterzukommen?

Sicherlich werden Sie als Angstbetroffener jetzt festgestellt haben, dass sich Ihr Leben in der letzten Zeit stark verändert hat. Wie oft wären Sie vielleicht auch gerne zu einem Wochenendurlaub aufgebrochen, so wie die Arbeitskollegen montags immer berichten. Vielleicht würden Sie gerne wieder einmal eine ausgedehnte Urlaubsreise, womöglich ins Ausland, unternehmen? Wann haben Sie zuletzt einen ausgedehnten Stadtbummel gemacht und sich vielleicht ein schönes Kleidungsstück gekauft? All dies sind Fragen, die Sie sich hier und jetzt ehrlich beantworten sollten. Am Anfang allen Strebens nach neuer Lebensqualität steht einzig und allein die Frage, wann Sie damit anfangen möchten. Wenn nicht jetzt, wann dann, ist meine Frage an Sie. Sie haben keinen einzigen weiteren Tag Zeit, auf diese Lebensqualität zu verzichten.

Vielleicht haben Sie als Angstbetroffener große Angst vor dem Tod und versuchen alles zu vermeiden, was Ihnen gefährlich sein könnte. Vielleicht gehen Sie kaum aus dem Haus und wenn doch, dann nur in einem Umkreis, in dem Sie schnell gerettet werden könnten, wenn wirklich etwas mit Ihnen sein sollte. Wenn Ihre Lebensqualität durch die Angst vor Krankheit oder Tod schon gegen null eingeschränkt ist, wird das Leben eigentlich von Tag zu Tag weniger wert und die Angst davor, es eines Tages zu verlieren, müsste doch geringer werden? Sie sehen, diese Gedanken führen zu nichts. Es gibt Menschen, die sich aus Angst vor dem Tod das Leben nehmen.

Sterben werden Sie so oder so. Es führt kein Weg daran vorbei. Selbst Buddha ist gestorben, wenn auch erst nach 800 Jahren, wie die Überlieferung berichtet. Was wird am Ende Ihres Lebens in Ihrem Kopf vorgehen? Werden Sie es bedauern, dass Sie viele Dinge nicht getan haben? Fühlen Sie sich betrogen um viele schöne Erlebnisse? Würden Sie alles anders machen, wenn Sie noch mal leben könnten? Dann ist es allerdings nicht mehr möglich, alles noch mal von vorne zu beginnen.

Sie leben hier und jetzt. Während Sie diese Zeilen lesen, findet Ihr Leben statt. Dieses Buch will Ihnen helfen, den Wunsch nach neuer Lebensqualität zu wecken. Sie müssen in diesem Moment den Vorsatz fassen, wieder oder endlich richtig zu leben.

Mit jeder Sekunde, Minute, mit jedem Tag, an dem Sie Ihr Leben genießen lernen, wird die Angst um dieselbe Zeitspanne in den Hintergrund treten. Die Angst wird mit den schönen Dingen des Lebens nicht mehr konkurrieren können. Dieses Buch ist ein praktisches Buch und es vergeht kein Kapitel, in dem nicht eine kleine Aufgabe zu bewältigen wäre. In diesem Kapitel gebe ich Ihnen die Aufgabe, etwas zu tun, was Sie schon lange nicht mehr getan haben. Was dies ist, überlasse ich Ihnen. Es muss jedoch etwas sein, was Sie aufgrund von Angst und Panik seit längerer Zeit vermieden haben, z. B. ein Kino oder Theater besuchen oder allein in die Stadt gehen, ein oder zwei Stunden durch ein Kaufhaus schlendern, völlig allein. Die kleine Übung soll Ihnen gedanklich etwas abverlangen, andererseits aber auch etwas bieten. Es muss etwas sein, von dem Sie sich im Moment vorstellen könnten, »das wäre schön«, wenn Sie es tatsächlich schaffen würden. Wie wäre es mit einem Besuch in einem Straßencafé, einer Wanderung in den Bergen oder etwas Ähnlichem?

Bitte geben Sie sich eine ehrliche Antwort. Machen Sie diese kleine Aufgabe korrekt und ich verspreche Ihnen, dass dies ein erster kleiner Schritt zu mehr Lebensqualität ist. Diese Aufgabe müssen Sie sich felsenfest vornehmen und auch ausüben. Wenn die Angst bei der Ausübung der Aufgabe auftritt, ist das normal. Sie lassen diese Angst geschehen. Sie sagen sich, dass die Aufgabe bewältigt werden muss, ob die Angst da ist oder nicht. Die Angst kann Ihnen nichts anhaben, weil Sie diese Aufgabe bewältigen müssen. Sagen Sie nein zu Ihrer Angst. Nein, jetzt geht's nicht, denn diese Aufgabe muss bewältigt werden. Die möglicherweise unangenehm erscheinenden, aber harmlosen Empfindungen Ihrer Angst können Sie mit einem banalen Trick ausschalten oder abschwächen. Sobald Sie merken, dass angstvolle Gefühle auftreten, fangen Sie an, komplizierte Aufgaben im Kopf zu lösen: 132 mal 145 rechnen oder im Kino die Größe der Leinwand in Quadratmetern berechnen oder die Anzahl der Theaterbesucher zählen. Ihr Gehirn kann nicht zwei grundverschiedene Sachen gleichzeitig ausführen, sprich an angstauslösende Motive denken und gleichzeitig komplizierte Rechenaufgaben lösen. Auch einfache Frage helfen, z. B. wie viele Federn hat ein Pfau oder eine Taube, wie viele Haare hat der Schweif eines Pferdes. Versuchen Sie beim geringsten Aufkommen von angstauslösenden Motiven solche banale Fragen zu stellen. Stellen Sie sich das entsprechende Bild vor Ihrem geistigen Auge vor, den Pfau, das Pferd usw. Sie werden sehen, dass Ihre Angst Mühe hat, wieder die Oberhand zu gewinnen.

Diese Vorgehensweisen sind quasi das »Tempotuch« gegen die Angst: schnell eingesetzt und gut wirksam.

Wenn Sie diese Aufgabe bewältigt haben, z. B. im Kino oder Fußballstadion oder Theater waren, setzen Sie sich zu Hause gemütlich hin und sagen sich laut: »Ich habe aus eigener Kraft etwas getan, was ich schon lange tun wollte. Alles ging gut. Ich bin stark und selbstsicher.« Erzählen Sie in den nächsten Tagen Ihren Freunden, Verwandten und Kollegen einfach mal, dass Sie im Kino oder im Theater waren. Vielleicht wird einer einen weiteren gemeinsamen Besuch vorschlagen. Laden Sie jemanden in den gleichen Film, das gleiche Theaterstück ein und gehen Sie mit ihm hin. Jetzt brauchen Sie keine Angst mehr zu haben, denn Sie waren bereits in diesem Kino im selben Film, alles ging gut und Sie sind stolz, dass Sie es geschafft haben. Beim zweiten Mal wird es nochmals besser gehen. Heute haben Sie an Lebensqualität gewonnen. Bald werden Sie Ihre alte Lebensfreude zurückgewonnen haben. Seien Sie stolz auf sich.

Ich weiß aus unzähligen Schilderungen meiner Patienten, wie schwer ein solch kleiner Schritt einem Angstbetroffenen fällt. Ein nicht an Angst- und Panikattacken leidender Außenstehender kann das niemals verstehen. Ich kann Ihnen versichern, dass nur kleine, aber entschlossene Schritte zu einem angstfreien Leben führen. Radikalmaßnahmen oder eine Pille dagegen, die wirklich helfen würde, gibt es nicht.

Im folgenden Kapitel erhalten Sie eine Anleitung zu einer hochwirksamen Technik, mit der Sie erlittene Traumen auflösen können.

Ursächliche Traumen und Ereignisse auflösen

Eine weitere effiziente Methode zur Desensibilisierung von angstbesetzten Gedanken und zur Auflösung von Traumata, die ursächlich für die Angst- oder Panikerkrankung sein können, ist EMDR (Eye Movement Desensitization and Reprocessing).

Die Methode ist keinesfalls neu, sondern wurde im Jahr 1989 von einer Wissenschaftlerin namens Dr. Francine Shapiro entwickelt. Frau Shapiro bemerkte während eines Spazierganges, dass belastende Erinnerungen und Gedanken an Intensität abnahmen, wenn sie mehrfach schnelle Augenbewegungen machte. Dr. Shapiro, die dieses Phänomen mehr oder weniger zufällig entdeckte, entwickelte daraus eine Methode, wie sie Patienten mit posttraumatischen Belastungsstörungen behandeln konnte. Der Therapeut hilft dem Patienten bei der Visualisierung der belastenden oder schrecklichen Erinnerungen. Dabei lässt er den Patienten schnelle Augenbewegungen machen, die er durch verschiedene Handbewegungen oder sonstige Aktionen steuert. Diese Augenbewegungen gleichen denen, die jeder Mensch während des Schlafes in einer REM-Phase (Rapid Eye Movement) macht.

Hierbei geht man davon aus, dass es bei Aktivierung beider Gehirnhälften zu einem besseren und schnellen Verarbeitungsprozess der belastenden Bilder kommt. Dieser Prozess hält auch nach den EMDR-Sitzungen an.

EMDR wird heute bereits von mehr als 50 000 Ärzten und Psychologen in der Therapie von Angsterkrankungen und Belastungsstörungen angewandt. Frau Shapiro erhielt für ihre Forschungsarbeit im Jahre 2000 den Siegmund-Freud-Preis für Psychotherapie in Wien.

Durch Schockerlebnisse, wie z. B. der Tod eines nahen Angehörigen oder ein anderes schweres erlittenes Trauma, jede Art von einschneidender Lebenssituation, kann der Betroffene in einen Schockzustand geraten. In diesem Schockzustand sind die normalen Verarbeitungsmechanismen im Gehirn in Bezug auf dieses Erlebnis gehemmt. Durch die mangelhafte Verarbeitung einer solch gewaltigen Gefühlsreaktion bleibt das Schockerlebnis latent im Vordergrund und nimmt Einfluss auf viele alltägliche Denkprozesse des Betroffenen. Dies führt vielfach zu psychosomatischen Erkrankungen. Die Lebensqualität des Betroffenen verändert sich schlagartig. Er ist nicht mehr fröhlich oder unbeschwert und macht sich eine negative Grundhaltung im Alltag zu eigen. Viele derart traumatisierte Personen entwickeln Zwangsstörungen und Panikattacken.

Neben der erfolgreichen Arbeit in der therapeutischen Praxis lassen sich EMDR-Übungen auch allein durchführen. Gerade von Angst Betroffene sollten die nachfolgende Übung durchführen:

Sie können sehr schnell feststellen, ob es irgendwelche unverarbeiteten Erlebnisse und Traumata in Ihnen gibt. Denken Sie an all die schlimmen Dinge, die Ihnen jemals in Ihrem Leben widerfahren sind. Welches davon kommt Ihnen heute genauso schlimm vor wie damals? An welches trauen Sie sich kaum zu denken?

Unverarbeitete Erlebnisse verlieren ihre Schrecken nicht. Es sind all jene Ereignisse, über die Sie nie sprechen. Verarbeitete Ereignisse lassen sich sehr gut und ohne erneuten Schrecken erzählen.

Stellen Sie sich bei geschlossenen Augen die angstauslösende Situation oder das schlimme Erlebnis vor, an das Sie so oft zurückdenken müssen und das Ihnen vielleicht Albträume bereitet hat.

Stellen Sie sich das Schreckliche genau vor. Vielleicht war es ein Autounfall, vielleicht der Tod einer nahestehenden Person, vielleicht waren es einschneidende Ereignisse in Ihrer Kindheit. Gibt es ein Ereignis, das Ihnen heute noch die Kehle zuschnürt, wenn Sie nur daran denken? Ein Ereignis, das Sie am liebsten für immer verdrängt hätten?

Visualisieren Sie sich dieses Ereignis. Sehen Sie die Situation von damals wie in einem Film wieder. Erleben Sie alles noch einmal.

Wenn Sie die Bilder vor sich sehen, genau spüren, was damals geschah, die Situation gewissermaßen wieder empfinden, dann öffnen Sie Ihre Augen, sagen Sie sich den Satz:

»Ich bin in einer schrecklichen Situation.«

Jetzt beginnen Sie damit, Ihre geöffneten Augen kreisen zu lassen, rechts- oder linksherum, egal, womit Sie anfangen. Nachdem Sie 8–10 Kreisbewegungen mit Ihren Augen gemacht haben, ändern Sie die Richtung und lassen die Augen in die andere Richtung kreisen.

Denken Sie jetzt nochmals kurz, aber intensiv an die Situation und sagen Sie sich eine der Suggestionen:

> »Die Situation ist vorbei. Es ist gut, sie ist vorbei. Ich vergesse die Situation. Ich lasse sie wegfliegen. Ich lasse auch meine Angst wegfliegen. Wie ein Vogel aus Papier schwebt sie weg. Immer höher in die Wolken, ich kann sie nicht mehr sehen.« oder »Das Schlimme ist vorbei. Jetzt bin ich wieder guten Mutes. Ich bin mutig und freue mich auf mein Leben.«

Sie können sich selbst eine Suggestion ausdenken. Wichtig ist nur, dass diese einen Bezug zum gerade Visualisierten hat. Geht es in der visualisierten Situation um den Tod eines Angehörigen, dann stellen Sie sich vor, wie er wegschwebt. Er verlässt Ihr Unterbewusstsein. Schreiben Sie sich einen Suggestiv-Satz dazu auf. Geht es um eine Krankheit, dann lassen Sie diese Krankheit in Ihrer Visualisierung davonfliegen und sagen Sie sich einen entsprechenden Satz.

Führen Sie diese Übung innerhalb der nächsten Wochen mehrmals durch. Es erfolgt eine komplette Verarbeitung Ihres traumatischen Ereignisses. Für das Gehirn ist das Ereignis dann ein »erledigter Fall«.

Alles im Leben funktioniert nach Ordnungsprinzipien. Sind diese in Unordnung geraten, dann erregen sie bestenfalls Unruhe. Stellen Sie sich vor, das Finanzamt fordert von Ihnen eine hohe Nachforderung, vielleicht zu Unrecht. Sie sind außer sich und wehren sich dagegen. Fortan dreht sich alles um diese Situation, gewissermaßen um diese Unordnung. Sie verlieren an vielen anderen Dingen die Lust, solange diese Unordnung besteht. Da die Situation belastend ist und Konsequenzen androht, lässt Sie bereits der Gedanke daran unwohl werden.

Stellen Sie sich jetzt vor, Sie hatten Recht. Das Finanzamt schreibt Ihnen, dass die Sache damit erledigt sei und die Akte geschlossen ist. Vielleicht nehmen Sie demonstrativ einen roten Stift und schreiben auf Ihren Aktenordner: »Erledigt!«

Plötzlich geht es Ihnen wieder gut und die Lebensfreude kehrt zurück.

Nichts anderes machen Sie mittels EMDR-Übungen, die ich Ihnen vorgestellt habe. Sie schließen eine offene Akte in Ihrem Unterbewusstsein: »Erledigt!« Das ist alles.

Die folgenden zwei Kapitel halten kleine praktische Übungen für Sie bereit.

Kontrolle abgeben

Für diese Übung, die Sie tagsüber ausführen sollten, brauchen Sie etwas mehr Zeit und Muße. Sie sollen einmal bewusst Ihr Einschlafen erleben, den Moment, in dem Sie alle Kontrolle über Ihren Körper und die Außenwelt abgeben. Es wäre schön, wenn Sie eine leise meditative Musik hätten und sich auf dem Boden auf eine bequeme Unterlage legen, bitte nicht in Ihr Bett. Nehmen Sie sich ein kleines Kissen für Ihren Kopf und Nacken, damit Sie entspannen können. Beginnen Sie die bereits zuvor beschriebene Atemübung zu machen. Atmen Sie tief »in den Bauch« ein und langsam und bedächtig durch den Mund aus. Je länger die Ausatmungsphase dauert, desto besser. Ihr Ziel ist es, ganz ruhig zu werden. Lassen Sie alle vier Gliedmaßen völlig unbeweglich und locker neben sich liegen. Bleiben Sie auf dem Rücken liegen und lauschen Sie der leisen meditativen Musik. Atmen Sie nicht mehr so tief ein, etwas flacher. Atmen Sie langsam aus. Ziel dieser Übung ist, dass Sie langsam spüren, wie Ihre Gliedmaßen immer weiter in den Hintergrund treten und kaum noch wahrnehmbar sind. Entspannen Sie sich bis zum Einschlafen. Richten Sie Ihre Konzentration auf den Punkt, an dem alle Geräusche verschwimmen, alle Glieder gefühllos und schwer werden und der Schlaf Sie in sein Reich holt. Lassen Sie dies ganz bewusst geschehen. Denken Sie: Ich lasse mich jetzt in den Schlaf holen. Meine Arme und Beine werden schwer und bald werde ich alle Kontrolle über mich abgeben und einschlafen. Versuchen Sie den Wechsel zum Schlaf entspannt wahrzunehmen. Versuchen Sie die Phase zu erspüren, in der Sie gerade noch halb wach sind. Bewusstes Erleben ist das Ziel. Wenn Sie nach einer halben Stunde oder mehr wieder aufwachen, versuchen Sie sich sofort daran zu erinnern, wie der Übergang vom Wach- zum Schlafzustand war und welche Gefühle Sie erlebt haben. Haben Sie die undeutliche Musik oder die mehr oder weniger gefühllos werdenden Glieder gespürt? Jetzt können Sie sich sagen: »Ich habe Kontrolle abgegeben und mein Körper hat alles selbst geregelt. Ich brauche vor nichts Angst zu haben, denn mein Körper arbeitet perfekt und ich kann mich auf ihn verlassen.«

So einfach und harmlos sich diese Übung anhört, so wichtig ist sie. Sie werden lernen, Dinge geschehen zu lassen, die Sie sowieso nicht aufhalten können. Dies ist ein erster Schritt, die Angst vor Kontrollverlust abzugeben.

Zu den wirklich erfolgreichen Therapien in der Bewältigung der Angsterkrankungen zählen aus dem Bereich der kognitiven Therapieansätze die Reizkonfrontation und die so genannte Reizüberflutung.

Diesem Thema ist das folgende Kapitel gewidmet.

Virtuelle Konfrontation mit der Angst

Ein wesentlicher Meilenstein bei der Beseitigung der Angst- oder Panikstörung ist die Konfrontation mit den angstauslösenden Gedanken und Bildern. Es gibt zwei verschiedene Methoden: Sie können sich in Gedanken mit angstauslösenden Bildern beschäftigen oder auf der zweiten Stufe diese Situationen konfrontativ in der Realität angehen.

Die ständige Konfrontation mit den angstauslösenden Momenten wird Ihnen im Laufe der Zeit die Angst davor nehmen, weil Sie merken werden, dass diese Dinge in Wirklichkeit nicht so eintreten, wie Sie es in Ihren Vorstellungen befürchten. Zunächst reicht es aus, dass Sie Ihre angstvollen Gedanken ehrlich und umfassend zu Ende denken, sobald diese beim nächsten Mal in Ihr Bewusstsein kommen. Setzen Sie sich bewusst mit dem Bild der Angst in Ihnen auseinander. Denken Sie die befürchteten Szenen konsequent zu Ende. Was sehen Sie? Was ängstigt Sie? Befürchten Sie zu stürzen? Fürchten Sie sich vor allen anderen lächerlich zu machen? Was könnte schlimmstenfalls passieren, wenn Sie im Supermarkt stürzen? Werden Sie ohnmächtig? Was werden die anderen Menschen tun? Wie lange wird es dauern, bis Hilfe eintrifft? Was wird man tun, wird man Sie ins Krankenhaus fahren? Was sagen Sie dem Arzt, wenn Sie erwachen? Wird er Sie fragen, ob so etwas schon öfter passiert ist?

Dieses eben beschriebene Denkmuster ist an Negativität nicht mehr zu überbieten. Nachdem Sie das Krisenszenario zu Ende gedacht haben, beantworten Sie alle Fragen konkret. Was wird geschehen, werde ich umfallen? Nein, ich kann nicht umfallen, denn aufgrund meiner Angst ist so viel Adrenalin in meinem Körper ausgeschüttet worden und sowohl Blutdruck als auch Herzfrequenz sind angestiegen, dass es in diesem Moment nicht möglich ist, ohnmächtig zu werden. Die Natur lässt es nicht zu, dass ein Wesen in Flucht- oder Kampfesvorbereitung ohnmächtig wird. Das geht in diesem Moment physiologisch überhaupt nicht. Sie sehen also, wenn Sie nicht umfallen können, was sollen die anderen Ihnen helfen oder wozu sollte ein Arzt kommen? Wenn Sie so weit verstanden haben, sind Sie auf einem guten Weg, Herr über Ihre Ängste zu werden. Sollten Sie nicht auf die Natur und Ihren Organismus vertrauen und logische Erklärungen nicht annehmen wollen, dann seien Sie versichert, es dauert in unseren Städten im Regelfall 7–9 Minuten, bis ein Notarzt vor Ort ist, und selbst in kleinen Dörfern im Durchschnitt nur 20 Minuten. Es kann Ihnen bei einer Ohnmacht eigentlich nicht viel passieren. Wahrscheinlich bekämen die Menschen um Sie herum einen viel größeren Schrecken. Ihre Atmung und Ihr Herzschlag werden bei einer Ohnmacht bestens von allein weiterfunktionieren, kein Grund zu größerer Besorgnis. Etwa 80 % aller Bürger dieses Landes sind in Erster Hilfe kundig und könnten Ihnen beistehen. Das Krisenszenario Supermarkt ist am Ende keines mehr, wenn Sie es mehrfach konsequent analysieren.

Wovor haben Sie Angst? Dass Sie im Kino eingekeilt zwischen Menschen sitzen und Ihnen der Ausgang versperrt wäre, wenn »etwas« mit Ihnen wäre? Da Kinos meist zwei zusätzliche Notausgänge haben, kann der Hinweis auf einen versperrten Ausgang als unlogisch zurückgewiesen werden. Darüber hinaus sollten Sie sich fragen, was denn mit Ihnen sein sollte? Dass Sie bei Angst und Panik nicht in Ohnmacht fallen, haben wir bereits erörtert. Haben Sie Angst, dass Ihre Atmung zu schnell geht und Sie deshalb umfallen? Wird Ihre Atmung bereits schneller, während Sie darüber nachdenken? Sie haben doch in einer kleinen Übung erfahren dürfen, dass Ihre Atmung wunderbar ohne Ihre Kontrolle funktioniert. Wenn Sie hin und wieder hyperventilieren oder Ihnen Ihre Atmung zu schnell oder unangenehm vorkommt, gibt es einfache Methoden, sie wieder zu normalisieren. Im dunklen Kino z. B. könnten Sie Ihre beiden Hände zu einer Muschel oder einem großen Hohlraum schließen und über Mund und Nase halten. Atmen Sie eine kurze Weile in den Hohlraum Ihrer Hände, das normalisiert Ihre Blutgase wieder und die von Ihnen gefürchtete Wirkung bleibt aus. Genauso gut könnten Sie eine kleine Tüte mitnehmen und hineinatmen. Kaum jemand würde dies im Kino bemerken. Was soll also im Kino geschehen?

Was Sie an Schreckensszenarien aufbauen, können Sie durch konsequente Analyse wieder abbauen. Nehmen Sie sich einen Zettel und schreiben Sie die Analysen Ihrer Angst und Befürchtungen auf. Bald werden Sie Ihren eigenen Erklärungen, die ja vollkommen logisch sind, vertrauen und die Angst verliert ihre Irrationalität. Dies muss selbstverständlich in Kombination mit einer abgestuften Konfrontationstherapie in Realität geschehen. Das bedeutet, die Situationen müssen später real abgearbeitet werden.

Wesentlich bei der Visualisierung der Angst und der Beantwortung der sich selbst gestellten Fragen ist eine konsequente Ehrlichkeit. Wenn Sie nicht in der Lage sind, ehrlich zu antworten, dann bitten Sie einen Familienangehörigen um Hilfe. Erklären Sie ihm, dass Sie möglicherweise Angst haben, im Restaurant zu sitzen und dann nicht mehr schlucken zu können oder später nicht mehr von dem Stuhl aufstehen zu können. Ihr Familienangehöriger wird Ihnen zu Recht antworten, dass so etwas nicht realistisch ist und nicht passieren wird.

Ich möchte, dass Sie sich in einem solchen Fall eine einzige Frage stellen: »Wird mein Auto morgen noch fahren?« Sie werden antworten, dass Sie oder Ihr Ehepartner soeben noch damit gefahren sind und dass das Auto morgen sicher noch fahren wird. Jetzt frage ich Sie, warum sollten Sie also morgen nicht mehr dieses oder jenes tun können, das Sie gerade noch getan haben, beispielsweise zu schlucken.

Sie sehen langsam ein System hinter der virtuellen Konfrontation mit der Angst. Viele der befürchteten Situationen sind nur deshalb furchterregend, weil Sie diese nicht zu Ende denken. Beim Zu-Ende-

Denken fällt selbst dem allerängstlichsten Betroffenen auf, dass manche befürchteten Sachen nicht sein können.

Haben Sie Angst, im Theater oder Kino nicht schnell genug herauszukommen, wenn Sie im Rahmen einer Panikattacke einen Harndrang verspüren? Viele Menschen gehen während der Kinovorführung zur Toilette, absolut problemlos. Sie können in allen modernen Kinos Plätze reservieren. Nehmen Sie einen Sitz am Rand, dann stören Sie niemanden, wenn Sie mal müssen. Es gibt auf alle Fragen der visualisierten Angst eine probate und einfache Lösung. Jede Befürchtung hält rationalen Erklärungsmustern nicht lange stand.

Auch den gefürchteten Schwindel können Sie sich vorstellen. Spüren Sie in der Visualisierung, wie Sie während des Gehens schwanken, wie Sie das Gefühl für Ihre Fußsohlen verlieren, nicht mehr merken, wie der Untergrund beschaffen ist? Sie haben gedanklich nun den häufig bei Panikattacken vorhandenen Schwankschwindel beschrieben, eine Gangunsicherheit. Diese rührt aus Falschinterpretationen von Muskelrezeptoren her und hat gar nichts mit dem Schwindel zu tun, den es auch bei Kreislauferkrankungen gibt. Der Schwankschwindel wird so schnell verschwinden, wie Sie ihn ignorieren und sich richtig entspannen. Dieser erlebte Schwindel wird zu einem wesentlichen Teil auch durch Verspannungen hervorgerufen. Er bleibt auf einem gewissen vorherrschenden Level stehen. Es wird Ihnen dadurch nichts geschehen. Selbst wenn es Ihnen sehr schwindlig wäre, könnten Sie im Kino oder Eiscafé ja sitzen bleiben, bis es wieder besser geht. Meist werden Sie über den spannenden Film, das Theaterstück oder den konzentrierten Einkauf im Supermarkt den Schwindel vergessen und ihn so lange auch nicht mehr erleben. Kein Grund, das Haus nicht mehr zu verlassen.

Arbeiten Sie von nun an täglich alle Ihre Befürchtungen ab. Beantworteten Sie sich immer wieder ehrlich dieselbe Frage: »Wie oft ist die erwartete oder befürchtete schlimmste aller anzunehmenden Situationen eingetreten?« Wahrscheinlich ist diese Situation noch nie eingetreten. Deshalb besteht genauso wenig Gefahr, dass sie morgen eintritt.

Die Konfrontation mit Ihrer Angst ist die einzige Möglichkeit, wie Sie die angstauslösenden Assoziationen, die mit verschiedenen Situationen verbunden in Ihrem Unterbewusstsein gespeichert sind, aufheben können. Es geht darum, durch eine gewisse Habituation (Gewöhnung) oder eine andere Korrelation (Wechselbeziehung) eine Neukonditionierung zu erreichen. Durch die häufige Auseinandersetzung mit den Bildern und Situationen, die für Sie Angst bedeuten, kann im Laufe der Zeit eine Abschwächung dieser Angst erreicht werden.

Bereits Goethe war einer der Entdecker der Konfrontationstherapie. Goethe litt unter großer Höhenangst. Er setzte sich lange und intensiv damit auseinander, wie er diese Angst wieder loswerden könnte. Goethe handelte, indem er gewissermaßen als Laie die Mechanismen der Konfrontation und Habituation einsetzte und seine Höhenangst damit komplett heilte. Goethe schrieb, dass er auf den Turm des Straßburger Münsters gestiegen ist und so lange dort oben blieb, bis die Angst verschwunden war.

Dieses klassische Beispiel für einfache, aber effiziente kognitive Therapien zeigt Ihnen bereits, dass die Angst ohne Initiative und Aktivität des Betroffenen nicht heilbar ist.

Um sich den Anfang einfacher zu machen, können Sie mit virtuellen Konfrontationen beginnen, bevor Sie »auf Ihr Straßburger Münster steigen«.

Eine Konditionierung im Sinne einer Veränderung der Wechselbeziehung zwischen Situation und Angst ist die Verbindung der angstauslösenden Situationen mit schönen Gedanken. Auch dies können Sie zunächst virtuell machen. Kramen Sie in Ihrer Erinnerung. Wo befinden sich Erlebnisse und Momente, die bei verschiedenen der heute angstmachenden Situationen zuvor Glück und Freude ausgelöst haben?

Wenn Sie heute Angst haben, sich z. B. in ein Café zu setzen, dann denken Sie daran, wie das früher war, als Sie mit den Eltern in ein Eiscafé gingen, und mit welcher Freude Sie als Kind dort Ihr Eis gegessen haben.

Wenn Sie heute Angst davor haben, in ein Kaufhaus zu gehen, Angst vor dem Gewimmel der Menschen, den vielen Lichtern, den verschiedenen Waren haben, dann denken Sie an Ihre Kindheit oder Jugend zurück. Wie war es, als Sie mit großen Augen in der Spielzeugabteilung die schönen Dinge bewunderten? Wie war es, als Sie ein Teenager waren und sich mit der ersten Freundin, dem ersten Freund in der City trafen und gemeinsam bummelten?

Wie toll und aufregend war es, als Sie als Kind oder Teenager ins Kino gingen. Vielleicht der erste Kuss von Freund oder Freundin im Kino?

Suchen Sie zu jeder angstbesetzten Situation, die Sie sich vorstellen können, ein entsprechend schönes Erlebnis aus Ihrer Kindheit oder Jugend und schreiben Sie dieses auf. Schreiben Sie die schöne Situation in Form eines kurzen Aufsatzes nieder. Übertiteln Sie diesen kleinen Aufsatz mit einem prägnanten Satz wie z. B: »Ins Geschäft gehen« oder »Ins Kino gehen«.

Lesen Sie diese »Erinnerungen« jeden Tag durch. Auch wenn es Ihnen infantil vorkommen mag, tun Sie es. Zweifeln Sie nicht daran. Indem Sie diese Zeilen immer wieder lesen, sorgen Sie für ein Überschreiben der aktuellen Assoziationen. Aus der Gedankenverbindung zwischen »ins Geschäft gehen – Angst« wird die Gedankenverbindung »ins Geschäft gehen – ja das war immer schön«. Aus »ins Kino gehen – Panik« wird »ins Kino gehen – das war immer ein tolles Erlebnis«.

Ihr Gehirn funktioniert – was seine Ordnung zu speichern angeht – nicht wesentlich anders als ein Computer. Wenn Sie auf Ihrer Computer-Festplatte etwas löschen, wird es erst dann völlig gelöscht, wenn der frei gewordene Speicherplatz durch andere Dinge überschrieben wird. Zuvor könnte man die gelöschten Daten meist wieder herstellen.

»Überschreiben« Sie also Ihre negativen »Erlebnisse« so oft es geht mit anderen, positiven Erlebnissen. Bis Sie diese im Rahmen der folgenden physischen und situativen Konfrontationstherapie mit wirklichen, schönen Erlebnissen »überschreiben« können, bleibt Ihnen die Möglichkeit, dies zunächst virtuell zu tun. Damit Sie die Gedanken auf den »richtigen« Speicherplatz schreiben, muss in jedem Fall eine starke gedankliche Assoziation zur angstbesetzten Situation bestehen.

Nehmen Sie die Neukonditionierung der angstbesetzten Situationen durch ältere positive Erlebnisse so oft wie möglich vor. Sprechen Sie mit Verwandten, die Sie bereits seit Kindheit kennen, und erörtern Sie bei Familientreffen die schönen Situationen aus der Kindheit.

Verantwortung für sich selbst übernehmen

Die Verantwortung für sich selbst übernehmen heißt, nicht mehr nach Entschuldigungen zu suchen für das, was Sie nicht tun, nicht getan oder getan haben. Die Verantwortung für sich selbst übernehmen heißt auch, aufzuhören immer zu bereuen und zu bedauern. Verantworten heißt, zu den Entscheidungen zu stehen, die Sie treffen, und sich mit dem Resultat dieser Entscheidungen zufriedenzugeben.

An dem Tag, an dem Sie Verantwortung für sich übernehmen, hören Sie auf, andere für Ihr Schicksal verantwortlich zu machen. Andere sind nicht mehr schuld daran, dass Sie nicht Ihre Wunscharbeit haben, nicht in Ihrem Wunschhaus leben und nicht Ihren Wunschpartner haben. Andere sind auch nicht mehr an Ihrem Ungeschick und Unglück schuldig. Weder die Umwelt noch die Umstände noch irgendwelche unglücklichen Konstellationen schaden Ihnen fortan. Sie selbst nehmen Ihr Schicksal in die Hand.

Jetzt, da andere nicht mehr für Ihr Leben Verantwortung tragen, sind Sie frei davon, sich vor anderen verantworten zu müssen. Endlich können Sie aufhören, die Meinungen anderer verbindlich zu nehmen oder sich gar nach anderen zu richten.

Sie gehen Ihren eigenen Weg und werden an Selbstbewusstsein gewinnen. Indem Sie die Verantwortung übernehmen, befreien Sie sich davon, immer darüber zu grübeln, wer oder was gerade Ihr Leben einschränkt oder Sie an Ihrer ganz persönlichen Entfaltung hindert. Hier und jetzt können Sie beginnen Ihr Erdendasein zu gestalten und Ihr Leben in die eigene Hand zu nehmen. Sie werden jetzt sagen: »Aber es gibt nun mal Umstände, für die ich nichts kann, z. B. eine Behinderung, eine Krankheit, ein Unfall, das Wetter …« Jetzt frage ich Sie, wer kann denn etwas dafür, wenn Sie krank werden? Wie haben Sie gelebt, haben Sie Ihre Ressourcen verbraucht oder geschont? Haben Sie mit dem gleichen Interesse, mit dem Sie die Betriebsanleitung Ihres Autos und die Gebrauchsanweisung Ihrer Stereoanlage lesen, auch etwas über Ihren Körper gelesen? Kennen Sie die Funktion Ihres Körpers halb so gut wie die Funktion Ihres Computers oder irgendeines anderen technischen Gegenstandes, der Sie interessiert? Sie werden mit mir einer Meinung sein, dass Ihr Auto, wenn Sie nicht nach dem Öl schauen, kaputtgeht. Schauen Sie sinnbildlich bei Ihrem Körper auch »ab und zu mal nach dem Öl«.

Es gibt bei allen Kausalitäten auch Dinge, die eine Laune der Natur sind und in unserer Vorstellungswelt keinen Verantwortlichen finden, z. B. angeborene Behinderungen, genetische Schäden, Krebserkrankungen, die wir ohne Zutun und ohne Verantwortung eines Dritten bekommen. Wir können in dieser kleinen Anleitung, »Verantwortung zu übernehmen«, weder eine Universalanleitung fürs Leben erarbeiten noch das Leben als solches entmystifizieren. Was wir aber können, ist unser eigenes Leben in vielen wichtigen und unwichtigen Bereichen wesentlich einfacher, freudvoller und schöner zu gestalten. Wir finden mit dem Rezept »Verantwortung« endlich unsere Selbstverwirklichung und unseren Weg. Sie selbst sind der wichtigste Mensch in Ihrem Leben. Sie regeln Ihre Wünsche und Ihr Lebensumfeld. Wenn Ihnen Ihre Wohnung nicht gefällt, klagen Sie nicht darüber, sondern ändern Sie sie. Streichen Sie Ihre Wände farbig. Wenn Ihnen Ihre Nachbarn nicht gefallen und Ihnen das Wohnumfeld inzwischen zuwider geworden ist, dann setzen Sie sich selbst eine Grenze, wie viel Sie akzeptieren wollen. Wenn Sie das Wohnumfeld nicht ändern können, verlassen Sie es und suchen sich ein neues. Ihr Leben ist einzigartig und viel zu kurz, als dass Sie es verantworten könnten, in Unfrieden zu leben oder ständig unzufrieden zu sein. Selbstverständlich sollten Sie zuvor alle Möglichkeiten ausschöpfen, Einfluss auf Ihr Umfeld zu nehmen. Es liegt in Ihrer Hand und in Ihrer Verantwortung. Sie können es ändern. Sie können alles ändern.

Es ist für Angstbetroffene sehr wichtig festzustellen, dass sie eine Persönlichkeit sind und auch ernst genommen werden. Der Betroffene muss lernen, Verantwortung zu übernehmen. Mit der Übernahme vollinhaltlicher Lebensverantwortung verschwinden viele negative Gefühle wie »zu wenig bekommen zu haben« oder »vom Leben benachteiligt worden zu sein«. Sie müssen die unmittelbaren Konsequenzen Ihres Handelns spüren, dann tragen Sie Verantwortung. In diesem Moment verschwindet das Gefühl von Hilflosigkeit, das Gefühl, anderen, auch Ärzten, ausgeliefert zu sein. Verantwortung ist ein großer Schritt zu einem angstfreien Leben.

Nun werden Sie eine Übung kennen lernen, die Sie durchführen können, damit Ihre Angst bald der Vergangenheit angehört.

Eine Konfrontationsübung

Ein wesentliches und häufiges Problem von Angstbetroffenen ist das Zusammenkommen zweier Angststörungen. Zum einen werden Panikattacken oder agoraphobische Störungen erlebt und mit dem klassischen Vermeidungsverhalten zu kompensieren versucht. Zum anderen liegt in fast allen Fällen eine potenzierte und verzerrte Angst vor allen möglichen alltäglichen Dingen vor. Dies muss nicht die klassische und bereits beschriebene generalisierte Angst sein. Die vorliegenden Nuancen sind vielfältig und reichen vom extremen »Bedenkenträger« bis zum starken »Befürchter«.

Eine Trennung zu ziehen, wann es sich um eine gesunde Person handelt, die im Alltagsleben viele Bedenken und Befürchtungen äußert, oder wann es sich um eine krankhafte generalisierte Angst handelt, ist schwierig. Diese Unterscheidung ist für unseren Zweck, die Heilung Ihrer Störung, nicht wichtig. Wesentlich ist die Beseitigung dieser grundsätzlichen Befürchtungen und Bedenken.

Diese ständigen Befürchtungen geben oft den Panikattacken den Nährboden, der sie unterhält. Leben Sie in Eigenverantwortung, wie ich es zuvor beschrieben habe, dann werden viele Ihrer Befürchtungen und Bedenken im Laufe der Zeit verschwinden. Wenn Sie niemand mehr Raum geben, Ihr Leben zu beeinflussen, geben Sie auch der Angst keinen Raum mehr, Einfluss auf Ihr Leben zu nehmen.

Als kleine Übung werden Sie bitte eine Konfrontation mit Ihrer Angst suchen. Führen Sie eine der Tätigkeiten aus, die bereits häufig zum Auftreten von Angst oder Panikattacken geführt haben. Fahren Sie mit Bahn oder Bus oder gehen Sie einkaufen. Machen Sie die Dinge, bei denen Sie normalerweise Angst bekommen.

Erwarten Sie die entstehende Angst- oder Panikattacke. Lassen Sie sie geschehen und nehmen Sie sie zur Kenntnis. Inzwischen wissen Sie ja, dass körperlich während dieser Panikattacke nichts Schlimmes passieren wird. Ihr Herz funktioniert weiterhin bestens, Ihre Atmung auch. Halten Sie den aufkommenden Panikgefühlen Stand. Ihre Reaktion auf die Panik darf keine Flucht sein. Flucht ist konfus und setzt ein ganzes Stakkato dynamischer Abläufe in Ihrem Körper in Gang. Haben Sie der Fluchtreaktion erst einmal nachgegeben, ist eine angemessene und souveräne Reaktion auf Ihre Panikattacke nicht mehr möglich. Diese Flucht wird beim nächsten Mal wieder Angst auslösen. Obwohl Sie überzeugt sind, diese Panikattacke nicht durchzuhalten, dürfen Sie sich jetzt trotzdem nicht erlauben, auf Ihre Panikattacke mit Flucht zu reagieren. Halten Sie die Situation so lange aus, wie es eben nur geht. Dann dürfen Sie irgendwann auch die Konfrontation beenden. Reagieren Sie überlegt und souverän. Flüchten Sie nicht, sondern ziehen Sie sich überlegt aus der Situation zurück. Ihr rationaler Verstand sagt Ihnen, dass Ihnen nichts passieren kann. Lassen Sie sich Zeit, um sich aus der ungeliebten Situation zurückzuziehen, wenn es sein muss. Sie werden sich selbst sagen: »Ich treffe nun die Entscheidung, dass ich wegen dieser Missempfindung sofort nach Hause gehen werde. Ich breche mein Vorhaben einzukaufen jetzt ab, beende die Bahn- oder Busfahrt sofort an der nächsten Haltestelle.«

Sie werden dies voller Entschlossenheit und mit bewusstem Willen tun. Nun können Sie nach Hause gehen. Sie selbst bestimmen, wo es langgeht. Sie sind nicht geflüchtet, sondern haben selbst die Verantwortung für Ihr Tun übernommen. Dieses eine Mal ist das einzige Mal, bei dem Ihnen diese Beantwortung Ihrer Panikattacke erlaubt ist. Ich will Sie dies bewusst tun lassen, denn Sie sollen sehen, dass Sie selbst die Verantwortung für alles tragen, was Ihre eigene Person und Ihr Leben betrifft. Wenn Sie nun zu Hause sitzen, wird Ihre Panikattacke lange vergangen sein. Zum ersten Mal haben Sie selbst diese Panikattacke ausgelöst und auch beendet.

Sie sind Herr über Ihre Panikattacken. Ab sofort werden Sie nicht mehr von Panikattacken sprechen, sondern von Missempfindungen. Diese Missempfindungen, die harmloser Natur sind, werden im Laufe der nächsten Zeit immer seltener werden, je mehr Sie selbst dafür und für den Rest Ihres Lebens Verantwortung übernehmen.

Es gibt keine wirksame Therapie, Angst- und Panikattacken zu behandeln, ohne Ihr Leben grundlegend umzukrempeln. Sie haben nur diesen einen Weg, für den Sie sich entscheiden können. Er muss konsequent eingehalten werden. Als schöner Nebeneffekt wird dieser Weg

Ihnen mehr sportliche Kondition, wesentlich mehr Selbstvertrauen und ein erfüllteres Leben mit viel mehr Lebensqualität schenken.

Dieser Weg ist ein Gesamtwerk, für das Sie selbst die Verantwortung übernehmen.

Machen Sie sich zu einer starken Persönlichkeit, dann hat die Angst keinen Platz mehr in Ihrem Leben.

Gedanken neu konditionieren

Ab sofort sollten Sie auf einige Ihrer Gedankengewohnheiten achten. Sagen und denken Sie bitte die beiden Worte »immer« und »nie« nicht mehr. Diese führen bei einer negativen Grundhaltung häufig zu folgenden Gedankengängen:

- Immer geht alles schief.
- Nie bekomme ich, was ich will.
- Nie habe ich Glück.
- Immer hacken alle auf mir herum.

Auch andere Globalworte wie z. B. »jeder«, »keiner«, »alle« führen im täglichen Routinedenken oft zu solchen Sätzen:

- Jeder macht mit mir, was er will.
- Keiner hat wirklich Verständnis für mich.
- Alle haben Vorurteile.

Versuchen Sie ab sofort mit Ihren Gedanken eine differenzierte Bewertung der alltäglichen Situationen vorzunehmen. Dies wird dazu führen, dass viele negative Denkmuster bald verschwunden sein werden. Eine differenziertere Bewertung ist sogar bei negativem Grundereignis hilfreich. Machen Sie den Versuch:

- Heute gingen viele Dinge schief (das lässt die Hoffnung aufkommen, dass es morgen besser wird).
- Heute habe ich nicht bekommen, was ich wollte (vielleicht aber morgen).
- Heute hatte ich kein Glück (beim nächsten Versuch aber).
- Heute haben sie mich aber heftig kritisiert (denen werde ich es heimzahlen).
- … hat Vorurteile gegen mich (zum Glück gibt's noch Milliarden anderer Menschen, die keine Vorurteile gegen mich haben).

Diese geänderten Denkmodelle werden auf Dauer ein völlig neues und von Ihrer Seite gerechteres Weltbild bei sich und Ihrem sozialen Umfeld erzeugen. Seien Sie ehrlich, es kann doch nicht sein, dass »alle« auf Ihnen herumhacken, oder? Wie viele Erdenbürger müssten dies sein?

Es kann auch nicht sein, dass »immer« alles schief geht. Vielleicht fallen Ihnen nur die negativen Erlebnisse auf. Die positiven nehmen Sie als normal hin.

Versuchen Sie einmal sich richtig zu freuen, wenn Ihnen etwas gelingt oder Sie bei einer bestimmten Sache Glück oder Erfolg hatten.

Sie werden sehen, dass dies einen großen Einfluss auf Ihre Angstbewältigung hat. Endlich wird Ihre Grundhaltung Motivation ausstrahlen und Sie fangen wieder an, an sich und andere zu glauben und das Leben nicht als unabwendbares Schicksal hinzunehmen.

Zufriedenheit definieren

»Von allen Arten des Reichtums ist der Reichtum der Zufriedenheit der beste. Selbst ohne den Besitz materieller Güter ist man reich, wenn man zufrieden ist« (aus dem Buddhismus).

Für Ihre langfristige Zufriedenheit ist es wichtig zu wissen, wo Sie stehen und wo Sie hinwollen. Die meisten Menschen, die mit ihrem Leben unzufrieden sind, sind es unspezifisch. Sie wissen nicht genau, was ihnen an ihrem Leben nicht gefällt. Da wird die viele Hausarbeit, das mangelnde Geld, die wenige Freizeit, die unbefriedigende Arbeit zu einem Konglomerat von unspezifischer Ablehnung vermischt. Es ist für den unzufriedenen Betroffenen nicht möglich, konstruktive Änderungen herbeizuführen, weil er nicht einmal weiß, wo er mit Ändern anfangen soll.

Beginnen Sie, Ihre Unzufriedenheit konstruktiv anzugehen. Denken Sie jetzt einmal ein paar Minuten nach und schreiben Sie sofort alle Dinge auf, die Ihnen an Ihrem Leben nicht gefallen. Das kann z.B. Arbeitsplatz, Ehepartner, Zuhause, soziale Stellung, wirtschaftliche Stellung usw. sein. Schreiben Sie diese Dinge in je einem Wort auf. Nun haben Sie ein Blatt vor sich mit vielleicht 3–6 Worten. Die einzelnen Worte sind Ihr neues Arbeitsfeld. Nehmen Sie sich jeden Tag eines dieser Worte vor. Das können Sie am Ende des Tages tun. Spezifizieren Sie nun, was Ihnen nicht gefällt. Das könnten z.B. beim Wort »Arbeit« folgende Phrasen sein:

- Zu wenig anspruchsvoll
- Kollegen nicht angenehm
- Zu wenig Geld
- Zu weite Entfernung zur Arbeit
- Keine Erfüllung in der Arbeit

Nachdem Sie vielleicht Ende der Woche zu jedem Ihrer 3–6 Oberbegriffe die entsprechenden Spezifikationen Ihrer Unzufriedenheit aufgeschrieben haben, haben Sie einen konstruktiven Grundstock für Ihr weiteres Vorgehen geschaffen. Die nächste Woche dient der genauen Betrachtung eines einzelnen Oberbegriffs mit den verschiedenen Phrasen. Schreiben Sie nun zu jeder Phrase einige Worte auf, die es einem

Außenstehenden begreiflich machen würden, warum Sie beispielsweise »keine Erfüllung in der Arbeit finden«. Nun wird sehr schnell deutlich, was zuvor nur ein sehr dumpfes, tief in Ihnen begrabenes Gefühl der Unzufriedenheit war. Es sind dies Worte oder Sätze wie:

- Unterforderung
- Ich will noch etwas im Leben erreichen.
- Soll das alles gewesen sein?
- Ich will mehr Anerkennung.
- Ich will eine Arbeit, die mich stolz macht und befriedigt.
- Ich will eine Arbeit, die mir Spaß macht.

Beim Ehepartner könnten die entsprechenden Phrasen lauten:

- Kein Verständnis
- Keine Zeit für mich

Die genauere Definition einer dieser Phrasen, z. B. »kein Verständnis«, könnte dann erarbeitet werden mit:

- Versteht meine Anliegen und Wünsche nicht.
- Hört nie zu, wenn ich etwas sage.
- Versteht nicht, warum ich endlich eine andere Arbeit will.
- Versteht nicht, dass ich Angst habe und warum.

Jetzt haben Sie Ihre Unzufriedenheit spezifiziert und sind endlich an den wahren Punkt der Unzufriedenheit gelangt. Bei jedem sehen diese Oberbegriffe, Phrasen und Definitionen anders aus. Letztlich ist es egal, was Sie an Ihrem Leben stört. Wichtig ist nur, dass Sie es definieren. Erst die genaue Definition lässt eine konstruktive Bearbeitung zu. Mit den letztgenannten Definitionen können Sie prima arbeiten. Sie können z. B. Ihrem Ehepartner in einem Gespräch konkret mitteilen, was Sie an ihm stört, und ihn bitten zukünftig zuzuhören, um Sie besser zu verstehen. Sie könnten ihm darlegen, warum Sie keine Erfüllung an Ihrem Arbeitsplatz finden und weshalb Sie mit der Wohnung nicht zufrieden sind.

Die genaue Definition öffnet Ihnen die Augen. Plötzlich wissen Sie vielleicht, dass es für Sie besser ist, sich endlich Ihren Traumberuf zu suchen, um zufrieden zu sein. Wie viele Umschüler fangen mit 30 und auch mit 40 Jahren etwas völlig Neues im Leben an? Wie viele Künstler fingen mit ihrem Metier mit fast 50 Jahren an?

Sobald Sie durch Ihre Definition aufgeklärt haben, was Ihnen nicht gefällt, wird Ihnen spontan einfallen, was Ihnen gefallen würde. Das ist der Sinn dieser Übung. Zufriedenheit erreichen Sie nur, wenn Sie so leben, wie es Ihnen gefällt. Gerade Menschen, die an generalisierter Angst leiden, leben oft in einem Panzer unliebsamer Lebensumstände voller übersteigerter Ängste und Sorgen. Sobald das Leben selbst Ihr Interesse und Gefallen findet und Zufriedenheit für Entspannung sorgen würde, wären viele der bisher bestehenden Ängste abgeschwächt.

Sinn des Lebens durch Generativität

Glück dauerhaft zu empfinden ist auch eine Frage eines sinnerfüllten Lebens. Wann und wie empfinden wir unser Leben sinnvoll? Wann begeben wir uns auf die Suche nach dem Sinn unseres eigenen Lebens? Müssen wir Sinn suchen oder findet Sinn bereits in all dem Tun statt, das von uns ausgeht?

Ein wichtiger Bestandteil auf der Suche nach dem Sinn ist die Definition, die wir dafür haben, und das sich darüber einstellende Zufriedenheitsgefühl, das uns Glück empfinden lässt.

Sinnvoll kann es sein, die Welt etwas besser zu hinterlassen, als wir sie bei unserer Geburt vorgefunden haben, und an dieser Wendung oder Veränderung ein klein wenig beteiligt gewesen zu sein.

Mutter Teresa musste sich wahrscheinlich zeitlebens die Frage nach ihrem Lebenssinn nicht stellen, da sie jeden Tag so viele sinnerfüllte Stunden mit ihrem Wirken hatte, dass ihr nicht die Zeit blieb, darüber nachzudenken. Sie hatte sicherlich sehr viele glückliche Momente in ihrem Leben.

Glücksempfinden und Sinnsuche sind sehr eng miteinander verknüpft. Ein sinnvolles Leben muss eingebettet sein in ein größeres Ganzes. Wenn wir bei all der Kurzweil und dem bunten Leben oft die Frage nach dem Sinn aus den Augen verlieren, so wird sich diese irgendwann im Alter zwischen 30 und 50 Jahren in unser Denken einschleichen. Warum bin ich da, was tue ich hier, was ist meine Aufgabe?

Der Psychologe Erik H. Erikson sah in der Hauptsache Generativität als Lebenssinn an. Er meinte damit nicht ausschließlich die biologische Generativität, die darin besteht, Kinder in die Welt zu setzen und damit den Fortbestand der Menschheit zu unterhalten. Erikson sah Generativität auch darin, Liebe in die Zukunft zu tragen und sich um zukünftige Generationen zu kümmern. Erikson zählt dazu auch das Unterrichten, die Künste und Wissenschaften sowie soziales Engagement. Also alles, was für zukünftige Generationen »brauchbar« sein könnte.

Erikson prägte den Begriff Generativität in den 1950er-Jahren und gab damit einem Bedürfnis einen Namen, das ihm während seiner Arbeit immer wieder auffiel. Der Wunsch Kinder zu zeugen ist einerseits von Trieb und Instinkt geprägt, andererseits aber auch an viele Erwartungen geknüpft. Elterngenerativität heißt nicht nur, dass wir 50 % unserer Gene an einen neuen Menschen weitergeben, sondern viel mehr an Gedanken, Werten, Traditionen und Fertigkeiten. Der Sinn in der so genannten elterlichen Generativität liegt im Gedanken, dass etwas von uns bleibt, wenn wir nicht mehr sind.

Die elterliche Generativität ist häufig mit der leiblichen Elternschaft verbunden, kann aber auch ohne eigene leibliche Kinder vorhanden sein. Wenn Kinder adoptiert werden oder eine Patenschaft von einem Kind übernommen wird, wirken wir ebenfalls elterlich generativ. Auch Sozialarbeiter und Lehrer wirken in höchstem Maße elterlich generativ, weil sie für Kinder oft die Rolle einer Elternfigur einnehmen.

John Kotre, Psychologieprofessor an der University of Michigan, sieht neben der elterlichen Generativität noch andere Arten generativen Lebens, die ähnliche Sinnerfüllung und Glücksmomente geben. Als technische Generativität bezeichnete er die Fähigkeit, jüngeren Generationen Fähigkeiten, Fertigkeiten und Können weiterzugeben; angefangen bei der Fertigkeit ein Lagerfeuer anzuzünden bis zum Autofahren, von der Art und Weise, wie wir Jüngeren beibringen mit ihrem Taschengeld umzugehen bis zu unserem Job als Fahrlehrer, Schuldnerberater oder Seminarleiter. Technische Generativität und der Sinn, den wir daraus beziehen, hat vielfältige und bunte Seiten, die uns bei all unserem Tun und Handeln begegnen. Wir müssen nur hinschauen und daraus unseren Lebenssinn schöpfen. Technisch generativ sind sehr viele Menschen. Viele achten nicht darauf, haben ihre Motivation inzwischen vergessen, die sie einst beflügelte, einen technisch generativen Beruf zu lernen, um anderen Menschen etwas für ihr eigenes Leben beizubringen.

Überflüssiges loswerden

Wichtig bei Angststörungen – um die es hier ja geht – ist ein vegetatives Gleichgewicht. Ausgeglichen zu sein setzt voraus, Ruhe und Gelassenheit im Alltag zu praktizieren. Alles, was wir haben, nimmt unsere Gedanken in Anspruch. Je mehr wir haben, desto mehr geistige Energien binden wir daran. Oft ist es nötig, dass wir diese Energieräuber loswerden. Dazu ist es nötig, von Zeit zu Zeit Ihr Leben zu entrümpeln, Überflüssiges loszuwerden.

Welche materiellen Dinge, mit denen Sie sich umgeben, machen

Ihnen Freude und welche sind Ihnen eher eine Last? Entrümpeln Sie diese rigoros. Alles, was Ihnen Unlust bereitet, sollte aus Ihrem Umfeld verbannt werden. Konzentrieren Sie sich auf die Dinge, die Ihnen wirklich Freude bereiten. Dinge, die Sie bereits Jahre nicht mehr benötigt oder angezogen haben, brauchen Sie schlichtweg nicht mehr. Schauen Sie in Ihr Adressbuch: Welche Kontakte machen Ihnen positive und welche negative Gefühle? Füllen Sie Ihr Adressbuch nicht mehr mit unangenehmen oder mehr oder weniger nutzlosen Kontakten.

Weniger Konsum

Weniger ist oft mehr. Versuchen Sie zukünftig Ihren Konsum zu »downshiften«, d.h. Dinge in guter Qualität und angemessener Menge zu haben und zu konsumieren. Denken Sie beim Kauf eines Gutes auch an den Aufwand, den Ihnen das Erworbene macht. Allein der Besitz des neu erworbenen Gutes macht Sie nur ganz kurz glücklich. Es ist so, als würden Sie sich verlieben. Verlieben hält aber, wie wir alle wissen, nicht ewig an und muss durch ein tiefes Gefühl von Glück und Zufriedenheit ersetzt werden. Prüfen Sie Ihre Mitgliedschaften in Freizeitclubs und Vereinen. Macht Sie diese Mitgliedschaft uneingeschränkt froh oder fühlen Sie sich oft verpflichtet?

Viele Menschen klagen darüber, dass sie gar keine Zeit mehr hätten, da sie ständig mit dem Hund raus müssen, die Katze zum Tierarzt fahren müssen, im Verein an einem gemeinsamen Fest arbeiten müssen …

Prüfen Sie, ob Sie mutig genug sind, aus all diesen verpflichtenden Dingen auszusteigen.

Setzen Sie sich Prioritäten

Was erscheint Ihnen im Leben wichtig, was sind Ihre Ziele, was wollen Sie unbedingt erreichen? Prüfen Sie, was Ihnen wirklich Spaß macht und was nur im Äußeren für andere getan werden soll. Tun Sie nur, was Sie wirklich von ganzem Herzen wollen. Streben Sie eine Karriere in einem Beruf nur dann voll und ganz an, wenn es sich auch wirklich um Ihren Traumberuf handelt. Machen Sie Ihren Urlaub dort, wo Sie sich wirklich wohl fühlen. Prüfen Sie, was Ihnen Genuss und Freude macht, und konzentrieren Sie sich darauf. Machen Sie nichts mehr nur deshalb, weil alle es tun.

Gewinnen Sie Ihre innere Freiheit

»Downshifting« hilft uns wieder an den uns gegebenen ursprünglichen Werten zu orientieren. Was ist uns wertvoll und wichtig, was ist wirklich nötig, was schmerzt nur und bereitet Leid? Schauen Sie in Ihrem Leben nach und beginnen Sie es aufzuräumen. Aufräumen heißt in diesem Kontext nicht etwa, dass Sie eine peinlich pedantische Ordnung schaffen, sondern sich auf das Wesentliche konzentrieren.

Sich von negativer Erwartung befreien

Oft trat Ihre Angst doch in den Fällen auf, in denen Sie sie erwartet haben. Auf den flüchtigen Gedanken hin ist sie da, die Panikattacke. Sie selbst haben ihr Tür und Tor geöffnet. Dauernd steuern Sie eine Heerschar von Gefühlen und Erwartungshaltungen. Vielleicht beschäftigen Sie sich mit Angst vor dem Tod, mangelnden Selbstwertgefühlen, Krankheitssymptomen, Furcht vor Verlust, Befürchtungen hinsichtlich des Arbeitsplatzes, Verlassensein und so weiter. Vielleicht stellen Sie sich vor, dass Sie im Krankenhaus zum wiederholten Mal untersucht werden. Vielleicht hoffen Sie, endlich den Medizinspezialisten zu finden, der Sie von Ihrer Angst befreit, so wie Karin Richards in unserem eindrucksvollen Beispiel zu Beginn des Buches.

All dies konditioniert Ihr Gehirn auf die ständige Befriedigung der negativen Erwartungen. Es verschafft Ihnen diese düsteren Bilder, so gut es kann.

Konditionieren Sie sich anders. Ab heute werden Sie nur noch über Ihre Wünsche und Hoffnungen nachdenken. Denken Sie an große Traumreisen, die vielleicht einmal möglich werden. Denken Sie an Ihr Traumauto oder Ihr Traumhaus. Schauen Sie sich ein leeres Baugrundstück an und stellen Sie sich vor, wie Sie dort auf der Terrasse Ihres Traumhauses sitzen. Beneiden Sie andere nicht um deren Autos und Häuser. Das wäre wieder ein negatives Denkmuster. Stellen Sie sich Ihre Träume und Hoffnungen individuell und konkret als Vision vor. Sehen Sie die Farbe Ihres Traumautos. Sehen Sie die Terrasse Ihres Traumhauses. Sehen Sie, wie der Wind an den Segeln Ihres Bootes zerrt. Stellen Sie sich vor, wie Sie auf dem Sonnendeck eines Kreuzfahrtschiffes relaxen. Werden Sie ein Visionär Ihrer Hoffnungen und Träume. Sehen Sie vor Ihrem geistigen Auge Ihr neues Büro nach der Beförderung.

Stellen Sie sich bei allen geplanten Dingen keine negativen Einschränkungen vor, sondern positive Hoffnungen.

Falsch: *Hoffentlich wird es nicht regnen!*
Richtig: *Ich hoffe, die Sonne wird scheinen!*

Bereits führen Sie sich Sonnenstrahlen und nicht Regentropfen vor Augen. Stellen Sie sich vor, Sie möchten auf ein Bier- oder Weinfest gehen. Bisher haben Sie vielleicht schon Tage zuvor in negativen Erwartungshaltungen gedacht:

> »Hoffentlich geht alles gut und ich bekomme keinen Panikanfall. Wenn ich nur nicht von Betrunkenen angepöbelt werde. Hoffentlich bekommen wir einen Sitzplatz im Festzelt. Bestimmt sitzen unangenehme Leute neben mir. Ich muss auf mein Portemonnaie aufpassen, es gibt so viele Diebe dort.«

Ihr Gehirn hat sich bei diesen finsteren Gedanken bereits ein paar Bilder aus dem Archiv zusammengesucht und Sie diese während Ihrer Vorstellung auch sehen lassen. Da sehen Sie Bilder von pöbelnden Schlägern, Taschendieben, sehen den Polizisten vor sich, bei dem Sie Anzeige erstatten möchten, sehen sich ständig auf der Suche nach Fluchtwegen, falls Sie eine Panikattacke bekommen, und mit Ihrem Partner stundenlang herumstehen, weil alle Plätze besetzt sind. Sie lassen in Ihrem Gehirn ein Negativ-Video ablaufen. Dies wird Ihnen Tage zuvor bereits Panikattacken bescheren, Ihre Arbeitskraft während der ganzen Arbeitswoche auf 50 % reduzieren und Ihnen den Besuch dieses Festes gründlich vermiesen.

Vielleicht ginge es auch so:

> »Ich freue mich auf das Wochenende. Endlich mal so richtig ausgelassen feiern, ein frisch gezapftes Bier trinken, fröhlich sein und neue Kraft tanken. Vielleicht werden wir neue Leute kennen lernen, denn man sitzt ja im Festzelt nahe zusammen und bekommt schnell Kontakt. Es wird bestimmt lustig und darauf freue ich mich schon.«

Unter dieser visualisierten Vorfreude stehen die Chancen auf einen erfolgreichen und fröhlichen Festbesuch deutlich besser, da werden Sie zustimmen, oder?

Es ist wichtig, dass Sie nicht gleich das Schlimmste annehmen. Es gibt nie einen Grund dazu. Wie alt sind Sie? Egal wie alt Sie sind, das Schlimmste ist in Ihrem Leben nicht eingetreten, denn Sie leben noch und Sie haben sich dieses Buch gekauft, um Ihre Lebensqualität zu verbessern. Es ist, wie bei jedem anderen Menschen, sicherlich auch bei Ihnen das eine oder andere Unglück geschehen. Bei manchen geschieht mehr, bei anderen weniger Unglück. Dies liegt weder in Ihrer Person noch in irgendwelcher Ungerechtigkeit der Welt begründet.

Es geschehen viele Dinge, die wir nicht verstehen, und wir fragen uns nach dem Warum. Die Antwort bleibt immer aus. Fest steht jedoch, dass das Leid in begrenztem Umfang bei jeder menschlichen Existenz vorkommt. Es betrifft also, falls es einmal zu Ihnen gekommen sein sollte, nicht nur Sie. Es gibt deshalb keinen Grund, immer nur den schlimmsten Ausgang einer Situation zu erwarten. Sie brauchen nicht übertrieben positiv zu denken, aber Sie sollten sich im Leben auf Ihre Erfahrung und Leistungsfähigkeit verlassen. Dies sind berechenbare Größen.

Wenn Sie beispielsweise eine mehrspurige Straße überqueren, nehmen Sie ja auch nicht an, dass Sie vom Auto erfasst werden. Sie verlassen sich auf Ihre Erfahrung und Ihr Können. Ihre Sinnesorgane, Ihr Gehirn und Ihre Motorik spulen ein genau abgestuftes, auf Erlerntem und Erfahrenem basierendes Programm ab und Sie überqueren die Straße zum richtigen Zeitpunkt in einer Verkehrslücke. Dies ist der Ablauf von geistigen und körperlichen Funktionen, der Ihnen auch im restlichen Alltag »über die Straße« hilft. Es spielt keine Rolle, was Sie tun, stets läuft ein Programm aus Erlerntem und Erfahrenem ab. Wenn Sie etwas Neues ausprobieren, sagen wir einmal einen Kuchen backen, für den Sie kein passendes Rezept haben, dann arbeitet Ihr Gehirn mit Erfahrenem und Erlerntem und versucht ein passendes Muster für diese Aufgabe zu finden. Findet es dieses Muster nicht, wird ein ähnliches Muster aufgespürt und auf seine Verwendbarkeit hin geprüft. Wir nennen das Improvisieren. So ergibt sich das Bild von Erfahrung, Erlerntem und Improvisation, mit dem wir unser tägliches Leben führen. Hinzu kommt bei vielen Menschen der Instinkt, den ich bereits beschrieben habe. Diese Menschen haben »ein Gefühl« für nötige Reaktionsweisen.

Insgesamt ist dies ein Grundgerüst an Fähigkeiten, auf das wir uns verlassen können. Deshalb gibt es keinen Grund anzunehmen, dass etwas nicht funktionieren könnte.

Wenn wir uns mit negativer Erwartungshaltung konditionieren, visualisieren wir uns das Bild vom »Schiefgehen«. Unser Gehirn wird sich fortan bemühen uns diesen Wunsch zu erfüllen. Die Chance, dass es wirklich schief geht, steigt. Viele witzige Zeitgenossen propagieren Murphys Gesetz (sinngemäß): »Alles, was irgendwie schief gehen kann, geht auch schief.« Wenn daran etwas wäre, hätte sich die Menschheit nicht in Millionen von Jahren auf der Erde weiterentwickelt. Irgendwann wären wir ausgestorben oder die Erdkugel wäre aus ihrer Umlaufbahn geflogen oder sonst was.

Das positive Denken entsteht einzig und allein aus dem Vertrauen auf die eigenen Fähigkeiten. Ein Beispiel: Nehmen wir an, Sie sind ein schwacher kleiner Mensch und Sie sollen abends durch eine dunkle, verrufene Gegend Ihrer Stadt zu Fuß gehen. Sie haben Angst, die in diesem Fall nicht krankhaft, sondern normal ist. Sie stellen sich vor, es könnte eine jener dunklen Gestalten kommen, für welche der Stadtteil berüchtigt ist, und Sie verprügeln oder ausrauben. Jetzt nehmen wir an, Sie sind ein erfolgreicher Schwergewichtsboxer. Sie werden den Stadtteil durchqueren, ohne darüber nachzudenken, weil Sie sich auf Ihre Fähigkeit verlassen, sich im Zweifelsfall bestens verteidigen zu können. Dieses Vertrauen in die eigenen Fähigkeiten entspricht unserer Lebenserfahrung. Wir wissen, ob wir auf dem Fenstersims balancieren können oder ob wir das Dach neu eindecken können. Genauso wissen wir auch, ob wir ein rhetorisch perfektes Gespräch mit unseren Kunden oder mit einem Vorgesetzten führen können. Jeder Mensch hat unterschiedliche Fähigkeiten, die er sich im Laufe seines Lebens angeeignet hat. Auch Sie können auf diese Fähigkeiten vertrauen und brauchen vor den Tätigkeiten und Situationen im Alltag, die Sie kennen und erlernt haben, keine Angst zu haben. Sie dürfen Angst haben vor Dingen, die wirklich nicht in Ihrem Fähigkeitsbereich liegen, weil Sie sie weder erlernt noch erfahren haben, z. B. mit einem Fallschirm abspringen, ein Flugzeug selbst steuern, eine Bombe entschärfen usw. Sie sehen ein, dass es im Alltag grundsätzlich keine Situationen gibt, denen Sie mit einer negativen Erwartungshaltung begegnen müssen.

Sie haben diese Situationen seit Ihrer Kindheit bestens gemeistert und als Kind nie darüber nachgedacht. Vertrauen Sie bitte wieder auf sich selbst.

Entdecken Sie Ihren Stil

Haben Sie öfter das Gefühl, die Erwartungen anderer erfüllen oder anderen gerecht werden zu müssen?

Damit ist nicht die Leistung am Arbeitsplatz gemeint, die Sie gegen den wohlverdienten Lohn anderen erbringen, sondern Ihr Privatleben. Hadern Sie damit, dass Sie sich ungeliebt oder unverstanden fühlen?

Strengen Sie sich oft an, anderen Leuten Ihren Standpunkt zu einer bestimmten Situation darzulegen? Macht es Sie ärgerlich oder traurig, wenn Sie sich von anderen unverstanden glauben? Stört Sie das Gefühl, dass es jemand gibt, der Sie nicht mag? Denken Sie oft darüber nach, was wohl andere von Ihnen halten?

Fragen Sie oft Bekannte, Verwandte, Kollegen um Rat? Richten Sie sich in Ihren Entscheidungen oft nach der Meinung anderer?

Dann scheint es so, als ob Sie oft die Erwartungen anderer erfüllen möchten. Das macht Sie nicht glücklich, denn es gibt dabei keine Harmonie und Erfüllung. Wenn Sie einem Teil Ihres sozialen Umfeldes gefallen, werden Sie einem ebenso großen Teil nicht gefallen. Es gibt unter 10 Menschen kaum 5, die der gleichen Ansicht sind. Schauen Sie die prozentualen Ergebnisse von Wahlen an. Diese zeigen deutlich, dass es zwei große Gruppen und diverse kleine Grüppchen von Meinungsvertretern gibt. Machen Sie es einem der Menschen Ihres sozialen Umfeldes recht, haben Sie günstigenfalls einen ebenso großen Teil mit seiner Ansicht gegen sich. Es gibt keinen Zustand perfekter Meinungsübereinstimmung mit Ihrem sozialen Umfeld.

Wenn Sie in Ihrem Bekannten- oder Kollegenkreis ankündigen,

Sie würden planen nach Timbuktu in Urlaub zu fahren, wird ein Teil der Menschen Sie beglückwünschen, beneiden und Ihnen gute Ratschläge geben. Der andere Teil wird Ihnen abraten oder sich abfällig darüber äußern. Mit diesem Ergebnis sind Sie nicht zufrieden. Mit zwiespältigen Gefühlen gehen Sie nach Hause und überdenken Ihre Entscheidung vielleicht nochmals. Nun haben Sie zwei Gruppen polarisiert. Die, welche Sie anscheinend mag, und die, welche Sie anscheinend nicht mag. Das ist eine Fehlannahme. Gehen Sie anderntags nochmals hin und sagen Sie, Sie würden jetzt doch nicht nach Timbuktu fahren, sondern ins Kleinwalsertal. Dann werden Sie ein Wunder erleben. Es polarisieren sich wieder zwei Gruppen, die überhaupt nicht mit den vorherigen Gruppen übereinstimmen müssen.

Sie sehen an diesem kleinen Beispiel, dass Sie es nicht jedem recht machen können. Es wäre auch schlimm, wenn alle Menschen wie DIN-Dummys herumlaufen würden und immer die gleichen Ansichten und Meinungen hätten.

Sie müssen sich davon abkehren, dadurch Wohlgefühl und Bestätigung zu erlangen, dass Sie es anderen Menschen recht machen. Machen Sie fortan nur Dinge, die in Ihren Augen Gefallen finden und legen Sie keinen allzu großen Wert auf die Meinungen anderer Menschen.

Hinter dem Verhalten, es anderen recht machen zu wollen, stecken vielfach Ängste davor, verlassen zu werden, Ängste davor, nicht ernst genommen zu werden. Diese Ängste bleiben ein Leben lang bestehen, wenn Sie nicht einen Schlussstrich darunter ziehen.

Vielleicht sollten Sie Ihre eigene Meinung viel beharrlicher und souveräner vorleben. Leben Sie Ihr eigenes Leben, entwickeln Sie Ihren eigenen Stil und beantworten Sie Kritik an Ihrem Lebensstil fortan ruhig und klar mit der Erklärung, dass von 10 Menschen 5 eine andere Meinung haben.

Niemand wird Sie verlassen oder sich von Ihnen abwenden, wenn Sie eigene Standpunkte vertreten. Niemand wird Sie deshalb weniger lieben, höchstens sehr intolerante Menschen. Letztere sind nicht wirklich wichtig für Ihr weiteres Leben. Die anderen werden Sie vielleicht zukünftig selbst um Rat fragen, weil man Sie als Vorbild und Vertreter Ihres eigenen Stils für kompetent hält.

Eigene Lebensmotivation finden

Es ist wichtig, dass Sie Selbstvertrauen entwickeln. Mangelndes Selbstvertrauen ist einer der Grundpfeiler von Angst- und Panikerkrankungen. Mehr Vertrauen in die Funktion Ihres Körpers habe ich Ihnen bereits empfohlen. Es gibt für Sie keinen Grund, dass Sie Ihrem Körper nicht trauen können.

Genauso wie Sie Ihrem Körper trauen können, dürfen Sie auch Ihren intellektuellen oder handwerklichen Fähigkeiten bestens trauen. Nehmen Sie sich ab sofort jeden Abend 5 Minuten Zeit, um über den vergangenen Tag nachzudenken. Loben Sie sich bitte selbst für alle Dinge, die Sie heute gut gemacht haben: Arbeiten, die Sie fristgerecht fertig gestellt, Ideen, die Sie realisiert oder handwerkliche und künstlerische Leistungen, die Sie erbracht haben.

Sie können sich eine solche Anerkennung mündlich aussprechen oder aufschreiben. Schließen Sie mit dem Tag ab, indem Sie die erledigten Aufgaben positiv bewerten. Sagen Sie sich: »Das habe ich heute aber wirklich gut geregelt.« Oder: »Ich bin heute wirklich zufrieden mit mir.«

Stellen Sie sich nochmals genau vor, was Sie am Tag getan haben, und bewerten Sie die positiven Dinge immer direkt. Sie dürfen selbstverständlich auch Kritik an sich üben für Angelegenheiten, die Sie vielleicht nicht korrekt erledigt haben. Aber diese Kritik muss konstruktiv sein und darf nicht in Selbstvorwürfe ausarten. Beispiel für eine gute Selbstkritik wäre:

»Die Planungsarbeit für Dr. Meier habe ich heute erledigt. Ich bin der Meinung, dass ich das noch besser hinbekommen hätte, und glaube, dass ich mir das morgen nochmals kurz ansehen sollte.«

Nachdem Sie sich in diesen 5 Minuten mit Lob und konstruktiver Kritik in Bezug zum vergangenen Tag bewertet haben, ist die Sache erledigt und Sie denken nicht mehr darüber nach. Somit können Sie Ihre Freizeit genießen und ruhig schlafen. Wenn Sie möchten, schreiben Sie die positiven Leistungen in ein kleines Heft, das Sie von Zeit zu Zeit hervorkramen können, um darin zu blättern und festzustellen, dass Sie eigentlich eine ganze Menge Super-Leistungen erbracht haben. Das motiviert Sie für den nächsten Tag. Wer für den Alltag motiviert ist, dem geht alles viel einfacher von der Hand.

Belohnen Sie sich ruhig einmal für gute Leistungen. Schenken Sie sich ein tolles Kleidungsstück oder ein Abendessen im italienischen Lokal – eine kleine Aufmerksamkeit nach dem Motto: »Ich habe es mir verdient.«

Denken Sie daran: Wo viele positive Gedanken vorherrschen, hat die Angst kaum noch einen Raum, um sich zu entfalten. Die Angst wird dann verschwunden sein, wenn Sie richtiges Selbstvertrauen gefunden haben.

Ich möchte nicht in Schönfärberei verfallen und Sie dazu anhalten, alles durch eine rosarote Brille zu sehen, aber viele Dinge gehen besser von der Hand, wenn man weiß, wofür man sie tut, wenn man also ein Motiv hat.

Viele Angstbetroffene erleben sich oft familiär und beruflich, in Schule oder Universität in einer wenig befriedigenden Situation und entsprechend schlecht ist die tägliche Grundstimmung. Der morgendliche Verkehrsstau, die Kollegen am Arbeitsplatz, nörgelnde Kinder, volle Busse oder Bahnen, ein schlechtes Gehalt, ein unbeliebter Chef – es sind Dinge und Begleitumstände, die Sie selbst gewählt haben. Nennen wir es selbst gewähltes Schicksal. Sie haben es gewählt, also können Sie es auch wieder abwählen. Wie ich bereits ausgeführt habe, liegt die Entscheidung für die eine oder andere Art zu leben ganz allein bei Ihnen.

Haben Sie sich dafür entschieden, Ihre Lebensumstände so anzunehmen wie sie sind, dann leben Sie dieses Leben von ganzem Herzen. Motivieren Sie sich jeden Tag aufs Neue für dieses selbst gewählte Leben. Versuchen Sie die störenden Begleitumstände systematisch auf das Ihnen angenehme Niveau zurückzuschrauben. Werden Sie routiniert und kompetent bei den Dingen, die Sie tun. Arbeiten Sie daran. Dass dies nur bis zu einem gewissen Punkt geht, bis Sie die Situation abwählen müssen, habe ich bereits ausgeführt.

Dass zahlreiche Dinge im Leben auch beim allergesündesten »Hans im Glück« danebengehen können, ist jedem klar. Viele Menschen, vielleicht auch Sie, empfinden jedes kleine Missgeschick gleich als persönlichen Affront des Schicksals. Gewisse Dinge geschehen und sind unabänderlich. Manche Unperfektheiten des Lebens müssen wir einfach annehmen. Es gibt keinen perfekten Idealzustand. Vielleicht sollten Sie Ihre Erwartungshaltung überdenken. Was erwarten Sie vom Leben, was erwarten Sie von anderen, was erwarten andere von Ihnen? Wichtig ist, dass Sie nicht verzagen und die Faust in der Tasche ballen.

Sprechen Sie offen über die Dinge, die Ihnen nicht passen. Teilen Sie Ihrem Vorgesetzten sachlich und klar Ihre Haltung mit. Für sachliche und konstruktive Kritik wird man nicht gefeuert. Machen Sie auch Ihren Familienangehörigen klar, was Ihnen nicht passt und Sie gerne anders haben möchten.

Wenn Sie die Begleitumstände Ihres Lebens angenommen haben und beharrlich mit Fingerspitzengefühl zu ändern versuchen, dann nehmen Sie dieses Leben auch voll und ganz an. Sagen Sie sich selbst einmal »mein Leben ist schön«.

Stellen Sie alle notwendigen Voraussetzungen zur Verfügung, damit Ihr Tag, Ihre Woche, privat und beruflich, ein Erfolg wird: Leistungsbereitschaft, gute Laune, Offenheit für andere usw. Entfernen oder umschiffen Sie Hindernisse, die Ihnen den Tag oder die Woche vermiesen könnten. Verzichten Sie auf den Kontakt mit unliebsamen Menschen. Suchen Sie ungeliebte Orte nicht auf.

Setzen Sie sich ein erreichbares Ziel und geben Sie diesem Ziel einen Sinn. Freuen Sie sich auf dieses zu erreichende Ziel und den Erfolg, Wohlstand oder die Anerkennung, die Ihnen diese Zielerreichung bringt. Aber überfordern Sie sich dabei nicht. Auch kleine Schritte führen zum Erfolg und zu einer besseren Lebensqualität. Denken Sie daran, dass der Mann, der den Berg wegräumte, damit anfing, kleine Steine aufzuheben.

Wenn Sie Ihr Ziel erreicht haben, dann feiern Sie sich und belohnen Sie sich. Freuen Sie sich, dass Sie wie erwartet gesiegt haben, und nehmen Sie zur Kenntnis, dass Ihnen dieser Sieg nicht in den Schoß gefallen ist. Sie haben dafür gearbeitet, haben sich angestrengt und Ihre Ziele erreicht.

In Bezug auf Ihre Angst oder Panik kann die Zielsetzung bereits damit beginnen, dass Sie sich vornehmen, eine ganze Woche lang weitgehend normal und nicht von Angst getrieben zu leben. Eine Woche lang nachhaltig und stetig bemüht, der Angst mit sachlichen und konsequenten Argumenten zu begegnen. Sich ehrliche Antworten auf bohrende Angstfragen geben und dann die Woche oder den Tag ganz normal erleben. Das wäre ein großer Erfolg, ein Sieg, für den Sie sich entsprechend großzügig loben und belohnen dürften. Das Ziel, endlich frei von Angst zu leben, dürfte Motivation genug sein, sich ernsthaft und ehrlich mit seiner Angst auseinanderzusetzen.

Es ist wichtig für Sie, für Ihr ganz persönliches Leben motiviert zu sein. Ohne Motivation geht gar nichts im Leben. Weder in Ihrem noch im Leben der anderen. Wenn Sie sich das Gegenteil von Motivation mit Antriebsschwäche oder Lustlosigkeit und Resignation vorstellen, dann wird schnell klar, dass Motivation unbedingt sein muss.

Wenn Sie nicht wissen, wofür Sie sich motivieren sollen, dann nehmen Sie die folgenden Wörter als Grundlage, Ihr Motivationsrezept zu entwickeln:

> Gesundheit – Sicherheit – Erfolg – Familie – Fürsorge – Ordnung – Bequemlichkeit – Unterhaltung – Ablenkung – Geld – Anerkennung – Gefühl – Liebe – Sex – Freiheit – Selbstbestimmung

Diese Auflistung ließe sich beliebig erweitern und stellt Ihnen nur Basiswörter zur Verfügung, die sich wie ein roter Faden durch unser aller Leben winden. Motivation ist auch ein Prozess der Aktivierung. Diese Aktivierung und Anstrengung muss von Ihnen selbst ausgehen. Ergründen Sie Ihre Wünsche und erörtern Sie mit sich die Realisierbarkeit dieser Wünsche.

6. Das tägliche Programm gegen Angst

Bewusst wende ich mich in diesem Kapitel wieder der Arbeit mit der Angst zu. Dass die Arbeit mit der Angst und die Arbeit mit allen anderen Bereichen des persönlichen Lebensentwurfes abwechseln, ist gewollt. Die Angst ist keine isolierte Kraft, die Ihnen feindselig gegenübersteht, sondern ein relativ normaler Vorgang, der in Ihrem Leben ein Übergewicht bekommen hat und somit zu einer bizarren und sehr hinderlichen Angelegenheit geworden ist. Um dieses Übergewicht wieder rückgängig zu machen, bedarf es umfangreicher Lebensplanungen und -veränderungen. Der Angst wird systematisch der Raum entzogen. Im Vordergrund der Arbeit mit Ihrer Angst steht Aktivität. Ohne Aktivität und Eigeninitiative werden Sie Ihre Angst niemals – und ich wiederhole dieses Wort – niemals in den Griff bekommen. Nur Sie selbst können etwas verändern. Wenn Sie keine Initiative ergreifen, dann wählen Sie die Angst und haben sich mit ihr abgefunden. Alle, die die Angst abwählen möchten, müssen sich ein straffes und selbst moderiertes Programm erarbeiten, wie sie der übergewichteten Angst begegnen. Nachfolgend schildere ich Ihnen einige probate Übungen, die Sie gut in Ihren Tages- oder Wochenablauf integrieren und kontinuierlich durchführen können.

Visualisieren des Tagesablaufs

Dies ist eine kleine Aufgabe, die Sie bereits morgens im Bett nach dem Erwachen ausführen können. Visualisieren Sie Ihren Tagesablauf, so wie er aussehen könnte, am Schreibtisch im Büro, in der Werkstatt oder Schule. Empfinden Sie Ängste oder Befürchtungen vor diesem Tag? Wenn ja, welche? Was könnte Ihnen geschehen? Glauben Sie, dass ein Unglück oder etwas Außerordentliches geschehen könnte? Beantworten Sie sich diese Fragen, nachdem Sie diese Befürchtungen zu Ende visualisiert haben. Antworten Sie so, wie Sie einem besorgten Freund oder Bekannten antworten würden. Warum sollte heute ein Unglück geschehen, wenn doch gestern und vorgestern oder letzten Monat und letztes Jahr keines geschehen ist? Warum sollten Sie heute umfallen, wenn Sie gestern oder vorgestern oder letzten Monat nicht umgefallen sind? Warum sollten Sie heute Herzprobleme bekommen, nachdem Ihr Herz doch bereits seit 34 oder 43 Jahren ohne Probleme arbeitet? Denken Sie systematisch über diese Fragen nach und Sie werden zum Schluss kommen, dass das Risiko, heute zur Arbeit zu gehen, nicht größer ist als an jedem anderen Tag der letzten 10 oder 20 Jahre. Sie werden zur Erkenntnis gelangen, dass Ihre Befürchtungen unbegründet sind. Danach haken Sie dieses Thema gedanklich ab und denken den ganzen Tag nicht mehr darüber nach!

Eine positive Affirmation am Morgen

Affirmationen sind Aussagen über erwünschte Ziele oder erwünschtes Erleben. Diese Aussagen treffen Sie selbst. Es sind dies kleine kompakte Sätze oder auch größere Visualisierungen, die mit allem Nachdruck und aller zur Verfügung stehenden Willenskraft geäußert und visualisiert werden. Sie müssen konkret äußern, was Sie an diesem Tag erreichen möchten und wann Sie es erreicht haben wollen. Affirmationen müssen keine großen Wünsche beinhalten wie z. B. einen Lottogewinn, sondern alltägliche kleine und größere Wünsche und Hoffnungen, die zum Erfolg führen. Eine Affirmation für den Tag könnte z. B. sein:

- Ich werde heute direkt vor dem Büro einen Parkplatz finden.
- Ich werde heute beim TÜV im ersten Anlauf die 2-Jahres-Plakette für mein Auto bekommen.
- Ich werde heute beim Vortrag vor den Kollegen erfolgreich sein.
- Ich werde heute die anstehende Prüfung mit Bravour bestehen.
- Der Zahnarzt wird heute bei der Kontrolle nicht das Geringste beanstanden.

Wenn Sie sich für eine kleine Affirmation am Morgen entschieden haben, dann stellen Sie sich genau vor, wie das Erfolgsbild aussieht, wenn Sie das gewünschte Ziel erreichen. Sehen Sie vor Ihrem geistigen Auge den Zahnarzt, der lächelt und zu Ihnen sagt, dass alles wirklich bestens sei. Sehen Sie den TÜV-Prüfer, der Ihnen sagt, dass Ihr Auto bestens gepflegt ist und Ihnen dann die Plakette auf Ihr Auto klebt. Sehen Sie den Raum, in dem Sie Ihren Vortrag vor den Kollegen oder Kunden halten werden. Sehen Sie, wie die Kollegen anerkennend nicken oder auf die Tischplatte klopfen. Wichtig ist, dass Sie sich genauestens vorstellen, wie die Affirmation Wirklichkeit wird.

Eine Affirmation muss nicht immer in Erfüllung gehen, das ist nicht der erhoffte Sinn. Eine Affirmation konditioniert in erster Linie unser Unterbewusstsein, alles zu tun, dass das Vorgestellte Wirklichkeit wird. Unbewusst werden Sie sich vielleicht mehr anstrengen, netter zu den Kollegen oder dem TÜV-Prüfer sein. Mit der Zeit wird die Anzahl der Dinge, die in Erfüllung gehen, dadurch wesentlich größer werden. Schließen Sie Ihre kleine Morgenaffirmation ab mit den Worten:

»Heute bin ich guten Mutes.«

20 Minuten Sport am Morgen

Nehmen Sie sich Zeit für ein allmorgendliches sportliches Betätigungsprogramm. Ideal wäre es, 20 Minuten auf dem Fahrradergometer zu trainieren. Dazu brauchen Sie sich nicht groß anzuziehen und sind auch von der Witterung unabhängig. Im Sommer können Sie Ihre Sportschuhe anziehen und eine Runde ums Viertel laufen. Diese morgendliche Bewegung wird Ihren Kreislauf stärken, Ihren Blutdruck regulieren und Sie fit und fröhlich für den Tag machen. Wie Sie ein sportliches Training beginnen können, habe ich bereits an anderer Stelle beschrieben. Dieses Morgentraining wird in Ihrem Körper Adrenalin abbauen und dafür sorgen, dass mit der Zeit auch Schwindel und Angst verschwinden.

Eine Konfrontation mit der Angst

Bitte versuchen Sie täglich mindestens eine Situation zu meistern, die Ihnen bisher Angst gemacht hat. Überqueren Sie einen großen freien Platz, gehen Sie durch die Fußgängerzone, suchen Sie ein Einkaufszentrum oder einen Supermarkt auf, fahren Sie mit einem Bus – ganz egal, was es auch sein mag. Konfrontieren Sie sich mit einer Situation, die Sie ansonsten meiden würden.

Das kann in der Mittagspause oder nach Feierabend sein. Es kann auch in Ihrer Freizeit sein, am Nachmittag, am Abend. Hauptsache, Sie sind ehrlich und nehmen eine Begebenheit, die Ihnen normalerweise Angst oder Panikattacken beschert. Versuchen Sie Ihre Angst bewusst hervorzurufen oder zu erleben. Sie müssen dies nicht stundenlang tun. Es reicht, wenn es zu Beginn dieses Programms nur 5 Minuten am Tag sind. Es wäre schön, wenn es öfter eine andere Situation wäre. Dies führt mit der Zeit unweigerlich dazu, dass die Auslöseschwelle für Angst- oder Panikattacken viel höher liegt. Einzelne alltägliche Situationen werden Ihnen dann keine Angst mehr bereiten.

Sicherlich ist der Weg durch dieses Programm etwas mühevoll, der Gewinn für Sie, endlich angstfrei zu leben, ist es wert. Wenn Sie sich diesen angstmachenden Situationen aussetzen, dann versuchen Sie, das entstehende Unwohlsein und die aufkommende Panik auszuhalten. Sie müssen sich selbst überwinden. Haben Sie Selbstvertrauen! Verlängern Sie diese Expositionszeiten von Tag zu Tag etwas. Glauben Sie mir, es funktioniert. Wenn Sie nur 2–3 Minuten am Anfang bereit sind auszuhalten, dann wird es funktionieren. Sie werden bald frei sein von Angst und Panik. Führen Sie ruhig Tagebuch über diese Angstexpositionen, es wird Ihnen helfen Ihre Fortschritte zu erkennen.

Eine Suggestion

Sobald Sie irgendwann am Tag einen Anflug von Angst oder Panik bemerken, benutzen Sie einmal eine einfache Form der Suggestion. Konzentrieren Sie sich auf das Gefühl, dieses diffuse Unwohlsein, den Schwindel, die unklare Angst, das Gefühl weglaufen zu wollen. Nun sagen Sie sich immer wieder eine Suggestion, wie z. B. die Worte: »Das ist harmlos, das geht vorbei.«

Diese Worte wiederholen Sie nun – wenn Sie allein sind, laut, ansonsten im Geiste etwa fünfzig- oder hundertmal. Verbinden Sie die Bilder der Angst mit der Suggestion. Je öfter Sie sich diese Suggestion selbst sagen, desto besser. Bald wird sich in Ihrem Unterbewusstsein die Verbindung zwischen den Bildern der Angst und Panik und der Feststellung, dass diese erstens harmlos und zweitens schnell vorbei sind, festigen. Das menschliche Gehirn ist in großem Maße auf Bilder angewiesen. So kann es sich etwas vorstellen. Ihr Gehirn arbeitet nach festen Gesetzen. Diese kann es nicht umgehen. Wird eine Verbindung zwischen Situationen und Ereignissen, Worten und Ereignissen, Düften und Ereignissen hergestellt, dann werden beide zueinander passenden Resultate jeweils beim Eintreten einer der beiden Kriterien von Ihrem Gehirn zusammengesucht. Beispiel: Immer wenn diese schöne Frau auftauchte, rochen Sie dieses herrliche Parfüm, dessen Duft Sie nie vergessen haben. Wenn Sie nun Jahre später diesen Duft riechen, wird Ihr Gehirn das Bild der Frau vor Ihrem geistigen Auge reproduzieren und spontan tritt der Gedanke an diese Frau in den Vordergrund. Genauso verhält es sich mit negativen Gedanken und Ereignissen. Wenn Sie zum Beispiel im Auto fahrend ein Erdbeereis essen und einen Autounfall verursachen, wird Ihr Gehirn das Erdbeereis fortan in Verbindung mit negativen Dingen bringen. Immer wenn Sie eine Eisdiele sehen, werden Sie an den Unfall denken.

Aus diesem Grund können wir uns Suggestionen zunutze machen.

Fortan werden Sie beim Aufkommen von Angst immer diese Worte sagen. Ihr Gehirn merkt sich in Verbindung mit der Angst die Begriffe »harmlos« und »das geht vorbei«. Dies nimmt der Situation mit der Zeit die Dramatik. Bitte unterschätzen Sie die Kraft Ihres Unterbewusstseins nicht. Sie werden überrascht sein, wie gut sich Ihr Unterbewusstsein angenehme und unangenehme Situationen merkt.

Sie sollten die Methode der Autosuggestion fortan in Ihren Alltag integrieren, wie Sie es bereits in einem früheren Kapitel dieses Buches gelesen haben.

Eine Entspannungsübung

Nach Ihrer Konfrontation mit der Angst können Sie eine Entspannungsübung gebrauchen. Sie benötigen dazu höchstens 10 Minuten Zeit.

Nehmen Sie sich eine bequeme Unterlage wie z. B. eine Gymnastikmatte oder einen dicken Teppich. Legen Sie sich flach hin, die Arme locker neben den Körper. Arbeiten Sie nun einen Teil des Entspannungsprogramms nach Jacobson durch. Wenn Sie 20 Minuten Zeit haben, vielleicht am Wochenende, können Sie das gesamte Entspannungsprogramm nach Jacobson durchführen.

Die progressive Muskelrelaxation bringt Erholung und lässt Ruhe in den Körper einkehren. Sie schafft durch die Anspannung und Entspannung aller großen Muskelgruppen ein angenehmes Gefühl der Körperwahrnehmung. Konzentrieren Sie sich zunächst auf eine Muskelgruppe, spüren Sie die Spannung und das Gewicht der Muskeln. Diese Muskelgruppe wird ungefähr 7 Sekunden angespannt und dann wieder abrupt entspannt. Spüren Sie aufmerksam den Kontrast zwischen Anspannung und Entspannung. Sie können jede Muskelgruppe zweimal hintereinander anspannen und entspannen. Durch das Anspannen fällt der Muskeltonus anschließend unter die normale Grundspannung Ihres Körpers und Sie erleben ein angenehmes Gefühl von »Spannungslosigkeit«. Das gesamte Programm will ich Ihnen hier kurz vorstellen:

Rechte Hand, rechter Unterarm: Die Arme liegen neben dem Körper. Machen Sie eine Faust und spüren Sie, wie stark Ihre Faust ist. Durch das Ballen der Faust wird der Unterarm mit angespannt. Halten Sie die Spannung 5–7 Sekunden an. Dann lassen Sie die Spannung plötzlich los. Bleiben Sie etwa eine halbe Minute ruhig liegen. Spüren Sie die Entspannung und spüren Sie, wie Ihr Atem völlig von allein fließt.

Rechter Arm: Drücken Sie den Ellbogen in die Unterlage und halten Sie die Spannung wieder etwa 7 Sekunden an. Lassen Sie plötzlich los. Dann spüren Sie nach und ruhen wieder eine halbe Minute aus. Danach führen Sie beide Übungen mit linker Hand und linkem Arm durch.

Stirn: Heben Sie Ihre Augenbrauen so weit wie möglich und kraftvoll nach oben zur Stirn hin, als ob Sie mit den Augenbrauen den Haaransatz erreichen wollten. Halten Sie die Spannung an und lassen dann plötzlich los. Nachspüren und 30 Sekunden pausieren.

Obere Wangenpartie und Nase: Rümpfen Sie die Nase und kneifen Sie beide Augen fest zu. Halten Sie die verkniffenen Augen und die gerümpfte Nase wiederum 7 Sekunden angespannt. Dann wieder abrupt loslassen und das Gefühl der Entspannung fließen lassen.

Untere Wangenpartie: Setzen Sie ein starkes Grinsen bei geschlossenem Mund auf. Ziehen Sie die Mundwinkel weit zurück und drücken Sie mit der Zunge gegen den oberen Gaumen. Die Spannung wiederum 7 Sekunden halten und abrupt loslassen. Danach die Entspannung der Gesichtsmuskulatur fühlen und fließen lassen.

Hals und Nacken: Heben Sie den Kopf an und führen Sie das Kinn zur Brust. Ziehen Sie das Kinn gleichzeitig nach hinten, sodass der Hals lang wird und Sie praktisch den Hinterkopf weit nach oben schieben. Halten Sie die Spannung 5–7 Sekunden und lassen Sie in diesem Fall bitte langsam los, keinesfalls abrupt oder ruckartig. Legen Sie den Kopf wieder langsam zurück auf die Unterlage und spüren Sie, wie sich die Halsmuskulatur entspannt.

Brust und Schultern: Drücken Sie beide Schulterblätter fest in die Unterlage und halten Sie die Spannung wieder 7 Sekunden an, dann abrupt loslassen und die Entspannung spüren.

Bauch: Spannen Sie Ihre Bauchmuskeln an. Alternativ können Sie den Bauch nach innen ziehen und die Spannung festhalten. Nach 7 Sekunden wieder loslassen. Den Atem dabei nicht anhalten.

Becken: Spannen Sie beide Pobacken an, kneifen Sie sie zusammen und halten Sie die Spannung fest. Nach 7 Sekunden wieder entspannen.

Oberschenkel rechts: Versuchen Sie den Oberschenkel anzuspannen oder fest in die Unterlage zu drücken. Die Spannung wieder für 7 Sekunden festhalten und dann plötzlich loslassen.

Unterschenkel rechts: Ziehen Sie den Fußrücken weit nach oben in Richtung Körper. Die Zehen wollen nach rückwärts in Richtung Knie. Spannung festhalten und lösen.

Fuß rechts: Den Fuß beugen, die Fußsohle wandert in Richtung der Unterlage. Das Bein bleibt dabei gestreckt. Den gebeugten Fuß 7 Sekunden angespannt halten. Dann wieder plötzlich lösen.

Oberschenkel links, Unterschenkel links, Fuß links: wie rechts durchführen.

Als Kurzform können Sie alle Muskelgruppen nur einmal statt zweimal anspannen. Wenn Sie wenig Zeit haben, können Sie zumindest die Oberkörperübungen einmal machen.

Der amerikanische Physiologe Edmund Jacobson entdeckte um 1930 einen Zusammenhang zwischen seelischem Druck, Ängsten und Muskelanspannungen. Jacobson forschte in den 30er-Jahren nach Möglichkeiten, Ängste zu lindern, und erkannte, dass seine Methode, welche die Muskelspannung des Körpers beseitigt, gleichzeitig die vorherrschenden Ängste und seelischen Anspannungen zum Verschwinden bringt. Aus dieser Erkenntnis heraus wurde die progressive Muskelentspannung entwickelt.

Ich rate Ihnen, die Jacobson-Methode häufig anzuwenden, weil Sie Ihnen helfen wird. Ängste und körperliche Anspannung stehen in einem genau definierten Verhältnis zueinander und erhalten sich gegenseitig. Wird die tägliche Anspannung geringer, werden auch die Ängste geringer. Die progressive Muskelentspannung führt, regelmäßig angewandt, schnell zu einer Senkung des Erregungsniveaus.

Die Jacobson-Methode ist ohne Hilfsmittel überall und zu jeder

Zeit anwendbar. Sie können Sie sogar tagsüber während der Arbeit im Büro, auf der Uni oder in der Schule anwenden. Es ist einfach, die Übungen abzuwandeln. Sie können Ihren Unterarm auf die Schreibtischplatte drücken. Eine Faust können Sie auch im Sitzen machen. Sie können alternativ Ober- oder Unterarm an den Körper drücken, den Fuß auf den Boden stemmen, die Pobacken auf dem Bürostuhl anspannen. Auch die Bauchmuskeln kann man im Sitzen anspannen, Nacken und Gesichtsmuskeln sowieso überall. Wenn Sie wenig Zeit haben, dann führen Sie Ihre Übungen am Tag im Sitzen durch. Solange Sie dem Grundprinzip folgen, das zunächst ein Hinspüren auf die betreffende Muskelgruppe, dann ein Anspannen dieser Muskelgruppe für 7 Sekunden, ein abruptes Lösen der Spannung und ein anschließendes 30 Sekunden langes Nachspüren fordert, hat die Übung den gewünschten Erfolg.

Sie bekommen in jeder besseren Buchhandlung CDs mit sprachlicher Anleitung, falls Sie nicht ohne Unterstützung üben möchten.

Eine positive Affirmation am Abend

Bevor Sie einschlafen, sollten Sie wieder zu einer positiven Affirmation greifen. Diesmal soll sie umfangreiche und heilsame Bilder produzieren. Es wäre gut, wenn Sie sich diese Affirmation erarbeiten würden, auf einen Zettel schreiben und sich jeden Abend laut vorlesen.

Ein Beispiel für eine positive Affirmation bei Angstbetroffenen könnte sein:

> »Mein Körper ist ein Wunderwerk der Natur. Er funktioniert und ich kann mich auf ihn verlassen. Alles ist gut geregelt. Mein Herz schlägt stark und kraftvoll. Meine Lungen bringen den Sauerstoff bis in jede kleinste Zelle. Ich vertraue meinem Körper, weil ich mich auf ihn verlassen kann. Mein Körper tut nur Gutes für mich.

Jeden Tag erneuert er tausende und Millionen neuer Zellen, um sich immer stark und frisch für mich zu halten. Darauf kann ich mich verlassen. Mein Körper hat mir mein ganzes Leben gute Dienste geleistet. Ich werde ihm Gutes tun, auf meine Ernährung achten und ihm Bewegung geben. Während ich jetzt einschlafe, gebe ich meinem Körper die Zeit, seine verbrauchte Kraft zu erneuern. Morgen wird mein Körper wieder kraftvoll jeden Einsatz erfüllen, den ich von ihm verlange. Ich freue mich, dass ich solch einen guten Körper habe. Ich lasse jetzt los und lasse meinen Körper für heute in Ruhe. Morgen werde ich wieder in vollkommener Gesundheit erwachen und mich am Leben freuen.«

»Ich liebe und akzeptiere mich und traue dem Prozess des Lebens. Mein Leben ist gut und gerecht. Ich freue mich, dass ich eine Arbeit habe und gesund bin. Ich lebe in einer sicheren Umgebung. Ich freue mich, dass meine Familie gesund ist und mich liebt. Ich freue mich, dass ich mich auf meinen Körper verlassen kann. Ich liebe meinen Körper, weil er ein treuer und verlässlicher Partner ist. Er gibt mir nur Anlass zur Freude. Ich bin leistungsfähig und andere haben mich gerne. Ich bin stark und kann alles erreichen, was ich will. Ich kann alles verändern. Es gibt keinen Grund, daran zu zweifeln. Ich regeneriere mich jetzt und es wird neue Kraft in meinen Körper strömen, die er mir morgen früh wieder für den ganzen Tag bescheren wird. Ich bin stark und sportlich, gesund und schön. Ich gebe mir jetzt etwas Ruhe, um meinen Körper zu pflegen. Ich bin in Sicherheit.«

Diese und ähnliche Affirmationen können Sie sich selbst erarbeiten und aufschreiben. Sie können die Texte auch aufnehmen und sich abends im Bett mehrfach anhören. Wichtig ist, dass Sie beim Zubettgehen auch gedanklich mit Ihrem Körper im Reinen sind. Seien Sie nicht ärgerlich, weil Sie an diesem Tag vielleicht nicht das erreichten, was Sie gerne erreicht hätten. Seien Sie nicht verzweifelt, wenn Sie sich an diesem Tag unwohl fühlten oder Angst hatten. Mit der Zeit werden Ihre beharrlichen Anstrengungen zum Ziel führen.

7. Selbstbeurteilung Ihrer Persönlichkeit

Ihre psychische Angstpersönlichkeit

Dieses Buch versucht, Ihnen Hilfe zur Selbsthilfe zu geben. Es kann weder den Psychotherapeuten noch den Arzt ersetzen. Dies möchte ich nochmals klarstellen. Trotzdem biete ich Ihnen einige Möglichkeiten der Selbstbeurteilung Ihrer Angstpersönlichkeit und möchte Ihnen helfen, den Mut zur notwendigen Selbsterkenntnis aufzubringen. Nur so haben Sie die Chance, Ihre Probleme allein in den Griff zu bekommen.

Aus diesem Grund finden Sie hier einige knappe Fragen, die Sie bitte spontan und ohne zu zögern beantworten sollten.

Ihr Hausarzt hat Ihnen geraten, sich wegen unklarer Beschwerden in psychotherapeutische Behandlung zu begeben. Sie bekommen einen Termin beim Psychotherapeuten. Als Sie dem Therapeuten gegenüberstehen und er Sie zu Ihrem Anliegen befragt, antworten Sie:

a) »Mein Hausarzt hat mich zu Ihnen geschickt, wegen unklarer Beschwerden …«
b) »Mir geht es gar nicht gut. Ich kann kaum noch auf die Straße gehen, weil … Ständig habe ich folgende Beschwerden ...«
c) »Ich habe mich entschlossen, Ihre Hilfe in Anspruch zu nehmen, weil ich etwas gegen meine Beschwerden tun will …«

Entscheiden Sie sich für eine Antwort. Egal welche, es gibt keine gute oder schlechte Antwort.

Wenn Sie eine spontane Antwort getroffen haben, hilft Ihnen das, besser zu verstehen, welche Art von Therapie Sie sich selbst zukommen lassen sollten. Jeder Mensch geht mit einer anderen Erwartungshaltung an die Lösung seiner Probleme heran.

Haben Sie sich beispielsweise für die Antwort a) entschieden, dann fehlt Ihnen noch die klare Definition und Einsicht in Ihre Angsterkrankung. Sie befinden sich immer noch auf der Suche nach einer organischen Ursache Ihres Problems, das eigentlich Angst heißt. Sie befinden sich noch in der Mühle der Organmedizin, in der Sie sich kräftig durchkneten lassen, um am Ende nicht besser dazustehen als zuvor. Zum Glück wird der Therapeut dies bemerken und Sie entsprechend instruieren, Ihre Beschwerden als »von Ihnen ausgehend« zu erkennen. Nicht Ihr Hausarzt schickt Sie, sondern Sie selbst. Es scheint, dass Sie in einer Verhaltensänderung noch keinen Erfolg sehen. Ihre Erwartungshaltung ist in erster Linie abwartend, ohne konkrete Hoffnung auf Besserung über einen therapeutischen Ansatz. Sie verleugnen die Angst und suchen nach einer körperlichen Ursache Ihrer Beschwerden.

Sie müssen einiges in Ihrer Einsicht ändern. Bitte setzen Sie sich zum Ziel, Ihre Beschwerden beim Namen zu nennen. Der Name lautet »Angst«. Nehmen Sie ein Blatt Papier und schreiben Sie alle Ihre Beschwerden auf, seien es nun »Kopfschmerzen«, »Herzschmerzen« oder was auch immer. Wichtig ist, dass Sie Ihre Probleme definieren und unter dem Oberbegriff Angst zusammenfassen. Die richtige Therapie für Sie ist in erster Linie sportliche Betätigung. Bitte bewegen Sie sich so oft Sie nur können. Fahren Sie Rad, laufen Sie. Beobachten Sie an sich die segensreiche Wirkung der Bewegung, wie Sie freier werden und endlich in der Lage sind, Ihre angstverursachten Blockaden zu lösen. Machen Sie die bereits zuvor beschriebene Muskelentspannung nach Jacobson möglichst jeden Tag.

Haben Sie sich für Antwort b) entschieden und dem Therapeuten konkrete Klagen über Ihren Gesundheitszustand geschildert? Sie haben Ihr Angstproblem sehr gut erkannt, erwarten aber eine Veränderung in erster Linie durch andere. Es fehlt Ihnen noch an der rechten Einsicht, dass man Gesundheit, auch psychische, nicht von anderen einfordern kann. Sie müssen aktiv an sich arbeiten und eine Bereitschaft zur Eigenbeteiligung eingehen. Nur Sie selbst haben es in der Hand, bald wieder angstfrei und voller Freude leben zu können. Formulieren Sie Ziele, die Sie erreichen können. Schreiben Sie diese auf. Dies könnte z.B. sein: »An Weihnachten werde ich in Urlaub fahren.« Oder: »Ich werde 4 Wochen lang jeden Tag eine Stunde allein spazieren gehen.« Wichtig ist nur, dass Sie etwas definieren, was Ihnen wichtig ist. Dann werden Sie vom »Kläger«, der sich über seine »Mängel« beklagt, zum »Sachbearbeiter«, der beginnt, diese Mängel zu beheben. Treten Sie Ihren Symptomen mutig entgegen und konditionieren Sie sich jeden Tag aufs Neue mit positiven Botschaften, Motivationen und Affirmationen. Sie benötigen ebenfalls körperliche Bewegung. Beobachten Sie, wie sich Ihr Körper durch Bewegung verändert, wie sich Ihr Leben dadurch ändert, dass Sie es in die Hand nehmen. Aktive Problemlösung lautet Ihre Aufgabe. Auch alltägliche Probleme sollten Sie schnell und nachhaltig lösen. Es ist dabei nicht wichtig, dass die Lösung perfekt ist, sondern dass überhaupt etwas gemacht wurde.

Haben Sie sich spontan für Antwort c) entschieden, dann sind Sie bereits auf einem guten Weg. Sie haben den Willen, aktiv etwas gegen Ihre Angst zu tun, und sind bereit, Veränderungen in Ihrem Denken und Handeln einzugehen. Seien Sie zuversichtlich. Mit der entsprechenden Anleitung und der beharrlichen Durchführung aller selbsttherapeutischen Maßnahmen werden Sie Ihr Ziel bald erreichen. Ihre selbsttherapeutischen Aufgaben sind im Bereich der Verhaltensänderung zu sehen. Nehmen Sie sich an, akzeptieren Sie Ihre soziale und oder gesellschaftliche Stellung. Nehmen Sie Nichtperfektion und Versagen als normale menschliche Attribute an. Suchen Sie die genussvollen Seiten des Lebens und belohnen Sie sich oft selbst. Denken Sie nicht mehr an all die schönen Dinge, die Sie wegen Ihrer Angst nicht machen konnten, sondern an alles Schöne, das Sie noch machen werden.

Ihre physische Angstpersönlichkeit

Neben der Selbsterkenntnis der psychischen Einstellungen zu Ihrer Angst ist die physische Reaktionsweise Ihres Körpers auf die Angst relevant. Es ist auch hier wichtig, dass Sie Ihre Körperreaktionen erkennen und entsprechende therapeutische Maßnahmen einleiten.

Man unterscheidet verschiedene physiologische Reaktionsweisen auf Situationen des täglichen Lebens. Diese Reaktionsweisen sind genetisch bedingt, erlernt in Kindheit und Jugend oder durch Erleben, beispielsweise einer Krankheit, gefestigt und laufen mit unterschiedlichen Reaktionsweisen des vegetativen Nervensystems ab.

Welche der beiden körperlichen Reaktionsweisen passt am besten zu Ihnen? Bitte geben Sie auch hier eine spontane Antwort.

Wenn ich in eine angstmachende Situation oder eine psychische Ausnahmesituation komme, dann bin ich/werde ich:

a) aufgeregt, mein Blutdruck steigt an, mir wird heiß, ich bekomme unter Umständen ein Beklemmungsgefühl oder einen Druck auf der Brust. Mein Herzschlag wird schneller und ich fühle mein Herz kräftiger pochen.
b) schwindlig, benommen, fange an zu zittern, mir wird kalt. Meine Füße kribbeln, ich bekomme schlecht Luft, muss mich räuspern, habe das Gefühl, gleich ohnmächtig zu werden.

Entscheiden Sie sich für die am ehesten zutreffende Antwort.

Haben Sie sich spontan für die Antwort a) entschieden, dann sind Sie eher ein Sympathikotoniker, ein so genannter »Kampf- und Fluchttyp«. Sympathikotoniker reagieren auf Angst wie auch auf alle anderen Ausnahmesituationen mit einer Aktivierung aller körperlichen Systeme. Alles läuft auf Hochtouren. Herzschlag und Atmung werden forciert. Die Muskeln werden angespannt, um jederzeit auf die vermeintliche Gefahr mit Kampf oder Flucht zu reagieren, so wie es unsere Vorfahren seit Urzeiten getan haben. Das sympathische Nervensystem dominiert bei diesen Menschen. Früher war dies eine überlebenswichtige Reaktionsbereitschaft. Durch die ständigen Energie- und Adrenalinschübe kommen die sympathikotonen Menschen kaum zur Ruhe. Sie sind im Alltag oft geplagt von hohem Blutdruck, Kopfschmerzen und leiden an nervösen Spannungszuständen. Sympathikotone Menschen sind leicht erregbar und schlafen aufgrund der ständigen Anspannung schlecht. Sie reagieren oft cholerisch und haben aufgrund der niedrigen Wut- und Ärgerschwelle Probleme in Familie und im sozialen Umfeld. Sympathikotone Menschen reagieren auf Probleme aktiv, oft zu aktiv. Sie werden leicht aggressiv. Der Sympathikotoniker muss verschiedene Verhaltensmaßregeln neu erlernen. Dazu gehört zum Beispiel, sich nicht über jede Kleinigkeit aufzuregen und nicht gleich »an die Decke zu gehen«. Beruhigende Momente sollten ins Leben integriert werden.

Im Zusammenhang mit einer Angst- und Panikerkrankung helfen therapeutische Ansätze, die Ruhe und »Aushalten« fördern. Der Sympathikotoniker muss lernen, Geduld aufzubringen und sich mit seiner Erkrankung friedlich und ruhig auseinanderzusetzen. Die in der Literatur oft gebotenen Ansätze für Entspannungsverfahren, die dem Betroffenen gut tun würden, kommen bei ihm meist nicht an, da er die Ruhe nicht findet, sich 15 Minuten oder länger einer Entspannungsübung hinzugeben. Er ist dauernd verspannt und in einem Moment der Ruhe und Konzentration auf sich selbst schmerzen ihn seine verspannten Muskeln. Er kann weder ruhig sitzen noch ruhig liegen. Deshalb ist der therapeutische Wunsch zu meditativen und entspannenden Verfahren bei ihm zunächst nicht zu realisieren. Ich habe hier einen anderen Ansatz gefunden und rate dem Sympathikotoniker zu einer kombinierten Bewegungs- und Ruhetherapie.

Beginnen Sie zunächst mit einer sportlichen Ausdauerbetätigung, die Sie zumindest zum Schwitzen bringt. Ob Sie mit Radfahren oder Laufen starten wollen, bleibt Ihnen überlassen. Beginnen Sie den stufenweisen Aufbau Ihres Trainings so, wie ich es in den vorherigen Kapiteln beschrieben habe. Nach dem Training ist die Spannung aus Ihren Muskeln gewichen. Ihr Pulsschlag wird ruhiger und Sie merken, wie Ihre Atmung langsamer und regelmäßiger wird. Jetzt ist der Moment da, in dem Sie reif sind für aktive und auch passive Entspannungstechniken. Durch die gelockerten Muskeln können Sie ruhig liegen und sich ausruhen. Dies ist der Zeitpunkt für positive Suggestionen wie z. B.

- Ich bin ganz ruhig.
- Ich werde immer entspannter.
- Der Zustand der Entspannung wird Tage anhalten.
- Ich werde zukünftig immer gelassener.
- Ich begegne meinen Problemen gelassen.

Legen Sie sich nach dem Sport eine halbe Stunde auf eine Matte und geben Sie sich selbst einen psychischen »Cooldown«. Meditative Musik dürfen Sie hören.

Weitere geeignete Maßnahmen sind Saunabesuche, lange Spaziergänge usw. Versuchen Sie öfter, sich im Sommer einen Sonntagnachmittag mit Nichtstun in Ihrem Garten oder auf Ihrem Balkon aufzuhalten. Nichtstun bedeutet weder lesen noch sich unterhalten, einfach die Stille genießen. Seien Sie öfter mal mit sich allein. Pflegen Sie sich mit einem schönen Bad. Ihr Zauberwort heißt Entspannung. Angst- und Panikattacken müssen Sie mit Ruhe begegnen. Kämpfen Sie nicht dagegen an. Sagen Sie sich die magische Formel: »Das ist harmlos und geht gleich vorbei.«

Jede Panikattacke, der Sie mit Ruhe begegnet sind, sollten Sie sich aufschreiben. Schreiben Sie sich den Satz auf: »Ich konnte die Panik in Ruhe abwarten.«

Schon bald werden Sie im Rahmen eines Anpassungs- und Lerneffektes angemessen und ruhig mit diesen Ausnahmesituationen umgehen können.

Für jede Änderung, die Sie in Ihren Verhaltensweisen herbeiführen, dürfen Sie sich belohnen, beispielsweise mit einem schönen Essen im Restaurant, weil Sie das Streitgespräch mit Ihrem Chef/Kollegen/Ehepartner ruhig und sachlich zu Ende gebracht haben. Während Sie die Belohnung genießen, sagen Sie sich die Suggestion: »Das habe ich mir verdient, weil ich so gelassen und ruhig reagiert habe.«

Sobald Ihre Reaktionsweisen im Alltag angemessener werden, wird auch Ihre Angst oder Panikerkrankung den Rückzug antreten.

Sollten Sie sich bei der oben gestellten Frage für die Antwort b) entschieden haben, dann sind Sie ein so genannter Vagotoniker. Der Vagotoniker wird vom Parasympathikus dominiert. Vagotoniker, auch »Schrecktypen« genannt, reagieren auf Schreck, Stress oder Angst wie auch auf alle psychischen Ausnahmesituationen mit einem Blutdruckabfall. Sie werden blass im Gesicht und sind meist nicht fähig, eine Reaktion auf das gerade Erlebte hervorzubringen. Es schnürt ihnen die Kehle zu. Durch die vagoton bedingte Bronchialverengung kommt es zu empfundenen Atemstörungen und Räusperzwang, oft mit Asthma verwechselt. Der Vagotoniker geht gebeugt, aber mit angespannten Schultern durchs Leben. Oft klagt er über Schwindel und Kälteempfinden. Häufig leidet er an generalisierten Ängsten und Befürchtungen, glaubt, dass sowieso alles schief gehen wird, was nur schief gehen kann.

Auch das vagoton-dominierte Verhalten war bei Mensch und Tier in Urzeiten eine sinnvolle Reaktionsbereitschaft auf Angriff und Bedrohung. Viele Lebewesen stellen sich »tot«, wenn sie angegriffen werden. Das rettet sie in der Natur oft vor weiterer Bedrohung. In unserer modernen Gesellschaft bringt uns dieses vagotone Verhalten keinerlei Vorteil. Oft fühlt sich der Vagotoniker vom Leben oder von anderen übervorteilt und schlecht behandelt. Dies geschieht vielfach schon deshalb, weil er nie bekommt, was er will. Durch sein häufig introvertiertes Verhalten ist er nicht in der Lage, seine Wünsche klar zu umreißen und seine Meinung zu sagen. Oft hat er Magen- oder Darmprobleme, weil er gewissermaßen seinen ganzen Ärger und seine Ängste in sich hineinfrisst.

Der Vagotoniker hat durch die starke körperlich empfundene Symptomatik quasi »Angst vor der Angst«. Er glaubt, jeden Moment in Ohnmacht zu fallen, was dann doch nicht eintritt. Diese irrationalen Befürchtungen werden schnell zu einer dauerhaften Suggestion und werden beim geringsten Erleben von Angst sofort vom Unterbewusstsein aktiviert. Ein kompliziertes Wechselspiel hormoneller Substanzen und chemischer Botenstoffe sorgt dafür, dass die, physiologisch normale, sympathische Reaktionsweise auf die Angst gestoppt und in eine parasympathische (vagotone) Reaktionsweise umgekehrt wird. Der Sympathikus wird gewissermaßen gehemmt.

Die Hemmung des Sympathikus bei der Angst ist eine physiologische Reaktionsweise des Körpers, damit die Angst nicht ewig dauert, sondern nach einer gewissen Zeit vorübergeht. Der Parasympathikus schaukelt das Ganze etwas herunter. Das ist die normale Reaktionsweise. Leider ist beim ausgesprochenen Vagotoniker diese Reaktion im Sinne einer Überreaktion potenziert. Es kommt zu so starken Gegenregulationen der sympathischen Aktivität, dass daraus die oben genannten Symptome wie Schwindel, Zittern, Kälteempfinden, Blässe usw. entstehen.

Die geeigneten Therapien für den Vagotoniker beruhen darauf, dass er sich selbst als stark und leistungsfähig erleben soll. Programmieren Sie sich selbst mit positiven und liebevollen Botschaften wie:

- Ich schaffe meine Ziele – jetzt.
- Ich bin gesund und stark.
- Ich vertraue meinem Körper.
- Ich bin ein wertvoller Mensch.

Auch für Sie steht das Erleben von erbrachten Leistungen als wichtiges Ziel im Vordergrund: moderat ausgeführte sportliche Betätigung und eine konkrete Analyse der erreichten körperlichen Leistungsfähigkeit. Darüber hinaus sollten Sie zukünftig darauf achten, Ihre Wünsche und Ziele deutlich zu machen. Sagen Sie nein, wenn Sie nein meinen. Lassen Sie sich in Ihren Wünschen nicht umstimmen. Setzen Sie sich Lebensziele wie z. B:

- Ich werde ein Haus bauen.
- Ich werde bald zum Abteilungsleiter aufsteigen.
- Ich werde eine wundervolle Partnerin/einen wundervollen Partner kennen lernen.

Welche Ziele Sie sich setzen, ist nicht so wichtig. Es muss beileibe kein Hausbau sein. Es geht nur darum, dass Sie sich als leistungsfähigen, vollwertigen Menschen empfinden. Sie können alles, was Sie wollen, probieren Sie es.

Kaufen Sie sich Bücher, aus denen Sie Rhetorik, professionelle Gesprächsführung und Selbstbehauptung lernen. Seien Sie zukünftig weder im Leben sprachlos noch im Empfinden Ihrer Angst. Bleiben Sie im Fluss, in Bewegung. Bleiben Sie nicht ratlos stehen. Reagieren Sie auf alltägliche Lebenssituationen mit Agieren. Stehen bleiben und etwas über sich ergehen lassen ist die schlechtere Lösung. Antworten Sie auf alle unschönen Dinge, die Ihnen andere sagen, spontan, ohne »Schreckminute« und ohne lange darüber nachzudenken. Bilden Sie sich Standardsätze, die Sie sofort einsetzen können wie z. B:

- Das glaubst du aber nur!
- Das glaubst du aber doch wohl selbst nicht.
- Das ist doch völliger Unsinn.
- Schreib den Satz ins Buch der populären Irrtümer.
- Ich kann auch anders.
- Interessante Meinung!
- Kannst du das etwas näher erklären?

Sie merken, was Sie sagen, ist vollkommen unwichtig. Wenn eine außerordentliche Situation entsteht, z. B. dass man Sie verbal angreift, ist es immer besser, etwas zu sagen als zu verstummen. Sie werden mit der Zeit Ihre Sprachlosigkeit verlieren und nicht mehr wie angewurzelt stehen bleiben, wenn Angst- oder Panikattacken auftreten sollten. Sie werden dann auch für Ihre Angst probate Sätze zur Verfügung haben.

Als Vagotoniker müssen Sie aktiver leben. Mit jeder Problemlösung gewinnen Sie an Selbstvertrauen und verlieren an Sprachlosigkeit.

Abschließend möchte ich zu diesem Kapitel noch ausführen, dass es kaum hundertprozentige Sympathikotoniker oder Vagotoniker gibt. Oft liegen Mischtypen vor, das heißt, der Vagotoniker kann sich auch einmal ärgern und sympathikoton auf eine Situation reagieren; der Sympathikotoniker kann auf verschiedene Stresssituationen teils auch vagoton reagieren.

Es ist normal, dass die beiden Hirnnerven Sympathikus und Parasympathikus in einem Gleichgewicht stehen und als Gegenspieler unterschiedliche Aufgaben im Organismus haben. Mal dominiert der eine, mal der andere. Wäre das nicht so, dann könnten wir weder schlafen noch essen. Zum Schlafen müssen wir z. B. im Vagotonus sein, zum Arbeiten im Sympathikotonus. Erst wenn das Gleichgewicht empfindlich gestört ist, wird uns dies bewusst. Die Ärzte sprechen dann oft von einer vegetativen Dystonie.

Wichtig ist, dass Sie Ihre überwiegend vegetative Haltung erkennen und Ihr Leben entsprechend ändern, wieder zu einem gesunden Mittelweg finden. Das wird zu einer wesentlichen Besserung Ihrer Angst führen.

8. Medikamentöse Therapie

Verschiedene Medikamentengruppen

In der Behandlung von Angststörungen, insbesondere Agoraphobie, erweisen sich nahezu alle derzeit von Ärzten eingesetzten Medikamente als unbefriedigend. Es ist lediglich eine kurzzeitige Symptomverflachung zu erreichen, solange das Medikament eingenommen wird. Eine Besserung der Angststörung ist damit auf Dauer nicht zu erreichen. Die Medikamente können den Erfolg einer gleichzeitig durchgeführten Psychotherapie gefährden oder gar zum Scheitern bringen. Das Gehirn kann Wissen und Erlerntes nur zustandsabhängig speichern. Die vom Betroffenen während einer therapeutischen Behandlung erworbenen Fortschritte, z.B. durch Reizkonfrontation, werden nach Absetzen des gleichzeitig verabreichten Medikaments höchstwahrscheinlich wieder verschwinden. Der Patient kann und wird das Erlernte nicht in den medikamentenlosen Zustand übertragen können.

Ich halte das Verabreichen von Medikamenten bei allen Formen von Angststörungen nur zur notfallmäßigen Therapie geeignet. Eine dauerhafte Medikamentierung ohne das gleichzeitige Angebot einer qualitativen Therapie ist schlichtweg ein grober ärztlicher Kunstfehler.

Nur der Vollständigkeit halber werde ich hier trotzdem die verschiedenen Medikamentengruppen kurz beschreiben. Ich möchte nochmals darauf hinweisen, dass keinerlei Empfehlung für oder gegen ein solches Medikament abgeleitet werden darf. Wenn Sie unbedingt ein Medikament nehmen wollen, weil Sie sich damit besser fühlen und glauben, nur dadurch Ihren Alltag mit der Angst meistern zu können, dann informieren Sie sich bitte zunächst ausführlich und suchen sich einen Arzt, der sich mit der Wirkungsweise z.B. von Antidepressiva auskennt.

Besser und wirklich nur empfehlenswert ist die Einnahme von Johanniskraut-Präparaten, allerdings dann in einer höheren Dosierung als allgemein empfohlen.

Kurzer Exkurs durch die derzeit gebräuchlichen Medikamente bei Angsterkrankungen:

Benzodiazepine:
Zu den Benzodiazepinen gehören Wirkstoffe wie Bromazepam, Brotizolam, Diazepam, Flunitrazepam, Lormetazepam, Lorazepam, Nitrazepam, Oxazepam, Temazepam, Tetrazepam und Triazolam und andere.

Benzodiazepine sind die am häufigsten verordneten Entspannungs-, Schlaf- und Beruhigungsmittel und werden von Ärzten gerne bei Angstpatienten eingesetzt. Die Pharmahersteller warnen selbst in den Packungsbeilagen vor der Gefahr der Abhängigkeit und vor langfristiger Einnahme. Einer der Wirkstoffe in dieser Gruppe ist Bromazepam. Wie wenig empfehlenswert dieser Stoff bei der Therapie der Angst ist, beweist der Originalhinweis zu Nebenwirkungen aus einer Packungsbeilage:

> »... Besonders bei älteren Patienten treten teilweise paradoxe Reaktionen wie Erregung, Angst, Aggressivität, Ein- und Durchschlafstörungen und Halluzinationen auf. Diese paradoxen Reaktionen erfordern ein Absetzen von Bromazepam ...«

Mittel, die diesen Wirkstoff enthalten, sind unter anderem:

Lexotanil
Normoc
Lexostad
Gytil
Durazanil

Ein weiterer Vertreter dieser Gruppe ist das uns bestens bekannte Diazepam, das im Medikament Valium enthalten ist. Valium ist sicherlich ein wirksames Notfallmedikament und gehört in die Tasche des Notarztes. Ganz bestimmt gehört es nicht dauerhaft in den Körper von Angstpatienten! Auch hier füge ich den Auszug einer Packungsbeilage eines Diazepam-haltigen Medikaments bei:

> »... Das Medikament darf nur ausschleichend abgesetzt werden, nicht plötzlich, da es sonst zu Entzugserscheinungen wie Schwäche, Schwindel, Wahrnehmungsstörungen, Angst, Schlaflosigkeit, Unruhe, Zittern und Krämpfen kommen kann ...«

Wie gesagt, Diazepam ist in der Akutmedizin und in Krankenhäusern ein notwendiges Medikament. Angstpatienten aber ambulant mit Diazepam nach Hause zu schicken ist fahrlässig.

Ein Präparat aus dem Bereich der Benzodiazepine hat zweifelhaften Ruhm in der Kriminalgeschichte erworben. Es ist das Medikament »Rohypnol«, ein Hypnotikum mit dem Wirkstoff Flunitrazepam. Dieses Mittel wurde oft von Verbrechern, z. B. Vergewaltigern, eingesetzt, um ihre Opfer so zu betäuben, dass sie sich nach der Straftat nicht mehr an den unmittelbar vor der Betäubung liegenden Zeitraum erinnern konnten.

Eine weitere Gruppe der verordneten Medikamente sind Antidepressiva:

Von allen trizyklischen Antidepressiva haben die Substanzen Amitriptylin und Doxepin den stärksten sedierenden (beruhigenden) Effekt, weshalb sie oft zur Behandlung bei Ängsten, Erregtheit und Unruhe eingesetzt werden. Diese Medikamente hemmen die Wiederaufnahme von Noradrenalin und führen durch die Noradrenalinerhöhung an den Synapsen zu einer Stimmungsverbesserung. Eingesetzte Medikamente sind hier:

Clomipramin
Imipramin
Amitryptilin (z.B. Saroten)
Doxepin

Der von den Pharmaherstellern angepriesene Vorteil, dass trizyklische Antidepressiva nicht zu Abhängigkeitsverhältnissen führen, wird durch andere Nebenwirkungen erkauft. Hierzu zählen schwere Leber- und Nierenfunktionsstörungen.

Neben den trizyklischen Antidepressiva gibt es ähnlich wirkende tetrazyklische Antidepressiva.

Es ist kaum zu glauben, dass es Ärzte gibt, die im Internet und in diversen Foren nach wie vor behaupten, dass Antidepressiva nur harmlose Nebenwirkungen haben. In den 80er-Jahren wurden in Amerika Studien vorgelegt, dass Imipramin Panikattacken auch nach Absetzen des Medikaments blockiere. Von diesen Erfolgen habe ich aktuell bei keinem der Betroffenen trotz umfangreicher Recherchen gehört.

Auch ist die Angabe der Behandler unrichtig, die durch das Antidepressivum erreichte panikfreie Zeit könne vom Patienten genutzt werden, um sich in lange gemiedene Situationen zu wagen und damit die Angst zu »löschen«. Das Gehirn kann Erlerntes nur zustandsabhängig speichern: Wenn ich die Tablette nehme, kann ich ruhig ins Kaufhaus gehen.

Sobald die Tablette abgesetzt wird, ist die Angst vor dem Kaufhaus wieder da, nach dem Motto: Wer garantiert mir, dass ich nicht doch umfalle, wenn ich meine Tablette nicht genommen habe. Ein Großteil der von Angstpatienten verspürten Besserungen ihrer Symptome nach Einnahme von Antidepressiva ist dem Placeboeffekt zuzuschreiben.

Ein ehrliches Wort aus meiner Praxis: Ich habe keinen einzigen Patienten mit Angst gesehen, dem es nach der Einnahme eines Antidepressivums – gleich welcher Art – signifikant besser gegangen wäre. Viele der Angstbetroffenen, die mich aufsuchen, waren zuvor in Therapien bei Psychiatern, die sich auf die Verordnung eben jener Medikamente beschränkten.

Gleichsam wird die Aussage der Ärzte und Pharmahersteller ad absurdum geführt, Antidepressiva würden nicht abhängig machen. Sie machen vielleicht nicht abhängig im Sinne einer körperlichen Sucht nach dem Wirkstoff, aber sie machen psychisch abhängig nach der vermeintlichen Hilfe, die sie dem Betroffenen bringen.

Es ist fast unglaublich, mit welcher Nachhaltigkeit Ärzte versuchen, bei Angstpatienten Antidepressiva einzusetzen. Die dort geleistete Überzeugungsarbeit würde besser therapeutisch genutzt. Soll der Hausarzt doch lieber eine Stunde opfern und mit seinem Angstpatienten in die Fußgängerzone gehen und ein Konfrontationstraining durchführen.

Eine weitere Gruppe von Medikamenten sind die so genannten MAO-Hemmer: Reversible Monoaminoxidase-A-Hemmer.

Die MAO-Hemmer steigern vereinfacht ausgedrückt die Menge an Noradrenalin, Dopamin und Serotonin. Es kommt zu einer Antriebssteigerung bei ängstlichen und gehemmten Patienten. MAO-Hemmer wirken nicht sedierend. Erfolgsnachweise bei der Behandlung von Angsterkrankungen sind bis heute recht dürftig.

Handelsname ist z. B. Aurorix.

Die Nebenwirkungspalette eines Präparats sei hier exemplarisch dargestellt:

»... Schlafstörungen, Kopfschmerzen, Übelkeit, Schwindel, Nervosität, innere Unruhe, Herzrasen, sehr selten auch Mundtrockenheit, Hautreaktionen, Angstgefühle, Erregung, Schlafstörung, Durchfall, Verstopfung.«

Auch hier stellt sich anhand der möglichen Nebenwirkungen die Frage, was mit was ausgetrieben werden soll, denn gegen Angst und innere Unruhe, Schwindel und Nervosität wirksam zu sein, sollten eigentlich die Anwendungsgebiete dieser Medikamente sein.

Die Gruppe der am ehesten empfehlenswerten Medikamente sind: Selektive Serotonin-Wiederaufnahmehemmer (SSRI):

Dabei handelt es sich um nicht-trizyklische Antidepressiva, die die Wiederaufnahme von Serotonin im synaptischen Spalt hemmen; z. B. die psychomotorisch aktivierenden Substanzen Fluoxetin, Fluvoxamin, Paroxetin sowie das psychomotorisch dämpfende Trazodon.

Sie bewirken indirekt eine Vermehrung von Serotonin im Spalt zwischen zwei Nervenzellen. Der grundsätzliche Zweck dieser Medikamente bestand darin, gegen Depressionen wirksam zu sein. Im Handel sind sie unter folgenden Namen erhältlich:

Sertralin (Handelsname z. B. Gladem, Zoloft)
Fluvoxamin (Handelsname z. B. Fevarin)
Paroxetin (Handelsname z. B. Seroxat)
Citalopram (Handelsname z. B. Cipramil)
Fluoxetin (Handelsname z. B. Prozac, Fluctin)

Im Laufe der Zeit haben die Pharmahersteller auch Erfahrung in der Behandlung von Zwangsstörungen gemacht. Eine umfangreiche Studie mit Panikpatienten in den USA erbrachte das Ergebnis, dass Patienten, die Fluoxetin (Fluctin, Prozac) einnahmen, signifikant weniger Panikattacken hatten.

Die häufigsten geschilderten Nebenwirkungen waren Kopfschmerzen und Störungen im Magen-Darm-Bereich. Öfter als die Vergleichssubstanzen verursachen die selektiven Serotonin-Wiederaufnahmehemmer außerdem Einschlafstörungen, Unruhe und Angst sowie Gewichtsabnahme und sexuelle Störungen (insbesondere eine Verzögerung der Ejakulation sowie verminderte Libido). Auch hier sind umfangreiche Nebenwirkungen zu erwarten. Neuste Studien berichten von einer erhöhten Blutungsgefahr im Magen-Darm-Trakt.

Trotzdem scheint sich in der medikamentösen Behandlung der Angstpatienten der Einsatz dieser Stoffe durchzusetzen, weil sie im Vergleich mit anderen Wirkstoffgruppen angeblich weniger gefährliche Nebenwirkungen zu haben scheinen. Wie man es auch nimmt, die Einnahme dieser Medikamente ist grundsätzlich auch nicht auf Dauer empfehlenswert.

Neben den vorgenannten SSRI gibt es weitere ähnlich wirkende Serotonin-Noradrenalin-Wiederaufnahmehemmer (SNRI), Serotonin-Verstärker, Serotonin-Modulatoren und sonstige Antidepressiva. Eine genauere pharmakologische Betrachtung dieser Substanzen würde Sinn und Zweck dieses Buches sprengen. Zu den bekanntesten Mitteln aus der Gruppe der selektiven Serotonin-Noradrenalin-Rückaufnahmehemmern gehört das Mittel Venlafaxin, das unter dem Handelsnamen Trevilor auf dem Markt ist. Ärzte der Charité in Berlin bezeichnen dieses Mittel als erste Wahl beim Einsatz gegen Angst und Panik. Nebenwirkungen sind Zittern, Unruhe, Schwitzen, Herzklopfen, sexuelle Funktionsstörungen …

Hier nochmals meine ganz persönliche Anmerkung: Bei keinem der vielen hundert Angstpatienten, die ich in meiner therapeutischen Praxis sah, hörte eine Angststörung nach der Einnahme von ärztlicherseits verschriebener SSRI oder SNRI wirklich auf.

Wenn Sie wirklich und um jeden Preis ein Medikament gegen Ihre Angststörung einnehmen wollen, dann sprechen Sie mit Ihrem Arzt über diese selektiven Serotonin-Wiederaufnahmehemmer. Von allen schlimmen Medikamenten scheinen diese noch die einzigen zu sein, die man kurzfristig vertretbar einnehmen kann. Unerlässlich scheint mir hier aber zuvor eine Feststellung Ihres Serotoninspiegels.

Die annähernd gleiche Wirkungsweise wie diese Medikamente haben ebenfalls alle hoch dosierten Johanniskraut-Extrakte. Sie hemmen bei entsprechend hoher Dosierung ebenfalls die Wiederaufnahme von Dopamin, Serotonin und Noradrenalin. Die Dosierungsempfehlungen der Medikamentenhersteller sind in Bezug auf Johanniskraut-Extrakte viel zu niedrig. Da man es mit frei verkäuflichen und in jedem Supermarkt erhältlichen Mitteln zu tun hat, schützen sich die Hersteller damit vor möglichen Folgen. Eine Dosis von 500 Milligramm bringt keinerlei Wirkung im psychischen Geschehen – die Einnahme der dreifachen Menge schon. Was mögliche Nebenwirkungen betrifft, sind diese im Bereich einer einfachen bis zweifachen Überdosierung des Wirkstoffs relativ gering. Es kommt hier zu Lichtempfindlichkeit und möglicherweise stark juckenden Hauterscheinungen an den Partien, die dem Licht ausgesetzt waren. Diese Erscheinungen verschwinden nach einigen Tagen, wenn die Dosierung heruntergesetzt oder das Präparat abgesetzt wird. Es sind mir Fälle bekannt, in denen Patienten täglich 4 Gramm eines Johanniskraut-Präparates eingenommen haben. Das wäre etwa eine 8-fache Überdosierung. Auch hier ist es nicht zu wirklich gefährlichen Nebenwirkungen gekommen. Von der Nachahmung einer so starken Überdosierung ohne ärztliche Kontrolle rate ich trotzdem dringend ab.

Der Wirkstoff Hypericin im Johanniskraut wirkt vollkommen natürlich ohne Veränderung der Psyche. Es kommt ganz einfach zu einer Stimmungsanhebung.

Falls Sie Johanniskraut-Präparate vertragen, probieren Sie es aus. Beginnen Sie mit der empfohlenen Dosierung und versuchen Sie diese im Laufe der Zeit in kleinen Schritten zu steigern. Sprechen Sie mit Ihrem Hausarzt darüber und auch über mögliche Nebenwirkungen.

Noch ein Hinweis: Die Wirkung von Hypericin-Wirkstoffen setzt erst allmählich ein. Bitte haben Sie Geduld. Das Medikament wirkt bei Angstpatienten ebenso wie bei leichten Depressionen. Probieren Sie es aus. Der Hinweis aus den Reihen ungläubiger Ärzte, Johanniskraut sei unwirksam bei allen psychischen Krankheitsbildern, ist falsch. Da es unter Johanniskraut-Präparaten ebenfalls zu einer Serotonin-Wiederaufnahmehemmung kommt, ist die Wirkungsweise identisch mit derjenigen von Antidepressiva, nur in schwächerer Form. Als Langzeitmedikation ist Johanniskraut durchaus zu empfehlen.

Erwähnenswerte weitere medikamentöse Therapien werden mit so genannten Betablockern versucht. Betablocker sind eigentlich Medikamente aus dem Bereich der Behandlung von Herzkrankheiten und werden auch zur Blutdrucksenkung eingesetzt. Betablocker reduzieren die Wirkung des Stresshormons Adrenalin. Sie senken die Pulsfrequenz und den Blutdruck. Betablocker sorgen für eine Weitstellung der Blutgefäße. Betablocker haben meiner Meinung nach überhaupt nichts bei der Therapie von Angsterkrankungen zu suchen. Sie verursachen ebenfalls starke Nebenwirkungen, darunter Impotenz beim Mann. Der Erfolg im Einsatz bei Angsterkrankungen ist nirgendwo auch nur mit einer einzigen Zeile beschrieben worden.

Bis vor einiger Zeit wurden frei verkäufliche Medikamente aus Kava-Kava-Extrakten gegen Angst und Panik eingesetzt. Bei Kava-Kava handelt es sich um eine Wurzel aus dem südpazifischen Raum, auch Rauschpfeffer genannt. Inzwischen hat das Bundesgesundheitsministerium alle Kava-Kava-Präparate wegen schwerer Nebenwirkungen in Form von Leberzellschäden verboten. Hier ist es bereits zu durch das Medikament verursachten Todesfällen gekommen.

Von Psychiatern werden im Rahmen der Angstmedikation oft auch hochpotente und niederpotente Neuroleptika eingesetzt. Die Wirkungsweise der Neuroleptika ist primär in der Beeinflussung verschiedener Transmittersubstanzen im Gehirn zu sehen. Neuroleptika wirken antipsychotisch und sedierend. Sie vermindern Angst, Aggression usw.

Neuroleptika verursachen nicht selten sehr gefährliche extrapyramidal-motorische Nebenwirkungen. Zu den hochpotenten Neuroleptika gehört z.B. das Medikament:

Haloperidol

Und zu den niederpotenten Neuroleptika gehört das Medikament:

Thioridazin (Melleril)

Des Weiteren sind gebräuchlich:

Clozapin

Risperidon

Bei einigen Neuroleptika kommt es zu so genannten Spätdyskinesien, unkontrollierten Bewegungen, Zuckungen und Krämpfen. Ernsthaft empfehlenswert ist die Einnahme dieser Neuroleptika natürlich nicht. Sie mögen in psychiatrischen Kliniken ihre Existenzberechtigung haben, nicht aber bei ambulant behandelten Angstpatienten. Wenn Sie sich von Ihrem Arzt ein Medikament verabreichen lassen, das sonst bei schweren Wahnvorstellungen und Schizophrenie eingesetzt wird, haben Sie endgültig aufgehört, an Ihrer Angsterkrankung zu arbeiten. Geben Sie sich nicht in die Hand solcher Ärzte. Fragen Sie den entsprechenden Behandler, ob er ein derartiges Medikament auch seinem Ehepartner oder seinen Kindern verordnen würde.

Ebenso wenig haben Antiepileptika wie z.B. Tegretal oder ähnliche bei Angstpatienten zu suchen. Die Wirkungsweise dieser Medikamente, die über eine Senkung der Anfallsbereitschaft hinausgeht, ist völlig unklar und somit unspezifisch.

Ich kann Ihnen beim besten Willen – außer zur Einnahme von Johanniskraut-Präparaten – zu absolut keinem dieser vorgenannten Medikamente raten. Es mag im Einzelfall sein, dass es zu einer Besserung der Angstsymptomatik bei Einnahme von Antidepressiva kommt. Es mag auch sein, dass bei einigen Betroffenen neurobiologische Ursachen für die Angst vorhanden sind. Vom Großteil der betroffenen Angstpatienten werden jedoch umfangreiche Nebenwirkungen der medikamentösen Therapien geschildert und kaum erfolgreiche Wirkungen.

Was Neuroleptika betrifft, sieht die Sache eigentlich noch schlechter aus. Unter der Einnahme von Neuroleptika verändert sich Ihre Persönlichkeit. Wenn Sie die Neuroleptika absetzen, werden Sie enttäuscht sein, dass Sie wieder »der Alte« sind.

Vertrauen Sie in erster Linie auf die Kraft der therapeutischen Ansätze und auf halbwegs natürliche Mittel und Substanzen.

Serotonin

Nachdem das Wirkprinzip der selektiven Serotonin-Wiederaufnahmehemmer (SSRI) in der Vermehrung des zur Verfügung stehenden Serotonins liegt, sollten wir uns kurz mit dem Serotonin als solchem beschäftigen:

Der Kreislauf des Serotonins lässt sich vereinfacht folgendermaßen aufzeigen: Serotonin wird durch eine Vorstufe im Gehirn gebildet, das Tryptophan. Die Vorstufe Tryptophan wird über das Insulin der Bauchspeicheldrüse gebildet. Das Insulin wiederum wird über den Kohlehydratstoffwechsel angeregt. Da bis heute Serotonin nicht synthetisch als Droge hergestellt werden kann, geht die Denkweise der Pharmazeuten in die Richtung, den Abbau des Neurotransmitters Serotonin zu verzögern. Deshalb wurden die bereits in diesem Buch besprochenen Serotonin-Wiederaufnahmehemmer entwickelt, die den Abbau des Serotonins verzögern.

Serotonin befindet sich im Körper etwa in einer Menge von weniger als 10 Milligramm. Die Substanz Serotonin wirkt auf die Darmkontraktion, regelt das Hungergefühl, hebt die Stimmung, sorgt für unser Glücksempfinden und hat weitreichende Auswirkungen auf unser Verhalten. Viele Funktionen des zentralen Nervensystems werden über Serotonin gesteuert, außerdem einige kardiovaskuläre Funktionen. Ein erniedrigter Serotoninspiegel wird oft bei Menschen vorgefunden, die an schweren psychischen Krankheiten wie Schizophrenie oder Depressionen leiden. Auch beim Empfinden von Angst spielt die Substanz Serotonin eine Rolle, aber sicher keine alleinige Rolle. Es wäre also der falsche Lösungsansatz zu denken: Ich nehme einen Serotonin-Wiederaufnahmehemmer und meine Angst ist weg.

Die Ursachen der Angst sind wesentlich häufiger in Erlebtem und Erlerntem zu finden als in neurobiologischen Ursachen. Stellen Sie sich vor, man würde sämtlichen dicken Menschen Antidepressiva verordnen, bloß weil ein höherer Serotoninspiegel den Appetit zügelt und regelt! Der Denkansatz wäre der gleiche wie bei Angst. Der Einsatz von Serotonin-Wiederaufnahmehemmer ist bei Angstpatienten, die gleichzeitig an Zwangsstörungen leiden, sehr vorsichtig vom Arzt abzuwägen.

Neuste Forschungen der Neurobiologen wiesen nach, dass man bei krankhaft zwangsgestörten Patienten einen enorm hohen Serotoninspiegel gefunden hatte und nicht etwa einen enorm erniedrigten. Zudem gibt es medizinische Hinweise, dass der Serotoninspiegel bei Personen, die gerade einen Selbstmordversuch unternommen hatten, nicht nur enorm niedrig war, sondern bei manchen enorm hoch. Inzwischen sollen bereits so genannte »Serotoninsyndrome« bei unkontrollierter Einnahme der SSRI-Medikamente entstanden sein. Erste Haftungsprozesse sollen in den USA laufen. Ein Zuviel des Stoffes Serotonin scheint genauso schädlich zu sein wie ein Zuwenig.

Inzwischen weiß man, dass gerade bei depressiven Menschen, die dauerhaft ein Antidepressivum vom MAO-Hemmer- oder SSRI-Typ einnehmen, oft Serotoninsyndrome auftreten, nicht selten durch die Kombination verschiedener Medikamente mit unbekannten Wechselwirkungen, z. B. SSRI und Kopfschmerzmitteln. Die Symptome des Serotoninsyndroms sind Schwitzen, Unruhe, Übelkeit, Erbrechen, Zittern, zentralnervöse Unruhe, »Restless-Legs-Syndrom« bis hin zu lebensgefährlichen Symptomen …

Es ist wie bei allen Dingen im Leben: Ein Zuviel ist genauso schädlich wie ein Zuwenig. Schon aus diesem Grund ist eine unkontrollierte und unphysiologische Anhebung des Serotoninspiegels mittels hochwirksamer Medikamente mehr als fraglich.

Fragen Sie Ihren Arzt, ob er sich mit dem Thema Serotonin umfassend beschäftigt hat und seine Kenntnisse auf dem neusten Stand sind. Kann er das ohne Einschränkungen bejahen, dann sind Sie beim richtigen Behandler. Ansonsten versuchen Sie Ihren Serotoninspiegel mittels normaler Mittel auf einen ausreichend hohen Stand zu bringen.

Hier kann Ihnen die Einnahme von Johanniskraut-Präparaten gute Dienste leisten, wie bereits beschrieben.

Es ist wünschenswert und von elementarer Wichtigkeit für Sie, dass Sie Ihren Serotoninspiegel auf einem hohen Niveau halten, weil der Antrieb zu Lebensveränderungen, die Motivationskraft und viele andere wichtige Eigenschaften, die Sie zur Auflösung Ihrer Angst benötigen, über den Serotoninspiegel positiv verstärkt werden. Serotonin ist an allen Gefühlsregungen, die wir haben, in großem Maße beteiligt.

Es wäre Unsinn, wenn Sie sich Unmengen von Schokolade zuführen würden, weil die Süßwarenindustrie behauptet, die Schokolade aktiviere das Glückshormon Serotonin. Der Gehalt an L-Tryptophan (der Vorstufe von Serotonin), das in Kakaobohnen natürlich enthalten ist, ist in Schokolade viel zu gering, um einen nennenswerten Serotonineinfluss zu bewirken. Die Wirkungsweise der Schokolade ist eigentlich nur ein Megakick an Insulin, der durch die Bauchspeicheldrüse ausgeschüttet wird. Wenn Sie zwei bis drei Esslöffel Zucker essen, geschieht dasselbe: Es kommt zu kurzfristigen Insulinspitzen. Allein das Insulin kann nur die Substanz Tryptophan ins Gehirn schleusen, die Serotonin-Vorstufe also. Es wäre in diesem Falle wichtig, zuvor Tryptophan-reiche Lebensmittel gegessen zu haben. Die richtige Kombination wäre beispielsweise ein Essen von Tryptophan-haltigem Fisch und entsprechenden Kohlehydraten wie z. B. Kartoffeln, Nudeln usw.

Viele der Forschungen zum Thema Essen und Serotoninspiegel sind inzwischen überholt. Jüngst haben US-Forscher festgestellt, dass es neben dem so genannten Tryptophan-Hydroxylase-Gen 1, das im Darm für die Produktion des Serotonins zuständig ist, ein Tryptophan-Hydroxylase-Gen 2 gibt, das Serotonin im Gehirn herstellen soll. Außerdem ist bei nahezu allen Überlegungen den Serotoninspiegel betreffend der Noradrenalinspiegel von entscheidender Bedeutung, denn Noradrenalin ist der direkte Gegenspieler des Serotonins. Es gilt auch zu bedenken, dass bei Patienten, die an Migräne leiden, heute oft Serotonin-Antagonisten eingesetzt werden, der Serotoninspiegel also künstlich verringert wird.

Die medikamentöse Beeinflussung des Serotoninspiegels ist ein zweischneidiges Thema. Lassen Sie im Zweifelsfall Ihren Serotoninspiegel von einem Laborarzt bestimmen. Somit sehen Sie, ob Ihr Spiegel von der Norm abweicht. Die Serumkonzentration des Serotonins im Blut steht zwar nicht in unmittelbarem Zusammenhang mit der Konzentration in den Synapsen, aber zumindest kann ein bereits im Blut erniedrigter Serotoninspiegel festgestellt werden. Alle anderen Untersuchungsmaßnahmen wären als apparative Maßnahmen (z. B. PET) für einen Angstpatienten viel zu aufwendig.

Falls Sie trotzdem Einfluss nehmen möchten auf Ihren Serotoninspiegel und die Auswahl Tryptophan-haltiger Lebensmittel Ihnen zu kompliziert erscheint, bietet sich die Möglichkeit, L-Tryptophan als rezeptfreies Mittel in Apotheken zu kaufen. Da es sich hierbei um eine essenzielle Aminosäure handelt, die Sie sowieso jeden Tag zu sich nehmen und die lebenswichtig ist, sind Nebenwirkungen kaum zu erwarten. Hin und wieder liest man folgende Warnhinweise auf L-Tryptophan-Produkten: »Eine exzessive Einnahme bzw. eine Überdosierung der Supplementierung mit der Aminosäure L-Tryptophan wird mit dem sog. Eosonophilie-Myalgie-Syndrom (EMS) in Verbindung gebracht. Diese Erkrankung äußert sich durch ungewöhnliche Häufung von einer Art weißer Blutkörperchen (Eosinophilen) im Bindegewebe, durch Muskel- und Gelenkschmerzen sowie ungewöhnliche Kollagen-Ablagerungen in der Haut.« Dies erweist sich jedoch als nicht ganz richtig dargestellt. Es kam zu solchen Erkrankungen im Zeitraum um 1989–1992, da die L-Tryptophan-haltigen Mittel, die damals in den Handel kamen, teilweise nachweislich mikrobiologisch verunreinigt respektive nicht genügend gereinigt waren. Es gibt keine Anhaltspunkte dafür, dass bei bestimmungsgemäßem Gebrauch der derzeit frei verkäuflichen als Nahrungsergänzungsmittel im Handel befindlichen L-Tryptophane Nebenwirkungen zu erwarten wäre. Seit 1996 sind Tryptophan-haltige Mittel wieder uneingeschränkt im Handel.

In höheren Dosierungen soll L-Tryptophan als leichtes Schlafmittel wirken. Heilpraktiker setzen L-Tryptophan auch bei leichteren Depressionen ein.

Natürliche Mittel mit hohem L-Tryptophan-Gehalt sind unter anderem: Nüsse (bis 1,8 Gramm pro hundert Gramm), Milch (1,5 Gramm pro hundert Gramm), Erbsen, Kartoffeln, Käse, Zwiebeln (1,4 g pro hundert Gramm).

Eine Erhöhung des Serotoninwertes scheinen neben anderen Gemüsen und Früchten besonders Bananen, Walnüsse, Tomaten, Ananas, Melonen, Auberginen und Kiwis zu bewirken.

Wie auch immer Sie sich zur Beeinflussung Ihres Serotoninspiegels entscheiden, bauen Sie in Ihre tägliche Nahrung einige für Sie heilsame Lebensmittel ein. Dazu sollten überwiegend Fisch und Obst gehören; beim Obst z. B. häufig Ananas, Avocado, Papaya und ganz wichtig: Bananen; außerdem Milchprodukte wie Buttermilch, Joghurt und Frischkäse.

Weder bei der Einnahme von freiverkäuflichen und vorschriftsgemäß dosierten Johanniskraut-Präparaten noch bei der Einnahme von L-Tryptophan oder der Änderung Ihrer Nahrungsgewohnheiten hinsichtlich einer Vermehrung von L-Tryptophan brauchen sie Angst zu haben, Ihren Serotoninspiegel zu stark zu erhöhen. Es kann dabei nicht zu einer unphysiologisch hohen Serotoninkonzentration kommen, wie beispielsweise bei der Einnahme von Antidepressiva.

Abschließend muss noch das älteste angstlösende und beruhigende Mittel angesprochen werden, das die Menschheit kennt, der Alkohol. Bereits die Kelten und Römer »tranken sich Mut an«, wenn sie in die Schlacht zogen. Den Soldaten wurde von jeher täglich eine Ration Alkohol täglich zugeteilt.

Mit dem Alkohol ist es eine zweischneidige Sache. Ein Glas Rotwein am Abend genossen, das Ihnen die Ruhe und Gelassenheit gibt, sich von Ihrem anstrengenden Tag zu erholen, ist wahrscheinlich die beste Medizin. Auch als absoluter Notfall-Problemlöser kann ein gelegentliches Glas Wein eingesetzt werden. Sobald der Alkohol jedoch zu einem ständigen therapeutischen Mittel wird und Sie öfter als ein- bis zweimal wöchentlich Alkohol trinken, ist die Gefahr der psychischen und körperlichen Abhängigkeit gegeben.

Bevor Sie jetzt im nächsten Kapitel aktiv die Auflösung Ihrer Angst vornehmen können, möchte ich Ihnen einen wichtigen Satz mitgeben, den Sie sich einprägen sollten:

An Angst stirbt man nicht!

9. Die Auflösung der Angst

Es gibt inzwischen viele Erklärungsmodelle der Angst, aber wenige Lösungsmodelle. Elementarstes Ziel ist, die Angst dort in Energie umzuwandeln, wo sie sich manifestiert, auf der psychosomatischen Ebene. Psychosomatische Manifestationen einer wie auch immer gearteten Störung müssen in erster Linie auf mehreren Ebenen aufgehoben werden. Hier ist zunächst die kognitive Auflösung der angsteinflößenden Situationen zu nennen, zum Zweiten die psychomotorische Auflösung der Angst durch eine entsprechende Körpertherapie, zum Dritten die Änderung der Wahrnehmung der Innen- und Außenwelt, die Wahrnehmung der eigenen Gefühlswelt und die Einsicht in veränderte Lebenssituationen.

Nachfolgend finden Sie den Fahrplan »in 3 Monaten angstfrei«.

Nehmen Sie diesen Fahrplan, verändern Sie ihn nach Ihrem Gusto, benutzen Sie ihn wie einen Diätplan. Sie können Einheiten verschieben oder austauschen, verändern, verkürzen, verlängern. Hauptsache ist, dass Sie aktiv sind. Viele der hier eingetragenen Übungen sind bereits im Buch besprochen worden. Sie finden hier noch einmal eine kurze Zusammenfassung. Nehmen Sie für jeden Übungstag eine Übung aus einer Obergruppe heraus, also eine kognitive Übung, eine Körpertherapieübung, eine existenzialistisch-humanistische Übung. Das ist für Sie ein Garant dafür, dass Sie genügend therapeutische Arbeit und Initiative geleistet haben.

Denkmodell der Angst relativieren

Nehmen Sie sich 15 Minuten Zeit und überdenken Sie Ihre Ängste. Ziehen Sie sich dafür an einen ruhigen Ort zurück, ohne jede Störung und Ablenkung, ohne Lärm und Musik. Seien Sie mit sich ganz allein. Suchen Sie sich für Sie gedanklich mit Angst besetzte Situationen aus und denken Sie diese intensiv zu Ende. Wie wird das Gefühl sein, wenn Sie an der Kasse im Supermarkt stehen? Wie wird das Gefühl sein, wenn Sie über einen großen Platz gehen? Wie wird das Gefühl sein, wenn Sie in einen Bus, ein Flugzeug oder ein Auto steigen? Vielleicht stellen Sie sich vor, dass Sie auf der Autobahn im Stau stehen. Stellen Sie sich vor, dass Sie nach einer Bergwanderung eine Seilbahn nehmen mussten, die zu Tal fährt und etwa 15 Minuten benötigt. Welche Gefühle könnten Sie sich hier vorstellen? Stellen Sie sich eine beliebige Situation vor. Stellen Sie sich vor, wie Sie möglicherweise im Fahrstuhl eingesperrt waren oder wie Sie mutterseelenallein im Urlaub Ihre erste Panikattacke bekommen haben. Stellen Sie sich vor, 500 Kilometer von zu Hause weg zu sein, auf einer Tagung oder beruflichen Reise. An einem Ort, an dem Sie niemanden kennen, den Sie um Hilfe bitten können. Stellen Sie sich vor, auf einem Kreuzfahrtschiff zu sein und nicht aussteigen zu können. Nehmen Sie die Situation in Gedanken so real wie möglich wahr. Fühlen Sie, wie die Angst über Sie kommt, das unbehagliche Gefühl, das Sie bereits bei der Vorstellung der Situation überkommt. Lassen Sie dieses Gefühl zu und überdenken Sie die Gründe der aus dieser Situation entstehenden Angst. Nennen Sie die Argumente, die Sie als ursächlich für die Angst empfinden. Dies könnte z. B. sein:

- Ich habe Angst, ohnmächtig zu werden und mich vor allen zu blamieren.
- Ich habe Angst, einen Herzinfarkt im Bus zu bekommen, und niemand wird mich retten.

- Ich habe Angst, im Fahrstuhl zu ersticken, wenn ich dort eingeschlossen bin.
- Ich habe Angst vor dem Absturz der Seilbahn oder des Flugzeugs.

Suchen Sie Ihre eigenen ängstlichen Befürchtungen und beantworten Sie sich selbst damit die Frage, woher das ungute oder beklemmende Gefühl kommt. Entscheiden Sie sich für eine Situation und eine ängstliche Befürchtung:

> »Ich gehe in den Supermarkt, stehe dort an der Kasse und muss warten. Plötzlich überkommt mich wieder diese Panik. Ich habe Angst, gleich umzufallen. Es wird mir schwindlig und ich spüre kaum noch den Boden unter meinen Füßen.
>
> Ich will nur noch schnell raus aus dem Supermarkt, bevor ich vielleicht einen Herzinfarkt bekomme oder sonst etwas Schlimmes.«

Auf dem Höhepunkt dieser Vorstellung geben Sie sich einfache und einleuchtende Antworten. Diese Antworten sind ehrlich. Sie brauchen sich dafür nicht selbst zu belügen. Sie können sich während der Übung diese Antworten aufschreiben und später nochmals verwenden. Ihre Antworten können so aussehen:

> »Ich bin bisher in meinen 33 Lebensjahren noch nie im Supermarkt umgefallen. Aus welchem Grund sollte ich heute dort umfallen? Mein Herz schlägt im Supermarkt etwas schneller, weil ich aufgeregt bin. Ich kann nicht ohnmächtig werden, denn mein Blutdruck ist aufgrund meiner Aufregung wie mein Puls leicht angestiegen. Beides ist völlig normal, aber man kann mit einem etwas höheren Blutdruck und einem etwas kräftigeren Pulsschlag nicht ohnmächtig werden. Die Natur hat diese Sympathikus-Reaktionen erfunden, damit ich schlagkräftig bin und mich gegen wilde Tiere ver-

teidigen oder zur Jagd gehen kann. Es ist also Unsinn, dass ich in solch einer Situation ohnmächtig werde. Die empfundenen Reaktionen sind wirklich harmlos und werden schnell vorüber sein. Auf jeden Fall sind sie nicht dazu geeignet, mich dazu zu bewegen, aus dem Supermarkt hinauszulaufen. Weglaufen hätte ja absolut keinen Sinn. Was ist draußen anders als drinnen? Dass ich mich nicht wohl fühle, sieht mir keiner der anderen an. In 90 Prozent aller Fälle von Panikattacken haben nicht einmal die Ehepartner der Betroffenen diese Attacken bemerkt. Ich führe meinen Einkauf fort.«

Die Denkübung beschließen Sie mit der Einsicht, dass die Argumente, die Sie sich gegeben haben, doch sehr glaubwürdig sind und vollkommen den Tatsachen entsprechen.

Für alle ausgedachten Szenarien gibt es entsprechende Argumente, die Ihre Angst ad absurdum führen. Suchen Sie diese Argumente zur Not durch Recherche in Büchern oder im Internet. Lesen Sie im Internet nach, wie viele Millionen und Abermillionen Seilbahnpassagiere wohlbehalten befördert wurden. Lesen Sie nach, dass Fahrstühle nicht abstürzen, weil sie Sicherheitshaken haben. Suchen Sie zu Ihren Befürchtungen die entsprechenden wahrheitsgetreuen Gegenargumente und konditionieren Sie sich und die bildhafte Angstsituation damit neu.

Wenn Sie diese Übung täglich machen, dann suchen Sie sich häufig wechselnde Situationen und Argumente aus. Recherchieren Sie alle Gegenargumente genaustens nach.

Nach 15 Minuten dürfen Sie die Übung beenden.

Eine echte Konfrontationsübung

Hier setzen Sie sich den angstauslösenden Situationen so oft und so lange aus, bis die Angst deutlich weniger geworden ist.

Dies ist eine der wichtigsten Übungen. Hier haben Sie die Chance, Ihrer Angst zu widerstehen. Sie können lernen, dass die Angst, die in so vielen Ihrer alltäglichen Situationen aufkommt, Ihnen nichts anhaben kann. Die unangenehmen körperlichen Missempfindungen werden mit der Zeit gänzlich verschwinden, wenn Sie die Konfrontationsübungen konsequent durchführen.

Steigern Sie die Übungsintensität von leicht zu schwer, von kurz zu lang. Laufen Sie in keinem Fall weg und beenden Sie die Übung nicht vorher. Der zuvor anvisierte Umfang und Zeitraum der Übung sollte in jedem Fall erreicht werden. Nehmen Sie eine beliebige Planung einer solchen angstbesetzten Situation vor und führen Sie diese aus. Gehen Sie irgendwohin, wo Sie aufgrund Ihres Vermeidungsverhaltens schon länger nicht mehr waren, z.B. Kaufhaus, Kino, U-Bahn oder Ähnliches. Beginnen Sie bei der ersten Übung mit einer relativ wenig angsteinflößenden Situation, von der Sie annehmen, dass Sie diese gerade noch ertragen könnten. Gehen Sie an diesen Ort und führen Sie die entsprechende Tätigkeit aus, wie z.B. einkaufen oder Bahn fahren oder einen Film anschauen. Wenn Sie merken, dass ein Angstgefühl Sie überkommt, das sich zur Panikattacke steigern könnte, beginnen Sie ruhig zu atmen. Atmen Sie in den Bauch hinein. Fühlen Sie, wie sich Ihre Bauchdecke hebt. Atmen Sie ganz bewusst in den Bauch hinein, langsam, etwa 3 Sekunden lang. Atmen Sie ganz langsam etwa 3 Sekunden lang gegen Ihre nur leicht geöffneten Lippen aus. Spüren Sie, wie der Atem 3 Sekunden lang gegen den Widerstand Ihrer Lippen nach außen gleitet. Atmen Sie langsam ein und aus. Immer so weiter. Zählen Sie beim Ausatmen stets langsam bis 3 oder so lange Sie ausatmen können. Halten Sie diesen Atemrhythmus bei und werden Sie keinesfalls schneller, auch wenn die aufkommende Angst

Sie normalerweise zu schnellerer Atmung bringt. Gleichzeitig stellen Sie sich den Satz vor, den Sie bereits im Rahmen einer Übung gesagt haben:

»Das ist ganz harmlos und wird gleich vorüber sein.«

Wenn Sie allein sind, können Sie den Satz ohne Weiteres laut sagen, ansonsten stellen Sie sich jede Silbe mit seiner wörtlichen Bedeutung vor. Je nachdem, wo Sie gerade sind, lenken Sie Ihr Interesse auf den Ort und seine Attribute. Sind Sie gerade im Supermarkt, dann nehmen Sie einen Artikel zur Hand, lesen das Kleingedruckte auf der Packung und stellen sich vor, was es zu bedeuten hat. Was sind »Hartweizennudeln« oder welche Inhaltsstoffe sind in diesem Waschmittel? Denken Sie intensiv über diese Dinge nach und erlauben Sie sich keinen einzigen noch so kleinen Gedanken zu Angst oder Panik. Sind Sie gerade in der U-Bahn, dann fixieren Sie eine der kleinen Werbetafeln und versuchen, die Schrift zu lesen oder zu ergründen, wofür geworben wird und ob Sie möglicherweise ein solches Produkt benötigen würden. Sind Sie im Kino, dann denken Sie über die Filmfigur nach, ob das Kostüm und die Requisiten authentisch sind und so weiter. Sinn und Zweck dieser Übung des intensiven Nachdenkens ist es, Ihnen zu zeigen, dass die Panikattacke nicht oder nur wesentlich schwächer auftreten wird, wenn Sie sie nicht beachten. Atmen Sie während dieser Vorstellungen stets ruhig weiter. Halten Sie diese Übung mehrere Minuten durch. Die Chance, dass die gerade aufsteigende Panikattacke wieder vergeht, ist sehr gut. Wenn Sie merken, dass Sie selbst die Panikattacke »abwählen« können, indem Sie Ihr Interesse auf andere Dinge richten, wird Ihnen klar werden, dass es mit der Gefährlichkeit der Panikattacken nicht weit her sein kann.

Ist die Panikattacke doch zu ihrem Vollbild gelangt, dann atmen Sie trotzdem ruhig und langsam weiter. Denken Sie daran, was Sie hier gelesen haben. So leicht fällt niemand im Supermarkt um; wenn das

Herz schneller und kräftiger schlägt, kann man nicht ohnmächtig werden. Niemand kann Ihnen Ihr Gefühl von Panik ansehen. Es ist unnötig davonzulaufen. Ganz im Gegenteil, erst wenn Sie eiligst von dem Ort verschwinden möchten, wo Sie gerade sind, wird man sich fragen, was denn mit Ihnen los ist. Bleiben Sie gelassen. Was Sie gerade fühlen, sind nur Wirkungen des vegetativen Nervensystems. Diese sind harmlos und gehen gleich vorüber. Führen Sie Ihren Einkauf fort. Es wird Ihnen nichts geschehen. Selbst wenn Ihnen etwas geschehen würde, was nicht der Fall sein wird, könnte man Ihnen in der Öffentlichkeit wesentlich schneller zur Hilfe kommen als bei Ihnen zu Hause, wo Sie womöglich allein sind. Bleiben Sie gelassen, atmen Sie langsam ein und viel langsamer aus. Denken Sie spontan an etwas, was Sie in den letzten Tagen gut geregelt haben oder was Ihnen in den letzten Tagen große Freude gemacht hat. Denken Sie an Erfolge oder die neuen Schuhe, die Sie sich kaufen möchten. Lenken Sie sich ab. Sie brauchen keine Angst zu haben, es wird Ihnen nichts, aber auch gar nichts geschehen. Denken Sie realistisch darüber nach: Noch nie ist Ihnen etwas Ernsthaftes in Verbindung mit diesen Panikattacken geschehen. Sie wissen eigentlich gar nicht genau, wovor Sie überhaupt Angst haben.

Brechen Sie dieses Expositionstraining erst nach der selbst vorgenommenen Zeit, z.B. 30 Minuten, ab. Dann dürfen Sie sich kräftigst loben, Sie haben das prima gemacht. Ziehen Sie sich in keinem Fall vor Ablauf der schlimmsten Angstgefühle aus der Situation zurück. Nur wenn Sie durchhalten, bis die schlimmste Angst vorüber ist, entsteht ein starkes Gefühl von Stolz in Ihnen, der Angst mutig gegenübergetreten zu sein.

Bald wird Ihre Angst wesentlich geringer sein.

Eine Sportübung

Die wichtigsten Therapien gegen die Angst sind sportliche Übungen. Bei der Bewältigung Ihrer Angst ist nichts anderes dem Sport ebenbürtig.

Jede auch noch so kurze sportliche Übung sorgt dafür, dass Sie ein neues Körpergefühl bekommen, dass Sie Ihr Adrenalin abtrainieren, quasi »verbrennen«. Jede noch so kurze sportliche Übung steigert Ihr Selbstbewusstsein. Sie merken, dass Sie leistungsfähig sind und beginnen, Ihren leistungsfähigen Körper wieder zu mögen. Ihre ständig sich verbessernde Leistung bei kontinuierlichem Training wird dafür sorgen, dass Sie plötzlich unbändige Lust entwickeln, über diese Übungen hinaus Sport zu treiben. Mit den sich steigernden sportlichen Leistungen wird sich die Angst um denselben Faktor zurückziehen. Überlegen Sie mal: Wenn Sie sogar eine halbe Stunde mit einem Puls von 140 laufen können, warum sollten Sie dann im Supermarkt Angst davor haben, wenn Ihr Herz einmal für zwei Minuten mit 100 oder 120 pocht? Schon bald wird Ihr Ruhepuls niedriger werden und es wird zu immer weniger spontanen Erregungen im Sinne einer Panikattacke kommen.

Beginnen Sie ein sportliches Training, wie ich es in diesem Buch bereits vorgestellt habe. Entweder kaufen Sie sich ein Ergometer oder Sie nehmen Ihr Fahrrad und fahren los. Vielleicht gehen Sie morgens 20 Minuten lang joggen oder walken. Stehen Sie etwas früher auf und nehmen Sie sich die Zeit. Es gibt nichts, was so wichtig ist wie Ihre Gesundheit, setzen Sie also Prioritäten. Der tägliche Sport muss eine Ihrer Pflichtübungen werden. Als Pflicht werden Sie ihn jedoch nur anfangs empfinden. Später werden Sie viel Spaß an den morgendlichen 20 Trainingsminuten haben.

Fangen Sie auf einem Ergometer einfach an und benutzen Sie Ihren Pulsmesser. Trainieren Sie anfangs um die 130 Pulsschläge, 20 Minuten lang. Später, wenn Sie leistungsfähiger sind, können Sie in höheren Pulsfrequenzen trainieren. Die Leistung, die Sie auf dem Ergometer erbringen, ist vollkommen zweitrangig. Falls Sie sich für Laufen entschieden haben, beginnen Sie mit lockerem Jogging. Sie könnten anfangs im Wechsel 2 Minuten laufen und 1 Minute gehen, falls Ihnen längeres Laufen schwer fällt.

Viele Betroffene schieben alle Aktivitäten unter fadenscheinigen Gründen auf. Seien Sie ehrlich und konsequent und stehen Sie aus Ihrer Lethargie auf. Schieben Sie nichts auf! Die Angst wird zurückweichen, wenn Sie wollen. Sie werden so viel positives Feedback von Ihrem Körper bekommen, dass Sie ihm endlich wieder trauen werden. Nehmen Sie sich täglich 20 Minuten Zeit. Ausdauertraining ist ein wirksames Anxiolytikum, was in vielen wissenschaftlichen Studien bewiesen wurde.

Training gegen Schwindel

Das Erleben von Schwindel oder Unsicherheitsgefühlen in Bezug zur Umgebung gehört zu den elementaren Erscheinungen bei der Panikattacke und phasenweiser Dauerschwindel kommt bei nahezu allen Erkrankungen unter dem Oberbegriff Angst vor. Der Schwindel wird vom Betroffenen als bedrohlich empfunden. Es ist wichtig, dass der Schwindel gedanklich und im Erleben von der angstbesetzten Situation entkoppelt wird. Auch hierzu gibt es ein einfaches, aber wirkungsvolles Expositionstraining. Nehmen Sie sich einen Bürodrehstuhl oder besorgen Sie sich einen kleinen, hölzernen, drehbaren Hocker mit runder Sitzfläche. Stellen Sie den Stuhl in die Mitte des Raumes und setzen Sie sich darauf. Jetzt beginnen Sie, sich auf dem Stuhl zu drehen. Schließen Sie dabei die Augen. Beginnen Sie mit einer kurzen Drehdauer von ungefähr 10–15 Sekunden. Sie drehen sich für diese Dauer vollkommen um Ihre eigene Achse und stoßen sich jeweils mit den Füßen weiter ab, damit Sie ständig in Drehbewegung bleiben.

Dann halten Sie die Bewegung an, öffnen die Augen und versuchen ruhig auf Ihrem Hocker oder Stuhl sitzen zu bleiben. Fixieren Sie mit den Augen einen Punkt an der Wand und spüren Sie die Symptome des gerade erlebten Schwindels. Es kann sein, dass der Raum sich um Sie dreht oder dass Sie Sehstörungen haben. Es ist möglich, dass Ihnen übel wird. Das ist vollkommen normal und beabsichtigt. Jeder andere vollkommen gesunde Mensch würde jetzt Schwindel empfinden. Das ist eine normale körperliche Reaktion. Spüren Sie Ihrem Schwindel nach, wie er nach einigen Momenten langsam weniger wird, um irgendwann ganz zu vergehen. Dann beginnen Sie die Übung von neuem. Sie drehen sich eine gewisse Zeit und öffnen dann die Augen wieder. Bitte fixieren Sie jeweils mit den Augen einen Punkt an der Wand, z.B. ein Bild oder einen Kalender. Steigern Sie die Drehdauer mit der Zeit. Manche können sich eine Minute im Kreis drehen. So verstärken und verlängern Sie den erlebten Schwindel. Ziel der Übung ist es, Ihrem Gehirn die Alarmverknüpfung mit dem Schwindel zu nehmen und zudem sämtliche Gleichgewichtsorgane zu trainieren. Dauerhaft angewandt ist dies eine der einfachsten und besten Therapien gegen Schwindel, die es gibt. Sie können bei dieser Übung die Dauer selbst variieren. Sie können die Übung auch mit geöffneten Augen versuchen. Wichtig ist, dass wirklich unangenehmer Drehschwindel entsteht. Sie müssen diesen Schwindel zwischen den Übungen so lange aushalten, bis er fast abgeklungen ist, dann dürfen Sie die nächste Übung durchführen.

Machen Sie diese Übung mehrfach in der Woche. Sie wird Ihnen nach kurzer Zeit sämtliche Angst vor Schwindel nehmen. Durch die eher gleichgültige Kenntnisnahme des Schwindels wird die Verknüpfung Schwindel – Gefährlich – Panik im Gehirn mit der Zeit aufgehoben. Falls Sie sich am Anfang fürchten, diese Übung allein durchzuführen, bitten Sie Ihren Ehepartner oder eine Begleitperson, bei Ihnen zu sein, das gibt Ihnen Sicherheit.

Eine Atemübung

Ich beschreibe die anfangs im Buch bezeichnete Atemübung nochmals kurz: Sie suchen sich einen Platz in Ihrem Zuhause, wo Sie Ruhe haben. Legen Sie sich auf eine bequeme Unterlage. Sie schließen die Augen und atmen ein, wobei Sie im Geiste mitzählen: 21, 22, 23. Versuchen Sie die eingeatmete Luft in Ihren Bauch zu lenken. Fühlen Sie, wie die Luft den unteren Teil Ihrer Lungen füllt. Ihr Bauch hebt sich beim Einatmen mit an. Jetzt atmen Sie diesen tiefen Atemzug wieder aus und zwar ganz langsam durch den Mund mit fast geschlossenen Lippen. Beim Ausatmen zählen Sie im Geiste mit: 21, 22, 23. Atmen Sie bedächtig und langsam aus. Atmen Sie wieder tief ein, Ihr Bauch hebt sich und Sie lassen die Luft langsam heraus. Je langsamer Sie ausatmen, desto besser. Fühlen Sie in dieser kleinen Übung nur Ihren Atem und werden Sie dabei ruhig. Spüren Sie, wie perfekt Ihr Atem funktioniert und wie kräftig er Ihre Lungen füllt. Wenn Sie 3 Minuten oder mehr bewusst so geatmet haben, lassen Sie langsam die bewusste Orientierung von Ihrem Atmen weggleiten zu Ihren Füßen. Versuchen Sie Ihre Zehen zu spüren, Ihre Fersen, die Sohlen. Bewegen Sie Ihre Zehen gleichzeitig an beiden Füßen und formen Sie beide Füße zu Krallen. Atmen Sie ganz ruhig weiter. Spannen Sie Ihre Zehen fest an. Nach 10 Sekunden lockern Sie diese Anspannung kurz wieder. Dann drücken Sie Ihre Fersen kraftvoll in die Unterlage und halten die Spannung einige Sekunden an, dann lösen Sie diese und spüren die Entspannung. Führen Sie diese Übung insgesamt 10 Minuten durch.

Entspannungsübung nach Jacobson

Ich habe bereits ausführlich über die Muskelrelaxation nach Jacobson berichtet und will hier nur einige ergänzende Anmerkungen dazu machen. Üben Sie täglich mindestens 20 Minuten. Suchen Sie sich eine ruhige Umgebung, wo Sie nicht gestört werden. Sind die Hintergrundgeräusche zu laut, dann nehmen Sie einen Ventilator in der Nähe in Betrieb. Dessen Geräusch ist beruhigend und überdeckt andere störende Hintergrundgeräusche.

Nehmen Sie sich eine bequeme Unterlage. Manche Gymnastikmatten sind zu hart. Ein dicker Teppich leistet gute Dienste.

Wenn Sie eine Muskelgruppe anspannen, halten Sie die Spannung immer etwa 7–10 Sekunden. Zählen Sie in Gedanken die Sekunden mit. Einundzwanzig, zweiundzwanzig usw.

Konzentrieren Sie sich auf die angespannte Muskelgruppe und fühlen Sie, wie sich die Spannung aufbaut und immer größer wird.

Entspannen Sie die Muskeln abrupt. Dies bewirkt eine nachhaltige Tiefenentspannung. Nur bei der Halswirbelsäule und dem Schultergürtel dürfen Sie die Spannung keinesfalls abrupt lösen, sondern nur langsam.

Nach jeder 7–10 Sekunden dauernden Anspannung erfolgt eine 15–20 Sekunden lange Pause. Liegen Sie in der Pause ganz locker und spüren Sie, wie sich der entspannte Muskel anfühlt.

Hier nochmals ein kurzer alternativer Übungsplan:

- Machen Sie mit beiden Händen Fäuste, Spannung anhalten und lösen.
- Spannen Sie beide Bizeps an, indem Sie die Unterarme leicht in Richtung der Schultern anheben. Spannung anhalten und lösen.
- Spannen Sie beide Trizeps-Muskeln auf der Rückseite des Oberarmes an, indem Sie die Arme ganz strecken. Spannung halten und wieder lösen.

- Ziehen Sie Ihre Augenbrauen nach oben, so weit Sie können. Spannung halten und loslassen.
- Kneifen Sie die Augen zu, bis nur noch ein kleiner Lidspalt offen bleibt. Spannen Sie damit die rund um die Augen gelegenen Muskeln an. Nach 7–10 Sekunden Spannung wieder lösen.
- Öffnen Sie den Mund so weit Sie können. Spannen Sie dadurch die Wangenmuskulatur und einen Teil der Halsmuskulatur an. Spannung wieder lösen.
- Drücken Sie den Kopf nach hinten in die Unterlage und spannen Sie dadurch die hinteren Nackenmuskeln an.
- Ziehen Sie die Schultern nach vorne, so als ob Sie beide Schultern vor der Brust zusammenführen wollten. Anspannen und wieder lösen.
- Drücken Sie die Schultern nach hinten in die Unterlage. Spannung halten und wieder lösen.
- Spannen Sie die Brustmuskeln an, indem Sie ganz tief einatmen. 7–10 Sekunden die Luft anhalten und wieder langsam lösen, ausatmen, nicht abrupt!
- Bauchmuskeln anspannen. Falls Sie dies nicht schaffen, den Bauch einziehen. Spannung halten und wieder lösen.
- Die Lendenwirbelsäule anspannen, indem Sie ein Hohlkreuz machen und den unteren Rücken von der Unterlage abheben. Spannung 10 Sekunden halten und wieder lösen.
- Kneifen Sie die Pobacken zusammen. Spannung halten und wieder lösen.
- Oberschenkel rechts anspannen, Spannung halten und lösen.
- Wade rechts durch Strecken des gesamten Fußes anspannen. Nach 7–10 Sekunden Spannung wieder lösen.
- Fuß hochziehen, Spannung halten und lösen.
- Oberschenkel links anspannen, Spannung halten und lösen. Wade links durch Strecken des gesamten Fußes anspannen. Nach 7–10 Sekunden Spannung wieder lösen.

- Fuß hochziehen, Spannung halten und lösen.

Die Übungen nach Jacobson sind gänzlich undogmatisch. Wenn Sie eine einzelne Übung aus dem Repertoire öfter oder gar nicht machen wollen, so ist dies kein Problem. Führen Sie die progressive Muskelentspannung häufig durch. Sie ist eine wunderbare Methode, Kontrollverlustängste abzubauen.

Erkenntnis- und Visualisierungsübung

Wie ich es bereits mit der Beschreibung der »Lebenstraum«-Übung erklärt habe, ist die Visualisierung von Zielen und Wünschen im Leben der Angstbetroffenen elementar wichtig. Nur mit dem klaren Ziel vor Augen lohnt sich das Leben. Jeder Mensch hat andere Ziele, ohne Ziele ist das Leben planlos und ungeordnet. Für viele ist der Weg das Ziel, andere arbeiten auf etwas Bestimmtes hin, ein eigenes Haus, eine Weltreise, ein Leben unter Palmen, ein Jahr in der Südsee, ein eigenes Geschäft … Die Liste lässt sich beliebig verlängern. Durch die Entdeckung Ihrer eigenen verborgenen Wünsche und Ziele werden Sie viel klarer sehen und Ihr Leben zielorientiert gestalten können. Der Verlust der Planlosigkeit ist gleichsam für die Panikbewältigung notwendig. In einem plan- und ziellosen Alltag fasst die Panik eher Fuß als bei einem zielorientiert handelnden Menschen. Nehmen Sie sich Zeit und Muße zu ergründen, was Sie überhaupt wollen. Dazu dient die Visualisierungsübung. Führen Sie diese hin und wieder in Kurzform durch. Bei jedem Mal notieren Sie sich, inwieweit Sie Ihrem Ziel näher gekommen sind. Beginnen Sie die Übung, indem Sie ein Blatt Papier oder ein Heft nehmen. Auch in der Industrie gibt es dieses ominöse Heft, als Sinnbild Lastenheft genannt. Hier wird bei der Entwicklung von Produkten definiert, wie schwer ein neues Auto sein darf, wie schnell oder sparsam es sein soll … Nehmen Sie Ihr persönliches

Lastenheft und schreiben Sie einen Satz hinein:

»Wie ich gerne leben möchte.«

Schreiben Sie zu diesem Satz spontan einige Antworten und Anmerkungen, wie z. B.

- unter Palmen
- in der Sonne
- in Amerika
- mit vielen Kindern
- auf einer Insel
- als Millionär
- als Weltreisender
- als Weltumsegler

Wenn Sie mehr als drei Antworten gefunden haben, dann entscheiden Sie sich für drei, die Ihnen am erstrebenswertesten scheinen. Unterstreichen Sie diese und beginnen Sie sich in Gedanken auszumalen, wie ein solches Leben am Meer, unter Palmen oder als Unternehmer sein könnte. Schreiben Sie dazu nochmals kurze Stichworte auf. In diesen Stichworten umreißen Sie Ihren Lebensalltag im Wunschleben beispielsweise mit:

- Lange schlafen
- Täglich ins Restaurant gehen
- Täglich segeln gehen
- Täglich Golf spielen

Was hier steht, ist letztlich Ihnen überlassen. Es kommt nur darauf an, dass Sie Ihre ganz persönlichen Wünsche visualisieren. Es gibt keine Benotung dieser Wünsche. Dem einen sind Dinge wichtig, die für andere keine Rolle spielen. Schreiben Sie alle Vorstellungen zu dem gewünschten Leben in Stichworten auf. Es kann auch die Schilderung Ihres Tagesablaufs in diesem Wunschleben sein, wie beispielsweise:

10 Uhr aufstehen, dann gehe ich ins Bistro an den Strand, zum Frühstück, danach fange ich an, an meinem neuen Bild zu malen usw.

Oder vielleicht: Morgens stehe ich früh auf und fahre in mein eigenes Geschäft. Bevor die ersten Kunden kommen, mache ich noch schnell meine Lieferantenbestellungen fertig usw. Mittags treffe ich mich mit einem Geschäftsfreund zum Essen, wir besprechen das gemeinsame Golfturnier am Wochenende, den geplanten gemeinsamen Urlaub.

Zu guter Letzt versuchen Sie Lösungsmodelle aufzuschreiben, die Sie diesem Leben näherbringen könnten. Schreiben Sie auf, wie Sie einzelne dieser Ziele erreichen könnten. Benutzen Sie aber keine allzu realistischen und nüchternen Lösungsmodelle. Das Wort »Sparen« wäre kaum geeignet, Ihnen Laune auf ein Leben unter südlicher Sonne zu machen. Wie lange müssten Sie sparen, um dieses Ziel zu erreichen? Nein, aktive Lösungswege sind hier gefragt. Schreiben Sie sich auf, welche Aktivitäten Sie einleiten könnten, um Ihre Ziele zu erreichen. Der Weg zum eigenen Geschäft könnte vielleicht zunächst über einen nebenberuflichen Start im Internet führen. Viele erfolgreiche Unternehmer unserer Zeit haben im Internet, z. B. bei eBay, gestartet und dort nach Feierabend ihre Ware angeboten. Eine andere Möglichkeit wäre z. B. die Veränderung des Arbeitsplatzes oder des Wohnortes. Sie könnten im Internet eine Zeitung des Ortes lesen, an dem Sie gerne leben möchten – spanische Immobilienanzeigen, neuseeländische Stellenangebote. Sie können sich alle Informationen verschaffen, die Sie benötigen. Wohl gemerkt, Sie müssen keine Ziele formulieren, die Sie vielleicht gar nicht mögen. Wenn Sie lieber ein eigenes Haus in Ihrem Heimatort bauen würden, dann wären die Zielerreichungsaktivitäten vielleicht: Grundstück kaufen – Immobilienmarkt verfolgen. Es geht darum, dass Sie endlich Ihre Ziele visualisieren und herausfinden, was Sie »insgeheim« lieber tun würden, als was Sie zur Zeit tun.

Haben Sie Ihre Ziele erst einmal visualisiert und definiert, besteht auch eine gute Chance, dass Sie einen Teil davon erreichen werden. Nur wer glücklich ist, macht sich keine Sorgen, lautet eine Lebensweisheit. Suchen Sie Ihr persönliches Glück. Diese kleine Visualisierung, für die Sie vielleicht insgesamt 20 Minuten Zeit benötigen, legen Sie dann zunächst wieder weg.

Bei der nächsten Visualisierungsübung nehmen Sie das Niedergeschriebene wieder zur Hand und lesen alles noch einmal durch. Auch bei der zweiten Durchführung dieser Übung sollten Sie sich 20 Minuten Zeit nehmen. Überprüfen Sie die formulierten Wünsche und Ziele. Gerne dürfen Sie weitere Ziele dazu definieren oder definierte Ziele aus der Liste streichen.

Was die zuvor definierten Ziele betrifft, können Sie nun analysieren, ob Sie bereits etwas unternommen haben, um diese Ziele zu erreichen. Haben Sie bereits ausländische Stellenangebote gelesen, das Grundstücksangebot am Ort sondiert oder sich eine Geschäftsstrategie für eine selbstständige Tätigkeit erstellt?

Notieren Sie, was Sie getan haben und wie Sie Ihren Zielen näher gekommen sind.

Nehmen Sie diese Übung alle 2 Wochen zur Hand und arbeiten Sie jeweils 20 Minuten daran weiter. Entwickeln Sie Fantasie bei der Arbeit mit dieser Visualisierungsübung. Ziel ist es, dass Sie Ihre Wünsche besser kennen lernen und an deren Realisierung nachhaltig und aktiv arbeiten. Diese so unscheinbare Übung enthält drei für Angstpatienten wesentliche therapeutische Ziele:

- Sensibilisieren für die eigenen Wünsche
- Aktivität entwickeln
- Motivation zur Zielerreichung

Was Sie auch definieren werden, etwas davon wird ohne Weiteres eintreten. Durch die ständige Konfrontation mit Ihren eigenen bisher vielleicht unbewussten Wünschen werden Sie sich automatisch entsprechend programmieren. Ein großer Teil Ihres Handelns wird sich zielorientiert abspielen, auch wenn Sie dies nicht immer direkt merken werden.

Sie dürfen ruhig zum Visionär werden und auch relativ unerreichbar erscheinende Ziele definieren. Ein Teil davon wird Wirklichkeit werden. Vielleicht entdecken Sie, dass Sie einen völlig falschen Beruf oder Arbeitsplatz haben, der nicht zu Ihnen passt, und können dadurch wesentliche Lebensänderungen vornehmen.

Dekonditionierungs-Übung

In dieser kleinen Übung sollen Sie unangenehme Erlebnisse aus Ihrem Unterbewusstsein löschen. Je weniger unangenehme Bilder, die Ihnen Angst einflößen, sich in Ihrem Unterbewusstsein verbergen, desto weniger Angst werden Sie vor unbewussten Dingen haben.

Diese Übung setzt wieder eine gewisse meditative und ruhige Umgebung voraus. Vielleicht legen Sie sich dazu hin und entspannen sich. Jetzt denken Sie intensiv darüber nach, welche Situationen Sie – als Kind oder Erwachsener – erlebt haben, vor denen Sie schreckliche Angst haben. Sind Sie ins Wasser gestürzt, sind Sie vom Fahrrad gefallen, vom Auto angefahren worden, haben Sie selbst mit ansehen müssen, wie anderen etwas Schreckliches passiert ist? Sind Sie als Kind geschlagen worden oder ist Ihnen sonst ein schlimmes Leid zugefügt worden? Erleben Sie eine dieser Situationen nochmals bei geschlossenen Augen nach. Erinnern Sie sich an den Tag, als die Situation passierte? Was haben Sie gesehen, was gehört und gab es dort Gerüche? Wie war das Wetter an jenem Tag, war es kalt oder heiß? Welche Kleidung trugen Sie? Welche Kleidung trugen die anderen Menschen während dieser Situation? Ich möchte, dass Sie bei dieser Übung alle noch so kleinen Details vor Ihrem geistigen Auge sehen. Welche Farbe hatte das verunglückte Auto oder das umgestürzte Fahrrad? Haben Sie geschrien, als Sie ins Wasser fielen oder geschlagen wurden? Hatten Sie Todesangst?

Bitte setzen Sie sich ganz genau über mehrere Minuten hinweg mit einer schrecklichen Situation aus Ihrer Erinnerung auseinander. Sie müssen Bilder oder Filme dieser Situation produzieren. Auch wenn es Ihnen schwerfällt, holen Sie diese irgendwo abgespeicherte Situation hervor, die Ihnen einmal große Angst gemacht hat.

Jetzt, da Sie alle Bilder wieder genau vor sich sehen, stellen Sie sich bildhaft und voller Realität vor, wie Sie ein Feuerzeug nehmen und diese Bilder und Filme in Brand stecken. Brennen Sie sie ab, bis nur noch ein Häufchen Asche übrig bleibt, das von einem Windstoß weggeblasen wird. Zünden Sie die Bilder nicht einmal an, sondern zehnmal, fünfzigmal. Versuchen Sie sich vorzustellen, wie es riechen würde, wenn Sie Fotos verbrennen. Schauen Sie auf die brennenden Fotos, wie erst der Körper, später auch das Gesicht der abgebildeten Personen im Feuer verschwindet. Autowracks und Fahrräder, alles wird verbrannt. Stellen Sie sich genau vor, wie das Verbrennen dieser Bilder ein Geräusch macht. Schauen Sie vor Ihrem geistigen Auge zu, wie lange diese Bilder oder Filme brennen. Alles muss weg. Alles ist verbrannt. Die schrecklichen Dinge sind verbrannt. Das ist Ihre Affirmation, die Sie sich jetzt sagen:

> «Die schreckliche Situation ist verbrannt, nichts ist davon übrig geblieben.«

Machen Sie diese Übung mehrfach, wenn Sie möchten, jeden Tag. Sie können die schreckliche Situation auch »im Wasser versenken« oder »in eine tiefe Schlucht werfen« oder ein Grab ausheben und die Erinnerung »begraben«. Passen Sie Ihre Affirmation entsprechend an:

»Die schreckliche Situation ist begraben.«

Nehmen Sie diese Übung sehr ernst und zweifeln Sie nicht daran. Es handelt sich um eine Technik aus dem NLP (Neurolinguistische Programmierung). Mit der Zeit werden diese schrecklichen angsteinflößenden unbewussten Erinnerungen und Kindheitstraumata keine Verknüpfung mehr mit irgendwelchen Empfindungen oder Körperreaktionen haben. Sie werden nicht völlig aus Ihrem Gedächtnis gelöscht, aber es erfolgt in Ihrem Gehirn eine neue Bewertung dieser Erinnerung im Sinne von: »Erledigt«.

Eine Sichtweise-Übung

Bei dieser Übung, die Sie hin und wieder machen können, sollten Sie ein Thema wählen, das Sie belastet und Ihnen gewissermaßen auf dem Herzen liegt. Schreiben Sie dieses Thema und alle Vorstellungen darüber auf. Es könnte sich bei diesem Thema z.B. um den ständigen Ärger am Arbeitsplatz, um Meinungsverschiedenheiten mit Kollegen oder Freunden, um finanzielle Sorgen oder Ähnliches handeln. Notieren Sie, warum dieses Thema für Sie negative Attribute hat. Warum die Kollegen oder der Vorgesetzte Sie kritisieren; warum dieser oder jener Freund anderer Meinung zu einem Thema ist; warum Sie ständig mit sich selbst unzufrieden sind. Was Sie schreiben, ist letztlich Ihnen selbst überlassen. Es geht in erster Linie darum, die eigene Sichtweise der Dinge auf einen Prüfstand zu stellen. Betrachten Sie das entsprechende Thema zunächst mit Ihren eigenen Augen, dann so, als ob ein Freund Sie gebeten hätte, ihm zu diesem Thema einen Rat zu geben. Geben Sie dem »virtuellen Freund« Ratschläge. Fragen Sie »ihn«, warum er davon ausgeht, dass es immer an den anderen liegt, oder warum er glaubt, dass alle ihm Böses wollen. Hinterfragen Sie die einzelnen niedergeschriebenen Argumente und versetzen Sie sich in die Person eines Außenstehenden. Ist Ihre bisherige Sichtweise zu der Situation, die Sie bedrückt oder stört, stimmig und schlüssig? Vielleicht bewerten Sie manche Dinge ganz anders, sind eingeschnappt oder beleidigt. Beleidigtsein ist keine Basis für eine objektive Betrachtung. Denken Sie genau über Ihre Sichtweisen nach. Vielleicht sehen Sie sich in einem gänzlich anderen Licht als andere Sie beurteilen. Vielleicht sollten Sie zu manchen Dingen Ihre Sichtweise verändern, sollten manches als gegeben hinnehmen, anderes anzweifeln oder in Frage stellen.

Ziel dieser kleinen Übung ist wiederum die Selbst-Aktivierung, die Lösung alltäglicher Probleme durch eine Veränderung der Ansichten. Prüfen Sie das Fundament Ihrer Ansichten. Beispiel:

> »Ich finde es störend, dass meine Freunde/Bekannten sonntags immer Rad fahren wollen. Ich finde Rad fahren ätzend.«

Nun gibt es einige Fundamente Ihrer Ansichten. Diese könnten sein: Sie waren seit Ihrer Kindheit noch nicht Rad fahren und wissen nicht, welch schöne sportliche Erfahrung es verkörpert, welchen tollen Gemeinschaftswert das gemeinsame Radfahren hat. Eine andere Sichtweise könnte auf der Tatsache fußen, dass Sie schlechte Erfahrungen mit dem Radfahren gemacht haben. Sie fühlten sich vielleicht überfordert, möglicherweise sind Sie gestürzt, hatten eine Panne und mussten zu Fuß weitergehen. Eine dritte Sichtweise könnte dadurch entstanden sein, dass Sie das Radfahren als spießig empfinden, bloß weil Ihre ehemaligen spießigen Nachbarn, die Sie sowieso nie leiden konnten, sonntags stets Rad fuhren.

Woher auch immer Ihre Ansicht kommt, Sie können diese genau analysieren und auf ihren Wahrheitsgehalt überprüfen. Bei letzterem Argument mit den spießigen Nachbarn könnte eine weitere Information und Beschäftigung mit der Materie ganz andere Ergebnisse erbringen: Stellen Sie sich vor, Lance Armstrong, mehrfacher Tour-de-

France-Sieger, oder Miguel Indurain, Eddy Mercks, Idole des Radsports, haben mit Ihren spießigen Nachbarn nicht das Geringste gemein, obwohl sie Rad fahren. Bei der exemplarischen Sichtweise, dass Ihnen das Erlebnis Radfahren nicht gefallen hat und mehr oder weniger alles schief ging, kann es sich durchaus um Ihre eigene Schuld handeln. Vielleicht sind Sie als Anfänger mit viel zu sportlichen Partnern gestartet, vielleicht war das verwendete Rad, der später platte Reifen zuvor nicht in Ordnung. Wie Sie es auch wenden, es gibt immer mindestens zwei Seiten bei der Betrachtung einer Sache.

Das Radfahren war hier nur exemplarisch. Wenn es sich um andere Dinge handelt, die Sie stören, wie die Unzufriedenheit Ihrer Kinder, der Streit mit den Nachbarn usw., dann hilft oft eine genaue Betrachtung der eigenen Sichtweise. Vielfach löst eine Änderung der eigenen Sichtweise bereits das Problem oder sorgt dafür, dass es weniger dominant im Vordergrund steht. Dadurch ist Ihnen bereits geholfen. Probleme oder Gedanken an vermeintliche Probleme zu verschwenden hemmt die Leistungsfähigkeit und steht jedem Ziel im Weg. Eines Ihrer großen Ziele ist die Bewältigung der Angst. Alles, was Ihre Persönlichkeit stärkt, Sie zufriedener und gelassener macht, wirkt indirekt gegen die Angst.

Eine positive Affirmation am Abend

Wie bereits beschrieben, sollten Sie sich jeden Abend eine positive Affirmation vor dem Einschlafen laut vorsagen. Diese Affirmation soll heilsame Bilder in Ihr Unterbewusstsein bringen. Schreiben Sie sich zuvor einen Affirmationstext auf. Diesen können Sie frei gestalten. Ein Beispiel wäre:

»Ich bin gesund und stark, frei von Angst. Ich liebe meinen Körper. Mein Körper ist ein zuverlässiges biologisches Kunstwerk. Ich kann mich völlig auf meinen Körper verlassen. Alles funktioniert bestens. Mein Körper ist voller Gesundheit und Kraft. Morgen werde ich wieder voller Freude erwachen und einen wunderschönen Tag verbringen. Jetzt schlafe ich ein und gebe meinem Körper die notwendige Ruhe, um neue Kraft und Energie vorzubereiten. Ich schlafe ein und regeneriere tausende und abertausende meiner Körperzellen. Alles ist gut.«

Auf den Text kommt es nur insofern an, als dieser eine Bejahung und Annahme des Körperlichen findet und klare Botschaften vermittelt. Diese Affirmationen wirken nachweislich in zweierlei Hinsicht. Zum einen führen sie zu einer unbewussten Konditionierung und Einstellung von Körper zu Geist, zum anderen stellen sie gewissermaßen eine selbsterfüllende Prophezeiung dar. Etwas aus diesen Botschaften findet seinen Weg ins Bewusstsein und führt dort im Laufe der Zeit zu heilsamen Handlungen.

Was Sie sonst noch tun sollten:

Das Leben in die notwendige Richtung ändern

Wenn Sie Ihre Angst endlich loswerden möchten, gehört eine aktive Änderung Ihrer Lebensgewohnheiten dazu. Es gibt keine allgemein gültige Form, wie ein Mensch leben oder nicht leben soll. Wenn Sie aber ein Leben führen, das nicht zu Ihnen passt, dann sollten Sie es schleunigst ändern. Wenn Ihr beruflicher Alltag und Ihr häusliches Leben nur von Stress und schnellen Abläufen geprägt sind, wenn Sie kaum Zeit haben, mal einen Kaffee zu trinken, wenn Sie sich nach Ruhe und Gelassenheit sehnen, dann haben Sie Handlungsbedarf, Ihr Leben zu ändern. Klingelt Ihr Wecker so früh, dass Sie ihn am liebsten aus dem Fenster werfen würden? Würden Sie lieber 3 Stunden später mit Ihrer Arbeit beginnen? Ändern Sie Ihr Berufsleben. Sie haben einen Tagesrhythmus, der nicht zu Ihrem biologischen Rhythmus passt. Sprechen Sie mit Ihrem Chef über gleitende Arbeitszeit oder die Möglichkeit, einen Teil der Arbeit zu Hause zu erledigen. Wenn es keine Möglichkeit gibt, Ihren beruflichen Alltag zu ändern, weil das System zu starr ist, dann suchen Sie sich mittelfristig eine andere Beschäftigung mit Arbeitszeiten, die zu Ihrem Biorhythmus passen. Zwingen Sie sich nicht zeitlebens einen Tagesablauf auf, den Sie zum Teufel wünschen. Das sorgt für Spannung und Stress in Ihnen – ein guter Nährboden für die Entstehung und Unterhaltung von Angsterkrankungen. Sie sind von Ihrem Grundtypus ein Mensch, der mehr Ruhe und Kreativphasen braucht. Starre Zeitabläufe sind Gift für Sie.

Sind Sie aber das Gegenteil, ein Frühaufsteher, und haben Sie den Eindruck, dass Ihr Alltag manchmal wie in Zeitlupe abläuft oder Sie über Ihrer Arbeit fast einschlafen? Fangen Sie lieber morgens um 6 mit Ihrer Arbeit an, damit Sie um 14 Uhr Feierabend haben. Sind Sie ein Mensch, der früh zu Bett geht? Dann sollten Sie dieser Grundeinstellung Rechnung tragen und sich eine aktivere Tätigkeit suchen. Sie sind ein Aktivist, einer, der in beruflichen Dingen und privaten Dingen gefordert sein will. Für Sie ist es wichtig, dass Sie Ihre Tagesabläufe aktiv gestalten und ständig in einem für Sie wohltuenden »Stress« bleiben. Bei zu viel Ruhe kommen Sie ins Grübeln. Regeln Sie und arbeiten Sie, das tut Ihnen gut. Vorsichtig sollten Sie nur vor zu viel Unruhe sein. Diese Unruhe will beschäftigt werden. Treiben Sie viel Sport, das ist das Richtige für Sie.

Welchen Biorhythmus Sie haben, welcher Typ Mensch Sie auch sind, erkennen Sie sich selbst. Nur dann können Sie Prioritäten setzen und Veränderungen in die richtige Richtung herbeiführen. Wenn Sie sich »in Ihrer Haut wohl fühlen«, finden Sie Ruhe vor Angst und Panik.

Jeder Mensch hat sich ein eigenes subjektives Lebensbild geschaffen. Lebensbild bedeutet in diesem Zusammenhang eine Sichtweise von Leben, Ordnung, Energie, gewissermaßen ein Fahrplan. Ihr Fahrplan sieht nicht so aus wie der Ihrer Partnerin, Ihres Partners oder irgendeines anderen Menschen. Das ist grundsätzlich weder falsch noch in irgendeiner Form problematisch, sondern Teil unserer Individualität. Einige Menschen glauben, dass gerade ihr Fahrplan der einzig richtige für die ganze Welt ist. Diese Menschen merken nicht, dass jede Sichtweise eines Individuums immer nur subjektiv sein kann.

Erreichen die Menschen mit ihrem Lebensbild ihre Ziele nicht, dann wäre es doch einfacher, dieses Lebensbild, also den Fahrplan, zu verändern, als beharrlich daran festzuhalten. Sie könnten also die Sichtweise der Dinge eines anderen übernehmen oder Ihr eigenes Lebensbild überarbeiten.

Wenn Sie Ihre Ziele mit dem geänderten Fahrplan erreichen, dann war die Änderung genau die richtige. Ansonsten müssen Sie weiter experimentieren. Die Änderung Ihres ganz persönlichen Lebensbilds, Ihres ganz persönlichen »Routenplans«, habe ich Ihnen in den vorangegangenen Kapiteln bereits empfohlen.

Wenn Sie trotz redlicher Bemühungen über einen Zeitraum von 3 Monaten Ihre Angst- oder Panikattacken nicht losgeworden sind, fragen Sie sich bitte, ob diese Ihnen nützlich sind. Vielleicht möchten Sie insgeheim für sich und allein zu Hause sein und soziale Kontakte vermeiden. Sie sollten sich fragen, ob Sie – bewusst oder unbewusst – einen Vorteil dadurch empfinden, dass Sie an einer Angststörung leiden. Bitte analysieren Sie genau, ob es nicht einige Verhaltensweisen Dritter gibt, die Sie unbewusst gerne erhalten würden, wie z. B. Mitleid, Verständnis oder Fürsorge. Analysieren Sie auch, ob Sie sich an die Situation des »Gehandicaptseins« so gewöhnt haben, dass Sie diese nicht mehr verändern wollen. Prüfen Sie, ob der Erhalt der Angsterkrankung Ihnen nutzt, einen Teil Ihrer Verantwortung in Beruf oder Familie nicht mehr tragen zu müssen.

Wenn Sie sich insgeheim in Ihrem Unterbewusstsein mit der jetzigen Situation arrangiert haben, dann wird Ihr Unterbewusstsein alles tun, diesen Zustand beizubehalten.

Bitte überprüfen Sie in diesem Fall nochmals genau Ihr Lebensbild, Ihren Fahrplan, denn nur was Sie wirklich wollen, werden Sie auch erreichen.

Positive Verstärkung

Viele Dinge des Alltags gehen uns allen nur schwer von der Hand, vor vielen Dingen sträuben wir uns. Seien es für ein Schulkind die leidigen Hausaufgaben oder für einen Büroangestellten ein bestimmter Monatsabschluss, eine wiederkehrende aufwendige Inventur, für einen Lehrling das tägliche Reinigen der Werkstatt. Was immer es an Dingen gibt, die negativ besetzt sind, es fallen mir wie Ihnen sicherlich innerhalb von Sekunden etliche ein. Das ist normal. Es gibt kaum einen Menschen, der gerne zum Zahnarzt geht, kaum einen Menschen, der gerne unter den Betten Staub saugt oder Unkraut im Garten ausrupft, das kurze Zeit später wieder da ist. Niemand räumt gerne nachts den frisch gefallenen Schnee vor dem Haus, damit er morgens mit dem Auto herausfahren kann. Was uns allen im Alltag hilft, auch weniger geliebte Dinge zu tun, ist die Methode der positiven Verstärkung: Einer unangenehmen Tätigkeit lassen wir eine angenehme folgen. Nach dem Schneeräumen trinken wir einen heißen Kakao, nach dem Monatsabschluss im Büro gehen wir eine Pizza essen mit den Kollegen, die Schulkinder gehen nach den leidigen Hausaufgaben endlich Fußballspielen. Diese angenehmen Tätigkeiten, die wir den unangenehmen folgen lassen, bezeichnet man als positive Verstärkung. Wir verbinden die unangenehme mit der angenehmen Tätigkeit. Dadurch wird die unangenehme einfacher und schneller erledigt, weil wir wissen, dass danach etwas Schönes folgt, auf das wir uns freuen.

Das System der positiven Verstärkung stammt aus dem Bereich der Lerntheorie und lässt sich sehr gut auf Ihr tägliches Leben übertragen. Nehmen Sie zum Beispiel Ihr wichtiges Konfrontationstraining, das Sie regelmäßig durchführen müssen. Nehmen Sie nach jedem erfolgreich nach Plan durchgeführten Konfrontationstraining einen positiven Verstärker hinzu. Das kann eine Belohnung Ihrer Wahl sein. Jeder angenehme Reiz kann ein positiver Verstärker sein. Machen Sie dieses Schöne jedes Mal nach dem erfolgreichen Training. Schon bald wird dieser positive Verstärker Ihnen das Konfrontationstraining leicht machen und die durch dieses Training erreichten Erfolge festigen. Studien haben gezeigt, dass erlerntes Verhalten, das mit einem positiven Verstärker kombiniert wurde, sehr löschungsresistent war und kaum vergessen wurde.

Abschließend zeige ich Ihnen noch einige Tipps, wie Sie besser mit Krisensituationen fertig werden.

Hyperventilation

Wenn Sie Anzeichen von Luftnot oder Lufthunger spüren, dann handelt es sich meist um ein Hyperventilationssyndrom. Dies muss nicht immer in Verbindung mit erkennbarer bewusster Angst oder einer Panikattacke auftreten. Viele Betroffene schildern das Auftreten von Hyperventilation ohne einen Zusammenhang zu akuter momentaner Angst. Vielen wird während des Alltags nicht bewusst, dass ihre Atemfrequenz sich analog unbewusster Spannungen, Ängste und bestehender körperlicher Spannungszustände ändert. Die Atmung korreliert auch mit unterschwelligen und hintergründigen Ängsten.

Wenn Sie im Verlauf des Tages merken, dass Sie öfter einen tiefen zusätzlichen Atemzug machen müssen, eine gewisse »Seufzeratmung« haben oder öfter gähnen müssen, dann führen Sie die nachfolgende Übung durch:

Halten Sie zunächst einige Sekunden die Luft an. Das hilft Ihnen, die Blutkonzentration von Stickstoff wieder etwas anzuheben und dem

Auftreten eines Hyperventilationssyndroms vorzubeugen. Danach atmen Sie langsam ein und zählen dabei im Geiste mit: einundzwanzig, zweiundzwanzig. Dann folgt das Ausatmen. Diesmal zählen Sie etwa 5 Sekunden ab. Regeln Sie während dieser Krisenintervention Ihre Atmung auf jeweils 1–2 Sekunden Einatmungszeit und 3–5 Sekunden Ausatmungszeit ein. Somit verhindern Sie wirksam den Ausbruch eines Hyperventilationssyndroms. Die lange Ausatmungszeit sorgt dafür, dass sich aufgrund geringerer Sauerstoffzufuhr die Blutgaszusammensetzung sehr schnell wieder normalisiert. Diese Atemmethode ist nur für den Notfall vorgesehen. Für eine normale oder ständige Atemübung hat sie zu wenige Atemzüge pro Minute. Diese Übung brauchen Sie nur maximal 2–3 Minuten durchzuführen, um die Blutgase zu normalisieren. Danach atmen Sie bitte wieder normal weiter.

Da der Ausbruch von Panikattacken vielfach mit völligem oder teilweisem Auftreten eines Hyperventilationssyndroms korreliert, ist klar, dass dies eine der möglichen wichtigen Ansatzstellen für eine sofortige Intervention durch Sie sein kann.

Wenn eine Panikattacke auftritt

Sie wissen bereits aus vielfacher Erklärung innerhalb dieses Buches, dass das Empfinden von Körpersymptomen bei Panikattacken nicht mit dem tatsächlichen körperlichen Zustand übereinstimmt. Was Sie als Herzrasen empfinden, ist eine normale adrenerge Reaktion mit mild erhöhtem Pulsschlag. Durch eine Anhebung der Kontraktionskraft des Herzens und des Blutdrucks spüren Sie Ihren Herzschlag stärker als sonst. Dies ist ein völlig harmloser Anpassungsprozess, der erst dadurch in Gang gesetzt wird, dass Sie die aufkommende Panik erkennen und automatisch darauf mit Körpersymptomen reagieren.

Es ist also keineswegs so, dass Sie Panik empfinden, weil Ihr Herz stärker pocht, sondern Ihr Herz pocht stärker, weil Sie Panik empfinden.

Die Korrelation zwischen Erkennen und Reagieren ist eine andere, als Sie empfinden. Erst ist die Panik da, ein unbewusstes diffuses Gefühl, dann folgt die körperliche Reaktion. Seien Sie Ihrem Körper dankbar, dass er so gut reagiert. Das zeigt Ihnen, dass alle Regelmechanismen in Ordnung sind.

Tritt nun die Panikattacke auf, dann haben Sie verschiedene »notfallmäßige« Mittel, um zu reagieren. Diese habe ich hier nochmals kurz zusammengefasst:

Über ein gezieltes Denken:

> »Diese Panikattacke ist harmlos und wird gleich vorübergehen; es kann nichts Schlimmes geschehen, denn wenn ich etwas erregt bin, wie jetzt, kann ich weder umkippen noch ohnmächtig werden. Ich habe diese Gefühle bereits so oft gehabt. Nie ist etwas Ernsthaftes geschehen, warum sollte es jetzt passieren?«

Durch Ablenkung:

Wie ich es in den vorangehenden Kapiteln beschrieben habe, ist Ablenkung ein effizientes Mittel, eine Panikattacke zu unterbrechen. Denken Sie an etwas völlig anderes. Komplizierte Mechanismen, Formeln, wie Sie Ihr Haus renovieren, aus wie vielen Steinen ein Haus gebaut wird. Berechnen Sie im Kopf den Inhalt imaginärer Schwimmbecken. Es ist gleichgültig, woran Sie denken. Sie nehmen der Panik den Raum, durch Ihr intensives Denken. Ablenkung kann auch durch (Telefon-)Gespräche erfolgen, die Sie sofort aufnehmen.

Wenn die Panikattacke dennoch auftritt, weil Sie vielleicht nicht intensiv genug gegengesteuert haben, dann lassen Sie sie zu, denn es wird Ihnen nichts geschehen. Seien Sie entschlossen, der Panik mutig die Stirn zu bieten. Sie können reagieren, indem Sie das, was Sie gerade tun, in stoischer Gelassenheit und gewissermaßen provokativ gegen Ihre Panik weiter tun. Sie können sich, falls es Ihnen schwindlig ist, auch erden. Setzen Sie sich auf einen Stuhl, lehnen Sie sich irgendwo an. Das gibt Ihnen zusätzlich die Sicherheit, dass Sie nicht umfallen werden. Sie können auch, wenn der Ort Ihres Verweilens es zulässt, stramm marschieren. Gehen Sie schnellen Schrittes durch die Fußgängerzone und nehmen Sie sich vor, so lange zu gehen, bis die Panik aufgehört hat. Während Sie schnell gehen, wird Ihr Körper sich auf das Gehen konzentrieren und die abgeforderte Energie für diese Bewegung zur Verfügung stellen. Gehen Sie aber keinesfalls nach Hause und flüchten Sie auch nicht. Sie gehen wirklich in die entgegengesetzte Richtung. Ist die Panik zu Ende, was innerhalb kürzester Zeit der Fall sein wird, dann dürfen Sie sich wieder entspannen.

Nicht an Angst denken:

Denken Sie fortan nicht mehr aktiv an Angst und Panik. Denken Sie auch keine Sätze wie z.B.: «Hoffentlich bekomme ich keinen Panikanfall, keine Angst.«

Ihr Gehirn kann nur Bilder verstehen, keine damit verbundenen Negationen. Der gedachte Zustand, auch wenn Sie ihn nicht haben möchten, wird im Gehirn mit abgelegten, gespeicherten Situationen verglichen. Die negativen, mit der Panik verbundenen Gefühle dringen dadurch wieder ins Bewusstsein. Es kann sein, dass Sie erst dadurch eine Panikattacke auslösen, weil Sie gerade daran gedacht haben, dass Sie um Himmels willen keine Panikattacke haben möchten.

Vielfach geschehen uns gerade die Dinge, die wir am allerwenigsten erleben möchten und bereits zuvor befürchtet haben. Als eine Art selbsterfüllende Prophezeiung geht gerade das schief, was nicht schief gehen sollte. Warum geht an einem Freitag, dem dreizehnten, statistisch wirklich belegt, mehr schief als an allen anderen Tagen des Jahres? Weil jeder daran denkt, dass heute bei ihm bloß nichts schief gehen soll. Prompt geht es schief. Die mit den vorsorglichen Gedanken assoziierten Bilder von verunglückten Autos, zusammengefallenen Sahnetorten, umgestürzten Suppenschüsseln usw. werden vom Gehirn sofort auftragsgemäß bearbeitet. Ihr Gehirn versteht sehr gut in Bildern zu denken, nicht aber in Bildern, die symbolisch rot durchgekreuzt sind. Besser als zu denken »Hoffentlich passiert mir dies oder jenes heute nicht« ist es zu denken: »Heute geht alles gut. Ich werde sicher mit meinem Auto ankommen und die Sahnetorte aus dem Kofferraum holen. Mensch, wird das eine Überraschung sein, wenn die anderen die schöne Torte sehen.«

Diese Bilder versteht Ihr Gehirn. Es wird dafür sorgen, dass Sie umsichtig und zielorientiert handeln und nicht leichtsinnig oder unkonzentriert werden.

Mit der ängstlichen Befürchtung ist es nicht anders. Denken Sie ab sofort nur noch an Bilder eines erfolgreichen Tagesablaufs. Stellen Sie sich Bilder vor, wie Sie am Abend stolz auf das Werk Ihres zurückliegenden Tages schauen. Wie Sie sich freuen, dass alles so gut ging. Denken Sie an positive Bilder und denken Sie vor allem an Ihre Wünsche und Bedürfnisse. Nur so geht alles glatt.

Geben Sie Ihrem Leben Inhalt

Suchen Sie sich ein Hobby. Geben Sie Ihrem Leben mit einem sinnvollen Zeitvertrieb einen Sinn. Das ideale Hobby wäre eine Sportart, die Sie lieb gewinnen und voller Leidenschaft ausüben. Die zweitbeste Möglichkeit wäre ein anderes Hobby, wobei es darauf ankommt, dass Sie diese Freizeitbeschäftigung nicht im heimischen Wohnzimmer ausüben. Briefmarken sammeln scheidet also als gänzlich ungeeignet aus. Geeignetere Hobbys wären alle, die eine körperliche Aktivität an einem anderen Ort beinhalten. Die Möglichkeiten sind vielfältig und reichen vom regelmäßigen Gang ins Schwimmbad oder in die Sauna bis zum Wander- oder Alpenverein. Geben Sie Ihrem Leben Inhalte, auf die Sie sich freuen können. Nehmen Sie sich eine Tätigkeit als Hobby, auf die Sie stolz sein können, wenn Sie sie beherrschen, wie z.B. ein Instrument zu spielen.

Nehmen Sie eine mittelfristige Planung Ihrer Lebensinhalte für eine bestimmte Periode vor. Das bedeutet, dass Sie einen Tag oder Nachmittag pro Woche für ein Hobby einplanen. Planen Sie mindestens zwei Wochen im Jahr für einen wunderschönen Urlaub ein. Planen Sie mehrere Wochenenden im Jahr für Städtereisen oder Freizeitaktivitäten wie z.B. eine größere Radtour ein. Mit dieser mittelfristigen Planung gewinnen Sie Ereignisse, auf die Sie sich freuen können.

Machen Sie auch kurzfristige und spontane Planungen, indem Sie einmal auf einen Flohmarkt oder in ein Theater gehen.

Zum Schluss

Wahrscheinlich werden Sie bemerkt haben, dass der Sinn dieses Buches darin besteht, Ihnen einerseits viel Aufklärung über Angst und Panik im körperlich-psychischen Zusammenhang zu geben, andererseits aber auch viele Gedankenanreize zu bieten, wie Sie Ihr Leben mit einfachen und kleinen Schritten wirklich nachhaltig verändern können. Geben Sie Ihren ersten Gefühlsregungen nach und lassen Sie nach der Lektüre dieses Buches Veränderungen in Ihrem Leben zu. Sie werden bald bemerken, dass Ihre Panikattacken seltener werden, bis diese ganz ausbleiben. In meiner psychotherapeutischen Praxis in Luxemburg wende ich unter anderem einige der Strategien an, die ich hier im Buch beschrieben habe. Meine Art von multimodaler und integrativer Kurzzeittherapie sorgt dafür, dass Angstpatienten oft nach maximal 6-wöchiger Therapie ihr Leben wieder voll und ganz genießen können. Voraussetzung ist die Mitarbeit des Betroffenen. Genau wie meine Patienten sollten Sie motiviert arbeiten und all die kleinen Übungen durchführen, die Ihnen in diesem Buch begegnet sind.

Sie werden schnell Erfolge bei sich spüren.

In diesem Sinne wünsche ich Ihnen viel Mut und Kraft und eine schnelle gute Besserung.